促进学生阅读素养提升的提问艺术与策略

许碧娥 ◎ 编著

江苏凤凰教育出版社
Phoenix Education Publishing, Ltd

图书在版编目（CIP）数据

促进学生阅读素养提升的提问艺术与策略/许碧娥
编著. —南京：江苏凤凰教育出版社，2020.11（2020.12重印）
ISBN 978-7-5499-9024-5

Ⅰ.①促… Ⅱ.①许… Ⅲ.①阅读教学—教学研究
Ⅳ.①H09

中国版本图书馆CIP数据核字（2020）第221673号

书　　名	促进学生阅读素养提升的提问艺术与策略
编 著 者	许碧娥
责任编辑	邬海彦
出版发行	江苏凤凰教育出版社（南京市湖南路1号A楼　邮编210009）
苏教网址	http://www.1088.com.cn
照　　排	北京晨罡文化发展有限公司
印　　刷	三河市九洲财鑫印刷有限公司
厂　　址	河北省三河市灵山大口
开　　本	787毫米×1092毫米　1/16
印　　张	16.25
版　　次	2020年11月第1版
印　　次	2020年12月第2次印刷
书　　号	ISBN 978-7-5499-9024-5
定　　价	45.00元
网店网址	http://jsfhjycbs.tmall.com
邮购电话	025-85406265，85400774　短信 02585420909
盗版举报	025-83658579

本书如有印刷、装订等质量问题，请与印刷厂联系调换，
电话：0316-3170279

本书参与编写人员

许碧娥　陈小燕　林育梅　李晓玲

黄丝雨　陈雅如　朱文怡　黄黎明

李素芬　陈华祯　沈燕萍　王巧云

序一

学生阅读素养提升的推进器

一位教育家说过:"阅读教学完全在于如何恰当地提出问题和巧妙地引导学生作答。"课堂提问的设计直接影响着教学质量,影响着教学目标的实现。教师的提问,既要紧扣文本内容,为完成教学目标服务,又要富有情趣,能激起学生的头脑风暴,使学生能够回答且乐于回答,从而提高语文教学的效率。因此,阅读教学中的提问应有艺术性、创造性,应注意提问的策略。

来到新岗位,我阅读了许碧娥等教师撰写的《促进学生阅读素养提升的提问艺术与策略》,有很多的感想和收获。为提高教师教学的质量,许碧娥等教师从指向准备、指向设计、指向课堂、指向素养、指向弥散、指向生长六个方面阐述了基于阅读素养提升的提问艺术与策略。

提问是课堂教学的重要组成部分,也是教师必不可少的一项技能,它能推进课堂教学,唤起学生的求知欲。好的问题可以深入课文核心层面,促进学生对学习内容的理解,但有的教师,尤其是新教师,由于在教材研读、教学处理、学情考量等方面缺乏经验,所以他们在课堂上的提问琐碎、浅显、无序。基于此，本书重点关注教师的课堂提问，条分缕析，介绍了多种提问的技巧与策略，具有很好的参考价值。

另外，在本书中，作者还从学生阅读素养发展的角度出发，探讨了理答策略。理答是实现师生平等对话的重要环节，是规范学生回答的重要举措。本书中，作者先从理论角度解析各个阅读素养的要义，再根据阅读素养的要义提出相应的理答策略。这些研究是我区校本研训的缩影，是校本研究的阶段成果。

教师注重课堂教学的提问技巧，实行启发式教学，学生所获得的知识就不是教师灌输的现存结论，而是学生动手、动口、动脑所获得的。在这一过程中，学生学习语文的能力，特别是多向思维的能力，必然得到一系列的有效训练，这正体现了"基于提升阅读素养"的教学原则。

几年来，许碧娥老师带领她的团队扎扎实实地进行研究，对整本书的框架、设计缘由及愿景进行整体架构，为研究与写作做了很好的规划。2020年年初，本书被确定为厦门市教育局关于厦门市教育科研专著资助出版项目。这是许碧娥老师和她的团队研究的丰硕成果，是翔安区教育科研推进的一项重要成果，是翔安区教育的一件喜事。

深入阅读本书，可以深切感受到许碧娥等教师对提升教师教学质量的执着追求，对促进教师专业成长的渴望。相信本书能为推动区域教师专业成长提供一定的借鉴。

郑 彦

（郑彦，厦门市翔安区教育工委书记、教育局局长。）

序二

把脉提问，追寻有效课堂

国内外专家给阅读素养下的定义有很多，本书中提到的"提取信息""直接推论""解释整合""评价鉴赏""迁移创生"五大阅读素养，汲取各家之长又有自己的见地，如果学生能具备这五大阅读素养，整体阅读水平显然会非常可喜。

现今，越来越多的人关注学生的阅读素养，那么，该如何培养与提升学生的阅读素养？综观当下的小学语文课堂教学，提问的质量还有待提高，提问的功能尚显单一。把脉"提问"寻找突破口，可以说是非常现实也是非常有效的一招。本书聚焦课堂提问，并致力于对症下药，以促进课堂效率的提升，促进学生思维的发展。

本书主要从指向准备、指向设计、指向课堂、指向素养、指向弥散、指向生长六个方面进行了深入探讨。一方面，从理论角度分析学生阶段思维的发展特点，解析阅读素养与提问之间的密切关系，构建基于阅读素养发展的提问策略的逻辑与框架。以理论构建为提问研究的科学性和方向性提供了保证。另一方面，基于一节课学习活动的起点，着眼于源起式提问、概览式提问、聚焦式提问、直接式提问、验证式提问、转嫁式提问、迁移式提问、创生式提问八大提问策略，着力提升一节课中提问的质量，具有现实的推广意义。

如果说提问是学生思维的引爆点，那么理答就是促进学生发展的关键点。在现实教学中，理答往往又是教师教学研究的盲点。本书从理论角度解析了各个阅读素养的要义，并提出了相应的理答策略，为规范理答行为和提升理答的质量提出了有益的建议。

另外，本书的提问研究不仅基于一节课，还从弥散的角度，将"预习""作业"定位为拓展性提问展开论述，以促使学生的思维发展既有深度又有广度。

教师在教学时要明确阅读素养的内涵，解读文本时要有整体意识，捭阖纵横，前勾后联，而不要仅仅拘泥于一篇篇课文的孤立教学。本书致力在阅读素养视域下，对教学内容和教学过程统筹考虑，注重课堂教学的巧妙提问，让学生通过思考，探究获得知识，提升语文学习能力，尤其是多向思维能力。

本书系在课题研究基础上的梳理总结，是一群志同道合者的实践成果，案例翔实，理据较充分。全书呈现的均是本土化研究、"草根式"研究，对教师的成长具有一定借鉴意义。

是为序！

肖俊宇

（肖俊宇，特级教师，正高级教师，福建省名师，供职于厦门市教育科学研究院。）

目录 CONTENT

- 绪　论 …………………………………………………… 1
- 第一章　指向准备：基于教学的课堂提问的准备策略 …… 7
  - 第一节　课堂提问准备策略的相关因素 ………… 7
  - 第二节　学情分析：基于阅读素养模型的学情预判 … 8
  - 第三节　目标厘定：基于阅读素养模型的目标导向 … 13
  - 第四节　文本解读：基于阅读素养模型的文本解读 … 20

- 第二章　指向设计：基于阅读文体的问题设计策略 ……… 41
  - 第一节　基于阅读文体的问题设计旨要 …………… 41
  - 第二节　记叙文阅读课堂提问设计探析 …………… 44
  - 第三节　说明文阅读课堂提问设计探析 …………… 52
  - 第四节　童话阅读课堂提问设计探析 ……………… 60
  - 第五节　议论文阅读课堂提问设计探析 …………… 67
  - 第六节　古诗词阅读课堂提问设计探析 …………… 75
  - 第七节　非连续性文本阅读课堂提问设计探析 …… 87

- 第三章　指向课堂：基于学习活动的提问策略 …………… 102
  - 第一节　导向学习活动的课堂提问旨要 …………… 102
  - 第二节　阅读课堂中提问的特点 …………………… 104

1

第三节　阅读课堂提问的切入策略 …………………………………… 113
第四节　阅读课堂教学提问类型 …………………………………… 125

第四章　指向素养：基于阅读素养发展的理答策略 …………………… 139
第一节　导向阅读素养的理答策略旨要 …………………………… 139
第二节　导向提取信息素养发展的理答策略 ……………………… 143
第三节　导向直接推论素养发展的理答策略 ……………………… 151
第四节　导向解释整合素养发展的理答策略 ……………………… 159
第五节　导向评价鉴赏素养发展的理答策略 ……………………… 169
第六节　导向迁移创生素养发展的理答策略 ……………………… 177

第五章　指向弥散：基于全程的拓展性提问策略 ……………………… 186
第一节　拓展性提问的内涵 ………………………………………… 186
第二节　指向预习的拓展性问题设计 ……………………………… 191
第三节　指向作业的拓展性问题设计 ……………………………… 200

第六章　指向生长：基于整体的阅读教学提问策略 …………………… 209
第一节　重点突破策略 ……………………………………………… 209
第二节　优势突破策略 ……………………………………………… 215
第三节　关联突破策略 ……………………………………………… 220
第四节　渐进突破策略 ……………………………………………… 228
第五节　断裂突破策略 ……………………………………………… 233
第六节　裂变突破策略 ……………………………………………… 237

参考文献 …………………………………………………………………… 241

后　记 ……………………………………………………………………… 247

绪　论

所有研究的基础和起点都是从提出问题开始的，可以说，提出一个好的问题研究就成功了一半。笔者一直在思考当前的阅读教学，教师如何提问才能有更好的教学表现力和创造力。目前，虽然有很多人关注提问的策略，但在现实的阅读教学中，提问的效果并不理想。作为一线语文教师团队，基于实践，我们期待通过对语文阅读教学课堂上的提问策略的研究来提升小学语文阅读教学的品质。

一、当前小学语文阅读教学课堂提问存在的问题

阅读教学的高效，不是教师教会学生什么，而是教师通过提问，驱动学生思考，从而让学生自主学到什么。提问的质量关乎教学的质量。但在实际教学中，我们观察发现，教师课堂提问的质量并不高，主要表现在以下几个方面。

（一）受专业素养局限，提问过于浅表化

我们选择了10节课进行课例研究，发现很多教师为了快速判断对错，喜欢提出封闭式的问题，或者提出答案呼之欲出的问题，每一节课提取信息和记忆解释的问题高达95%。这个比例如果出现在一、二年级还较为正常，但对于三至六年级的学生来说，就过于浅表化了。如果学生长期处在浅表化提问的舒适区，思维能力根本得不到培养，更谈不上发展，久而久之，学生就会产生思维惰性。

教师课堂提问的质量与教师的专业素养有很大关系，即与学情预判是否准确、目标厘定是否清楚、文本解读是否到位、教学表达是否清晰、教学策略和教学手段运用是否恰当都有关系。教师的专业素养没有达到一定水平，其提问就容易趋于浅表化。

（二）教学方式单一，提问过于琐碎化

教学讲求一课一得，一课一条主线，围绕主线设计主问题，在主问题的统领下衍生小问题，透过小问题补充完善主问题。但我们观察发现，有的阅读教学，呈现为单一的问答式教学。一节课，学生个人回答问题约占总数的67.1%，集体回答问题约占总数的22.9%；个人回答中，以学优生居多。教师之所以不断地提问，重复地提问，教学方式如此单一，归根结底是因为没有设置主问题。

（三）本体目标认识狭隘，提问重复率过高

我们通过观察发现，教师的提问频率高，根本原因是教师不断重复同一个问题，有的问题甚至重复近10遍，导致学生没有思考的兴趣和表达的欲望。

从课堂观察统计结果来看，指向"提取信息"的提问占33.7%左右，指向"提取信息"和"解释整合"两方面的提问合起来占所有提问数量的89.1%。由此可见，教师在阅读教学中所设计的问题主要集中在内容理解层面，缺少对文章表达形式的观照、阅读方法的渗透和语言实践的迁移。究其根源，是教师对语文学科本体目标理解狭隘、不到位或错位导致的。思考问题的面窄，提问的重复率自然就高。阅读教学中，课堂提问从内容上大致可以分为阅读理解、方法习得两种；从素养提升角度大致可以分为提取、推论、解释、整合、评鉴、迁移、创生七种。

如一位教师执教人教版四年级下册《和我们一样享受春天》时，其采用的提问句式基本如下："看到题目，你有什么感觉？""看完老师提供的视频，你有什么感觉？""读课文，谈谈你对春天有什么感觉。"句式都是"你有什么感觉"，指向的都是学生的初步感知，在短时间内高频率出现同样的提问句式，且指向同一理解水平，是很难促使学生去思考的。

（四）教师主导性太强，提问密集度过大

我们曾经每隔一段时间，就对10节常态课进行观察分析，发现一节课最少提问13个问题，其中一多半的问题是提取类的低思维问题。"过多、过细、过滥的提问使得一篇篇课文被分解，师生的问与答冲击了学生的读和悟。随着课程改革理念的不断深入，教师'满堂灌'的现象有了很大的改变，但是教师依然是发问的主体，依然对学生的主动学习不放心、不放手，所以教师便通过

数量繁多且又细碎的提问来改变'一言堂'讲授、灌输的现象，其实质依然是'讲'，教师仍通过过多的提问控制、垄断着教学。"[①] 如此提问，学生能有多少思考的时间？一个没有足够时间让学生思考的课堂，其教学实效性可想而知。

二、关于小学课堂提问的相关研究

课堂提问直接或间接影响着课堂教学质量和学生思维能力的发展。因此，国内外教育者从没有停止过对课堂提问有效性的研究。

（一）关于课堂提问的相关研究

课堂提问是课堂教学的重要组成部分，也是教师必备的一项教学技能。1975年，马赫穆托夫根据杜威的"问题教学"理论，提出了"问题——发展性教学"理论，他认为，只有"问题"才能引起学生的学习动机，使学生的学习品质得到发展。

在西方，课堂提问相关理论的成熟是从行为主义开始的。行为主义学派的代表人物如华生、巴甫洛夫、斯金纳等人将对课堂提问的关注点放在了提问的结果上。直到20世纪60年代，结构主义发展起来，如皮亚杰、布鲁姆、布鲁纳等，特别是从布鲁纳开始，提问思想由关注结果发展为关注过程。结构主义之后发展起来的人本主义教育思想以美国的罗杰斯和苏联的苏霍姆林斯基为代表，提倡课堂提问既不是关注学生的学习结果，也不是关注学生的学习过程，而是关注学生学习的起因。随着加德纳多元智力理论的兴起，课堂提问的研究又向前发展了一大步。加德纳指出，课堂提问不是要关注问题的起源、过程、结果，而要关注是传授知识还是培养智力。他希望，课堂能通过提问促进学生多元智力的发展。至此，对课堂提问的研究告一个段落。

21世纪初，美国沃尔什和萨特斯著的《优质提问教学法：让每个学生都参与其中》一书中详细阐述了提问教学"准备问题""陈述问题""激发学生的回答""对学生的回答进行加工""对提问行为进行反思"五个阶段，同时提出了要使提问优质，必须以学生为中心的观点。美国贝森赫兹著的《教师怎样提问才有效：课堂提问的艺术》一书，从两个角度分析了有效提问："其

[①] 孙世梅.小学语文阅读教学课堂提问存在的问题、成因及解决策略[J].教育理论与实践，2018（20）：50-52.

一，教师如何学习利用有效提问；其二，有效提问将如何促成师生对话，以实现有意义的、目标明确的教学。"[1]作者贝森赫兹比较客观地指出了提问具有低水平和高水平之别，并运用比较系统的理论和典型的案例，指出如何借助观察和编码符号研究提问，对提问的顺序、提问的模式和提问的策略进行了具体深刻的阐述，提出了"收集策略""搭桥策略""锚定策略"。应该说，这两本书对我们研究课堂提问具有重要的理论指导意义。

近年来，我国的一些研究者也非常关注课堂提问，如 2018 年江苏大学的徐燕在她的硕士论文《基于学生思维能力发展的初中语文阅读教学中有效提问研究》中，研究了教师的提问，提出了学生思维能力发展与教师提问的质量关系很大，并从学生思维能力发展的特点出发，通过课堂观测进行科学的定量研究，提出了促进课堂有效提问的一些策略。通览全文，成因分析比较透彻，提出的有效提问策略显得比较单薄，但对我们研究课堂提问还是有很多启发。

综观国内外诸多学者、教师对课堂提问的研究，发现越来越多的人关注到提问是决定课堂教学有效性的重要因素，也逐渐发现提问与培养学生思维能力有密切的关系。只是这些研究都聚焦在课堂之内，尚未关注到课前导学和课后拓展学习。

（二）关于阅读教学课堂提问的相关研究

胡中华老师在他的论文《语文课堂有效提问的研究综述》中提供了一组具体数据："申继亮在分析他所观察的 12 节语文阅读课后，发现 93.63% 的教师提问仅考查了低水平的认知活动，如回忆事实、简单的判断对错等，属于理解性的问题占 95% 以上。姚利民在对上海和长沙两地中小学的调查后发现，教师的提问有效性平均值为 2.91，低于'经常有效'值 3，远未达到'总是有效'值 4，在 15 项教师行为有效性中排在倒数第一位。研究现状表明，课堂提问有效程度较低，有些提问根本就无效，这些研究对丰富理论起到了一定作用。"[2]

近两年，随着国家关于学生核心素养和关键能力培养标准的落地，一线语文教师关注语文阅读教学提问的研究明显增加了，但对初中语文阅读教学

---

[1] 贝森赫兹.教师怎样提问才有效：课堂提问的艺术[M].宋玲，译.北京：中国轻工业出版社，2015：序：1.

[2] 胡中华.语文课堂有效提问的研究综述[J].现代语文，2013（8）：4-7.

提问的研究较多，高中和小学比较少。2018年，孙世梅教授发表的《小学语文阅读教学课堂提问存在的问题、成因及解决策略》一文中，从观察分析课例出发，比较全面地分析了小学语文阅读教学课堂提问存在的五大问题及其成因，同时从强化"四个意识"出发提出了解决的策略，即"强化课程意识，加强教材解读""强化生本意识，转变呈现方式""强化整合意识，聚焦核心问题""强化过程意识，注重学生质疑"。显然，作者关注到了要在语文课程理念的指导下，从语文学科本质出发，以学生的发展为本，以问题为驱动，促进语文阅读教学课堂提问的有效性。我们非常认同文中的观点，并据此开展了深化研究。

我们还阅读了很多关于语文阅读教学课堂提问的研究成果，其研究多数聚焦课堂提问的艺术、技巧、策略，少部分人关注了问题的设计。而对学情研究、文本解读与问题间的关系的研究则很少，对提问后如何规范有效理答的研究也很少。

我们通过多年观察研究发现，学生思维发展是循序渐进的，也是螺旋上升的，教师设置问题应该有层次，提问时应该注意问题与学生思维发展层次的匹配程度，以提问推动学生思维的发展。高效的阅读教学要求教师具备预判学情的能力和确定教学目标的能力，更强调教师要有较强的解读文本的能力。理想的提问，需要教师将自身的教学理念、教学目标转化为问题，从而推进课堂教学，引领学生走进文本，领悟文本，培养学生阅读文本的能力与良好习惯，唤起学生的求知欲，促进学生思维的发展，提高阅读教学的实效性。

三、本书主要内容

本书着重探讨的是课堂提问的相关准备及策略。

第一章指向准备，着重探讨基于教学的课堂提问的准备策略。课堂上，每一个优质的提问都是教师精心准备的结果。本章从理论角度，结合学生阶段思维的发展特点，解析了阅读素养与提问之间的互为关系，着重从课堂提问准备策略的相关因素、基于阅读素养模型的学情预判、基于阅读素养模型的目标导向、基于阅读素养模型的文本解读四个方面探讨并提出了基于教学的课堂提问的准备策略。

第二章指向设计，主要探讨基于文体的问题设计策略。在小学阶段，学生接触的文体主要有记叙文、说明文、童话、议论文、古诗词和非连续性文本。本章先从理论角度剖析各种文体的特点和教学要领，再提出基于阅读素养提升的针对各种文体的问题类型，最后针对各种文体提出课堂问题设计的基本策略。

第三章指向课堂，主要探讨基于学习活动的提问策略。这一章主要阐述了一篇课文的教学不在于教师提问的数量，而在于提问的质量。好的问题深入课文核心层面，可以从重难点、疑问处、矛盾处、细节处、题眼处以及重复处切入进行设问。基于学习活动的起点，可以采用源起式提问、概览式提问、聚焦式提问、直接式提问、验证式提问、转嫁式提问、迁移式提问及创生式提问八大提问策略。

第四章指向素养，主要探讨基于阅读素养发展的理答策略。本章从提取信息、直接推论、解释整合、评价鉴赏和迁移创生五个方面，解析基于培养阅读素养的理答策略的要义，以及对理答策略的实践探索。

第五章指向弥散，主要探讨基于全程的拓展性提问策略。前面所探讨的提问策略都是基于一节课的。事实上，教学前让学生预习和课后布置作业都属于提问，本书将"预习""作业"定位为拓展性提问。本章解析了预习和作业等拓展性提问的意蕴及如何科学设计，让学生的思维发展既有深度又有广度。

第六章指向生长，主要探讨基于整体的阅读教学提问策略。这里的"整体"不单指一个主题，还指一节课或基于同一目标、同一要素、同一内容的一系列教学。教师在教学中要通盘考虑，明确小学阅读素养内涵，细读小学阶段总体目标、学段目标、单元目标。在解读文本时，教师要有整体意识，不拘泥于一篇课文的教学，在阅读素养视域下，对教学内容和教学过程统筹考虑，以期使学生的语文素养螺旋上升。一节课的教学可以分成好几个环节，每一环节都有具体的教学目标，也应该有相应的提问策略。基于学生阅读素养的提升，阅读教学要具有整体性、统筹性，如此，学生思维的发展才能趋于系统化。基于整体的阅读教学的思考，本章提出六大策略，指导整体阅读教学，以促进学生语文学习能力和阅读素养的提升。

整本书的写作是建立在课堂教学提问存在问题的现实需要和对学生阅读素养提升的深度思考上的，是基于实践、立足实践、为了实践而展开的研究。从实践着手，以理论审视，以提问为突破口，以实践路径为出口，实质是为了找寻提升学生阅读素养的理论指导与实施策略。

第一章　指向准备：基于教学的课堂提问的准备策略

我们从理论角度研究阅读教学的课堂提问，结合学生阶段思维的发展特点，解析阅读素养与提问之间的互为关系，以建构基于阅读素养发展的提问策略逻辑与框架。这里着重探讨的是课堂提问准备策略的相关因素、基于阅读素养模型的学情预判、基于阅读素养模型的目标导向、基于阅读素养模型的文本解读。

第一节　课堂提问准备策略的相关因素

影响教师课堂提问有效性的因素有很多，但核心因素有三个，即理念因素、能力因素与形式因素。理念不当会导致各种假提问、空提问，提问设计能力欠缺会造成问题的松散和模糊，而提问形式不合适则可能引起课堂冷场现象和师生关系的对立。提升教师课堂提问的有效性，应消解教师对学生的控制欲，追求师生基于提问设计的视域融合，并利用提问来平衡学生认知水平的差异。

一、理念是提问准备的核心因素

理念，通常指一个人的思想或观念，它决定着一个人的行为。在课堂教学中要想进行有效提问，教师必须要有科学先进的理念。从提升学生阅读素养的角度出发，在阅读教学中，教师应该具备如下基本理念：其一，以促进学生的思维发展为主导，基于学情，以问题驱动学生思维的发展；其二，以学生的发展作为确定教学目标的导向，让学生在问题引导下充分表达，习得阅读方法；其三，在整体关照下解读文本，以文本为依托设计问题，促进学生对语言的感知、积累和表达，使学生获得阅读素养的提升。

有了科学先进的理念，教师才能把准科学的提问导向，才能确保提问可以促进学生阅读素养的发展。

二、能力是提问准备的关键因素

这里的能力特指教师在阅读教学中应具备的学情分析能力、目标厘定能力、文本解读能力等。学情分析是提问的基础，如果教师对学情分析得不准确或不到位，所设计的问题就可能不适合学生的思维发展水平。使用思维含量低的问题来提醒后进生集中注意力或施加象征性的惩罚都是没有考虑到学生的真正需求。显然，过深或过浅的提问都无法让学生的思维得到适度的发展。因此，教师要善于把握文本的重难点，依据学情把握提问的深度，进行有发散性和求异性的提问。

三、形式是提问准备的保障因素

选择什么形式的问题和以什么形式提问，是教师在阅读教学中必须考虑的因素。从提问对象看，面向全体学生的提问可以是一般水平的问题，针对后进生的提问可以是较基础的问题，面向较优秀的学生的提问可以是较高阶的问题。从理答的情况看，教师可以用设问或疑问的形式提出封闭式问题，以较快检验学生对知识的掌握程度；也可以提出让学生较快做出判断的选择性问题；还可以采取描述性的语言或反问句式，提出开放性的问题，引发学生的深度思考及讨论。无论提出什么形式的问题或采用什么形式提问，都应基于学生阅读素养提升这一目标。

因此，要实现课堂提问的有效性，归根结底要先引领教师接受新的理念，在新理念下设计问题，丰富提问的形式，提升教师的能力，促进提问的有效性。

第二节　学情分析：基于阅读素养模型的学情预判

学情预判前，必须构建一定的阅读素养模型。依据相关的阅读素养模型做出的学情预判，才能趋向科学，对教学、对提问才有指导意义。

第一章 指向准备：基于教学的课堂提问的准备策略

一、阅读素养概述

华南师范大学陈启山教授和温忠麟教授等人在《教师指导、学习策略与阅读素养的关系：基于PISA测评的跨层中介模型》一文中探讨了教师指导与学生学习策略、阅读素养之间的关系，指出了"教师对学生阅读学习的指导一方面可以直接影响学生的阅读素养，另一方面还可以通过影响学生的学习策略间接地影响阅读素养"，提出了一个跨层中介效应模型。在该假设模型中，教师指导是第2层组织变量，学习策略与阅读素养是第1层个体变量。

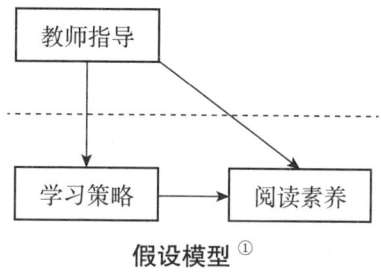

假设模型[①]

《学生阅读素养测评指标体系构建研究——以小学生为例》一文从小学生阅读素养的操作性定义切入，指向"识、记、读、思、说、写"六项指标，初步构建了小学生阅读素养测评指标体系，以便更好地对小学生进行阅读素养的监测、培养与提升。

小学生阅读素养测评初始指标[②]

指标	具体描述
识	辨识：在头脑中查找、过滤、筛选与阅读材料相匹配的信息，辨识、再认，包括字母拼音、汉字词语、标点符号、插图图表等。
记	记住：记住阅读材料中的信息，进行有效定位与提取。

---

① 陈启山，雷雅缨，温忠麟，李舒彤，李洁莹，孔雨柔.教师指导、学习策略与阅读素养的关系：基于PISA测评的跨层中介模型[J].全球教育展望，2018（12）：51-61.
② 宋乃庆，罗士琰.学生阅读素养测评指标体系构建研究——以小学生为例[J].东北师大学报（哲学社会科学版），2018（04）：201-206.

（续表）

指标	具体描述
读	读取：运用朗读、默读、略读及诵读等方式，对阅读材料进行整体把握，浅层意会、理解。 阅读量：已有阅读储备中是否有与本次阅读相关的内容，包括课内、课外阅读量，尤其是课外阅读量的积累。
思	整合：将阅读材料（句、段、篇）进行细化、分解、比较，分析各部分内部、部分之间、部分与整体的内容及相互关系，再把每个部分整合，从整体考量。 推理：结合阅读材料、依据逻辑思维对阅读内容进行合情推理、预测。 评鉴：基于一定的理解或标准客观地对阅读内容、语言表达等进行反思、评价、鉴赏。 新意：跳出给出阅读材料的限定，提出一定新意的思想或方法。
说	口头交流：将阅读感受、想法、情感体验等通过口语语言表达出来。
写	书面表达：将阅读感受、想法、情感体验及想要说的内容通过书面文字表达出来。

2018年，厦门市叶明治老师和魏登尖老师在《为发展学生阅读素养而教》一书中，参考PIRLS阅读素养评价框架和《布卢姆教育目标分类学（修订版）》，结合PISA及其他相关资料，基于思维的加工程度、文本的依赖程度和素养的结构化表达，建立了阅读素养层级模型，即提取信息、直接推论、解释整合、评价鉴赏、迁移、创生六个层次，体现了思维加工的程度和阅读素养结构化表达[①]，具体如下图：

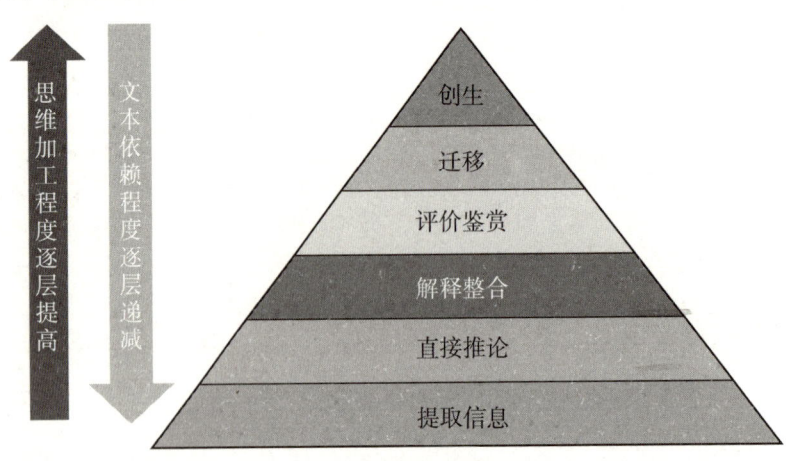

阅读素养层级模型

---

① 叶明治，魏登尖.为发展学生阅读素养而教[M].福州：福建教育出版社，2018：37.

以上几种研究提出的阅读素养模型侧重点有所不同，但都指向学生阅读素养的提升。综合各项阅读素养模型，本书探讨的阅读素养（提取信息、直接推论、解释整合、评价鉴赏、迁移创生五大素养）主要基于本区域叶明治老师和魏登尖老师提出的模型，以便保持区域研究的延续性和关联性。

二、学情分析的主要方法

基于以上阅读素养模型分析，教师应该采用什么方法来预判学情、分析学情呢？

1. 推测法

一般用于信息不全、没有足够时间了解学生的情况时，教师基于经验或已有科学判断分析学情。

例如，一位教师在解读部编版六年级上册略读课文《灯光》时，根据自己的经验分析得出：六年级学生已经能够自己读准、弄懂本文的生字词，掌握了倒叙、首尾呼应的写作手法，因此推测学习难点应该是提炼与评鉴最能体现文本主旨的瞬间。基于这样的学情判断，这位教师在梳理"往事"部分的脉络时，设置问题：回忆往事时有几处写到了灯光？这几个跟灯光有关的片段有什么不同吗？又有什么相同之处呢？

显然，这是教师基于自身的经验和已有的教育学、心理学知识做出的学情预测。对于一个有经验的教师，对课标了然于胸，对编者意图更是了如指掌，从而能推测出某个学段学生应该将文本解读到哪个程度最佳，应该用什么方式将知识传递给学生，以培养学生的阅读素养。

当然这种推测学情的方法主要来自于教师的经验，缺乏理性和科学性。

2. 测验法

即借助测验工具等对学生进行测查，以期了解学情。测验法可以用于课前，也可以用于课中或课后。如果是为了更精准地进行文本解读，进行高效教学，则更强调课前测验。

一位教师在教学人教版四年级上册《电脑住宅》一文前设置了这样的预习单——

《电脑住宅》预习单

位置	具体设施	神奇功能
大门外	风向标	
门口	摄像机	
会客室	"集装箱"	
厨房	电脑装置	
卧室	开关	
浴室	电脑装置	

课前教师检查预习作业时,发现学生将功能与用途混淆了,很多学生都将文中一长串句子抄入表格,甚至将一整段话抄进去。显然,学生对"功能""用途"这两个词的理解有偏差,概括能力更是令人担忧。基于这样的学情,教师调整了教学预案,将"了解功能"和"体会用途"分解到课堂教学中的不同环节。调整后的教学预案,着重于提升学生的理解能力和概括能力。可见,课前预习测验能帮助教师快速预判学情,深入了解学生的思维水平、学习方法、知识掌握情况及存在的困难,为准确解读文本与厘定教学目标提供科学依据,切实促进学生阅读素养的提升。

3. 调查法

即借助访谈、问卷、观察等方式,充分调查学情,是相对科学的学情预判法。如果说推测法和测验法是定性预判,调查法就是定量预判。它可以通过测量工具、调查问卷、观察表等探知学生的知识水平、技能水平、思维水平,以确定合适的教学内容。

例如,为了解本区域学生的阅读情况,我们对本区域的5所学校(包含城镇、乡村小学、办学点)的学生阅读素养进行问卷调查,结果如下。

学生阅读素养调查表

总人数	阅读作文选	阅读绘本	阅读童话	阅读小说	阅读科普作品	阅读其他	阅读后提问题	纯阅读
4231	16.14%	3.31%	36.76%	5.55%	16.18%	22.06%	19.52%	80.48%

从上表，纯阅读占 80.48%，阅读后提问题占 19.52%，可以看出阅读后会提问、会思考的学生少之又少。因此，教师很有必要在课堂教学中通过指向阅读素养的提问来激发学生思考，从而提升学生的阅读素养。

调查法获得的结果是否科学，取决于调查表设计的质量，一份好的调查表能清晰地显示学生现有的水平，为教师厘定教学目标、解读文本、确定教学策略、设置延伸作业提供非常重要的依据。

以上几种方法是进行学情分析的基本方法，在具体实践中还有许多方法，教师可以根据需要采用相应的方法。

第三节　目标厘定：基于阅读素养模型的目标导向

任何一项研究都应该是有目标的，目标决定着方向，指导着行为。好的目标甚至决定着出路和结果。在阅读教学中，教师要先厘清阅读素养目标，才能设计出与各个素养相匹配的问题。本书所讨论的提问研究都是基于前面第二节建构的阅读素养模型进行的相关研究，缘此，厘定阅读素养目标也基于该阅读素养模型。

一、阅读素养与提问的关系

尽管国内外关于阅读素养的研究方向有所不同，但最终都指向提高学生的阅读素养，而提问直接影响着学生阅读素养的发展方向，可见提问和阅读素养的关系密不可分。

（一）阅读素养是提问指向的核心

培养学生的阅读素养是语文阅读教学的任务和目标。要培养学生的阅读素养，主要依靠课堂阅读教学和大量的语文实践活动，而以问题为驱动的课堂阅读教学活动有助于培养学生的阅读思维，提升学生的阅读素养。当前的课堂教学提问走向无效或低效的情况主要有两种：一种是脱离考点，漫无边际地讲空话；一种是只盯着考点，唯考试论。其反映的根本问题是教师没有紧紧围绕阅读素养设计问题。如果教师能以阅读素养为核心，以提问为路径，把准方向，精心设计问题，根据学段目标和学情，精准提问，相信语文阅读教学能呈现新的局面，学生阅读素养也能获得提高。

关于阅读素养和提问关系的调研

标题 少年闰土　　年级 六年级

指标	问题
指向培养提取信息素养	你知道哪些关于鲁迅的信息？ 课文讲了哪几件事？从文中找出相关的句子。
指向培养解释整合素养	与理解字词意思相关的问题。 默读，你看到了什么画面？ 文中写了哪些内容？
指向培养评价鉴赏素养	找出描写闰土的内容，属于什么描写？ 这是一个怎样的闰土？
指向培养直接推论素养	鲁迅为什么对刺猹这件事记忆犹新？
指向培养迁移创生素养	想象一下，三十年后鲁迅和闰土重逢会怎样？

从上面的表格不难看出，教师的提问与学生阅读素养的培养有很大的关系。

（二）提问是阅读素养转化的路径

阅读能力是阅读素养的重要组成部分。

阅读能力层级对照表

语文新课标	PIRLS（2011）	教育部重点课题（2015）
搜集、处理信息	直接提取信息	检索
感受、理解	阐释、整合观点和信息	理解运用
评价、欣赏	检验和评价内容、语言、文本元素	评价、质疑、创新

从上表不难看出，学生阅读能力是有一定层级的，虽然《义务教育语文课程标准》（以下简称"语文新课标"）、PIRLS（2011）、教育部重点课题（2015）对阅读能力层级指标表述不一样，但意思是相同的。理解、评价及创新是教师必须重视培养的高阶阅读能力。[①]"学生阅读能力的形成，主要靠课

---

① 许碧娥.教·学·测融合的阅读教学策略[J].中小学教学研究，2019（1）：24-29.

堂阅读教学及大量的课外阅读实践习得。因此，课堂阅读教学是学生获得、形成阅读能力的主要路径。"①

可见，阅读素养的形成需要借助一定的路径训练转化，最直接、最有效的路径就是提问。当然，问题应该有梯度，有覆盖度，能涵盖学生各层级的阅读能力，提问要循序渐进，节奏恰当，慢慢推进，让提问驱动学生的思维由低层级向高层级发展，最终促进学生阅读素养的形成与发展。

（三）阅读素养与提问相辅相成

阅读素养是方向，是目标，但如果没有提问来推进语文教学实践，阅读素养是难以得到提升的。同样，提问串联了所有语文教学活动，但如果漫无目的地提问，随心所欲地提问，就如没有航标的船，很难到达彼岸，最终很难培养出具有一定语文阅读素养的人。因此，语文教学活动要处理好阅读素养与提问的关系，既要领会阅读素养的要义，又要把准提问的路径，促进阅读素养与提问共生、共促、共长。

二、基于阅读素养模型的教学原则

在阅读教学中，提问必须以阅读素养模型为导向，遵循一定的教学原则，有层次、有效度地提问。

（一）整体性原则

阅读教学要遵循整体性原则，一般呈现为"整体—部分—整体"的结构。因此，每节课都应该有一个主问题，再由主问题生发开。比如，部编版二年级上册《纸船和风筝》一文的主问题：纸船和风筝是怎么到达好朋友手里的？再如，部编版四年级上册《盘古开天地》一文的主问题：盘古是如何创造宇宙的？这样的问题具有整体性，围绕主问题展开阅读教学，不会将文本解读得支离破碎，有利于培养学生的概括能力和评鉴能力。

（二）层次性原则

学生的阅读思维都是由低阶思维出发，逐步往高阶思维发展的，因此，

---

① 陈小平.阅读检测：应从语文知识走向阅读能力[J].小学语文，2017（11）：55-59.

设计的问题和提问的顺序应该讲求层次性，要逐步推进，由浅入深，由易到难。比如，部编版四年级上册《盘古开天地》一文围绕主问题"盘古是如何创造宇宙的"，先后提问："哪些自然段写了盘古创造宇宙？""从盘古开天地时一连串动作描写中你感受到什么？""这一自然段让你感到神奇的是什么？"提问时，一般可以用"哪些""是什么""怎么样"层层推问，逐步培养学生检索、理解、评鉴的能力。

（三）简洁性原则

一节课只有40分钟，因此教师在教学中的每一句话都必须简洁、优质。阅读教学中，教师提问既要推动课堂教学，又要驱动学生走进文本。鉴于小学生注意力不易集中，倾听能力较弱，教师的提问语一定要简洁有力，分条呈现，指令动词要清晰，切忌长篇大论，难理解。每个问题说清学习范围、学习什么、用什么方法学习即可。比如，教学部编版五年级上册《忆读书》一文，带领学生整体感知文本时，可在引导学生质疑标题后，用简洁的语言提示学生："快速默读全文，思考：谁忆读书？忆读书的哪些事？"简短的语言便于学生记住问题，有利于学生专注思考，提升阅读品质。

（四）启发性原则

教学应启发学生思考，促进学生思维水平的提升，因此，教师提出的问题应该有利于激发学生的思考，促使学生积极、主动地学习。教师在阅读教学中应少用或不用"是"或"不是"，"可以"或"不可以"为答案的封闭式提问，而应该以阅读素养模型为导向，基于学情确定适切的教学目标，多提与本年级阅读素养模型相匹配的开放式问题，让学生的思维得到发展，阅读素养得到提升。如教学部编版五年级上册《父爱之舟》一文，因为五年级学生的阅读能力已达到一定水平，教学第3自然段时，教师可抛出一个较开放的问题："默读第3自然段，这个场景中的哪处描写让你有特别的感触？说说你的感触。"这样的问题能驱动学生在提取信息的基础上，调用原有生活积累，表达自己的感触。这个思考过程有利于促进学生阅读素养的提升。

（五）灵活性原则

在小学阶段，阅读素养指向培养学生的检索、概括、理解、运用、质疑、评鉴能力。即使是同一篇课文，培养学生的同一阅读素养，提问的方式也要根据学情有所不同。比如,《玲玲的画》一文,人教版教材安排在二年级下册,培养学生的概括素养时,可以让学生根据标题找对应的段落。而在部编版教材中,该文被安排在二年级上册,培养学生的概括素养时,教师可借助插图和标题,让学生找出每句话对应的图。虽然都是找"对应",但还是有显著区别的,"找对应的图"是基于学生以具体形象思维为主,"找对应的段落"已从检索具体形象的图转为检索抽象的文字。培养学生的阅读素养,应根据不同年级的阅读素养要求和学生的学习水平,灵活地选择差异性问题,切忌过度拔高或随意降低标准。

(六)主体性原则

学生是学习的主体,是学习的主人。教师应该根据学生的水平,提出能激发学生思考、探究的问题。教师应把学习的主动权还给学生,多设计让学生动脑深思、动手圈画、动口讨论与表达的问题,让学生成为学习的主人。

以上这些原则不是孤立的,教学时可根据实际情况进行优化组合,完成课堂教学提问的任务,达成教学目的,促进学生阅读素养的提升。

三、基于阅读素养模型的问题类型

依据阅读素养指标进行阅读教学,要围绕一个核心问题衍生小问题。这些衍生出的小问题可统称为"加工性问题"。这些加工性问题可以分为四类,即识记性问题、解释性问题、阐述性问题、运用性问题。

(一)识记性问题

识记性问题通常以"哪些"发问,目的在于帮助学生"回忆""背诵""复习""重述""反省"或"回想",使学生通过识记,夯实基础,积累与巩固知识,提升检索能力。比如,教学古诗词,导入新课前,常常问学生:"你能背诵几首写秋天的古诗吗?"再如,教学神话前,让学生说说:"你都读过哪些神话?"类似的问题都属于识记性问题,旨在巩固学生检索与提取信息的能力。

(二)解释性问题

解释性问题往往以"如何"发问,用来发展词汇,促进运用,能提高学生回答问题的清晰度、确切性和复杂性,提升学生的理解能力。如教学部编版六年级上册《草原》一文，提问："文中第1自然段写了哪些景物？都有什么特点？作者是如何描写这些景物的？"这就是解释性问题，旨在训练学生提取概括信息、整合处理信息、理解解释信息的能力。

（三）阐述性问题

阐述性问题往往以"为何"发问，引导学生在理解的基础上，经历分析、判断，最终对问题进行综合阐述性评价，之后教师再帮助学生整合形成结论。比如，教学部编版六年级上册《花之歌》一文，提问："这些花有什么共同点？"再如，教学部编版五年级上册《松鼠》一文，在把课文后面关于松鼠的介绍与文本进行比较时提问："课后对松鼠的介绍与文中写松鼠的文字在风格上有什么不同？"这类问题一般没有固定的答案，旨在训练学生比较分析的能力、表达的能力、判断整合的能力，有利于提升学生的评鉴能力。

（四）运用性问题

运用性问题往往以"何如"发问，目的在于帮助学生将所获新知与旧知建立关联，及时迁移运用，巩固知识，提升能力。如教学部编版二年级上册《雾在哪里》一文，教学快结束时可出示问题：有一天，雾飞到了学校，_____。于是，他_____。借助半填空让学生模仿文本说话。再如，教学部编版五年级上册《慈母情深》一文，可引导："你们的母亲（父亲）一定为你、为家庭付出了很多，请你写下她（他）们付出辛劳的一个画面。"学生在仿写中，能提升迁移运用能力、评鉴创新能力，有利于发展高阶思维。

四、基于阅读素养模型提问的基本策略

任何基于阅读素养模型的教学，都需要一定的策略支持。有一定的策略导引，教师的提问才能指向阅读素养模型，才能保证质量，才能促进学生思维的发展。

（一）导引策略

导引策略是帮助学生建立概念的基础。教师在课前设计课堂问题时，必须充分了解学情。课上提出的第一个问题要能充分调动学生去观察或回忆，要与本课内容相关联，之后教师再抛出第二个问题。导引策略一般适用于复

习阶段、概念理解或迁移运用阶段。

如厦门市翔安区海滨小学李晓玲老师教学部编版五年级上册《忆读书》时，是这样导入的：

师：孩子们，你们一定读过很多有关读书的名言，能说几句吗？

（学生争先恐后说自己知道的读书名言。）

师：有一个人也很爱读书，她叫冰心。谁来给大家介绍一下冰心？

（学生介绍冰心。）

师：孩子们，你们了解的冰心都是她当作家的一面。今天，我们就一起跟随冰心回忆童年读书的故事。

（教师板书标题：忆读书。）

以上教学片段运用的就是导引策略，通过两个问题引出标题，引领学生走进文本。导引策略在阅读教学的提问中是最常用到的。

（二）追击策略

追击策略旨在帮助学生消化收集的信息，把各个细节的信息进行整合，将孤立的知识集合成一个整体。追击策略通常要借助比较、对照及分组的方法，适用于核心问题提出后的追问、互问、交流，有助于学生提升概括与理解、评鉴与运用的阅读素养。

如厦门市翔安区海滨小学许碧娥老师教学部编版五年级上册《父爱之舟》时，是这样运用追击策略的：

师：默读第3自然段，找一找这个场景中的哪几处描写让你有特别的感触。

（学生只是提取"父亲心疼极了""父亲动心了"的短句说。）

师：你从哪里感受到父亲心疼极了？心疼的是什么？

（引导学生联系上文体会。写家境不好、遭受虫咬，是对父爱的衬托、铺垫。）

师：父亲为什么动心了？

（通过追问引导学生走进文本，理解、体会父慈子孝。）

以上教学片段中的两次追问，就是为了让学生深度体会"父爱"而进行的。学生对文本的理解往往容易停留在文字表面，需要教师不停地追问，引导学生关联、思考、交流，从而促进学生阅读素养的不断提升。因此，追击策略对提升学生的阅读素养具有重要作用。

(三) 建模策略

建模策略是教师在提问时，帮助学生厘清概念的形成或分类。建模策略也叫"贴标签"或"分类法"，一般适用于学生表达不清晰、不确切时，教师用补充提问的方式帮助学生提高答、问的质量。

如厦门市翔安区海滨小学许碧娥老师执教部编版五年级上册的《月迹》，引导学生"探月之喻"时，就适时采用了建模策略，具体如下：

师：贾平凹爷爷还写了孩子们跟奶奶讨论月亮的内容，请你找出一处来读一读，想想他们讨论的仅仅是月亮吗？

（学生分角色朗读后，交流想法，大部分学生把思考的问题理解为"他们在讨论月亮里面住着谁"，显然，学生的思考只停留在文字表面，没有理解文字深层的含义。）

师：每个人都说月亮属于自己。属于自己的是什么？

生：月亮属于每个人的是光亮与洁白。

（学生的理解深入了一点儿，但还是不够。）

师：无数的诗人经常写到月亮，或寄托乡思，或象征高洁……文中说月亮属于"我们"每个人的仅仅是光亮与洁白吗？属于我们每个人的应该还有什么？

（学生陷入思考，一会儿纷纷举起了手，答案自然越来越近了，"纯洁""美丽""梦想"……）

在这一教学片段中，教师通过一次次的引导追问，使学生对文中"月亮"的认识越来越清晰，学生理解鉴赏语言的能力、理答的能力获得提升。这就是典型的建模策略。

常规的阅读教学，提问应该是三种策略融合使用的，顺序一般是先导引，再追击，最后建模。当然，不同的课型，使用策略的比重不一样，这就是我们常说的"教学有法，教无定法。"

第四节 文本解读：基于阅读素养模型的文本解读

文本解读，"就是指阅读主体通过对文本材料的感知、分析、理解、反应、综合，进而产生感受、体验和理解并形成对文本材料的价值取向的一个过程"①。多年来,教师进行文本解读曾呈现过两次较大的走向:一次是倾向情感熏陶,侧重解读文本的情感价值;一次是倾向表达运用,侧重解读文本的语言秘妙。两种走向都走向了极端,前者唯情感论,后者唯语用论。

当前课堂中的文本解读,也出现了两种极端:一种是唯考型,以考什么为解读文本的指标,教学就是训练应考的过程,这样的文本解读势必导致学生成为考试机器;另一种是唯素养型,以学生在课堂上能说会道、能演会论为解读文本的指标,把考什么置于一边,这样的文本解读促使学生成为优秀的"演员",但不适应考试。这两种极端的文本解读思路都不能从根本上促进学生思维的发展。

一、文本解读与课堂提问的关系

语文新课标指出:"语文课程应致力于学生语文素养的形成和发展,而实现这一目标的最终途径是阅读,阅读是语文课程中极其重要的学习内容。"一个精彩的提问能盘活整个课堂,能将课堂气氛推向高潮!精彩提问的前提是设计精彩的问题,精彩的问题来自教师对文本的深度解读和独特体验,精彩的问题是教与学的连接点。对教与学连接点的捕捉、选择、平衡,便是教师解读文本的重要内容,也是衡量教师能力、素养高低的重要指标。

(一)文本解读是提问的前提

要想使提问指向阅读素养,文本解读具有不可忽视的作用,教师必须遵循一定的原则解读文本,才能确保提问指向阅读素养。

1. 素养导向下的文本解读可确保提问的整体性

"以解构为宗旨的语文文本解读,尽管'看似'有助于培养学生的独立精神与自由品格,但究其实与其说是通过文本的解读,使学生获得发展;不如说是通过对文本的解读,与文本背后的主导价值观念相对抗。换言之,文本解读的最终指向不是学生的发展,而是解构占据统治地位的价值观念。"②以解

---

① 张永林.基于学生视角的文本解读策略研究[J].江苏教育研究,2017(12A):35-38.

② 薛良勇.孙绍振语文文本解读思想研究[D].聊城:聊城大学,2018:29.

构为宗旨的解读必然误导教师肢解文本来提问,不利于学生建构文本模型和思维框架。相反,如果教师能紧紧围绕阅读素养模型解读文本,挖掘文本能训练学生思维的知识点,设计能将知识点与阅读素养模型相匹配的问题,则能促进学生整体的可持续的发展。

2. 学科视域下的文本解读可确保提问的语文性

每个学科都有自身的特质及自身应完成的教学任务。语文是一门综合性和实践性很强的学科。不论何种文体,解读文本时都应牢牢把握语文学科姓"语"的本质。设计问题时,应注重对字、词、句的解读与赏析运用,段、篇结构的领悟与迁移,让文本不仅仅是语文学习的范本,更是学生终身学习的工具,处处彰显提问的语文性。如解读说明文时,用科学求真的标准去丈量以美为生命的文学作品,以科学视角切入来解读文本,会将学生的审美意识踢出文本解读活动,最终使文学作品变成科学漫话的"跑马场",丧失其应有的美育功能。

3. 核心价值背景下的文本解读可确保提问的方向性

语文学习要做到言意兼得,既要积累优美词句,学习文本的表达形式,也要体会文本传递的情感、思想,两者缺一不可。当前,解读文本中的"意"应该紧扣社会主义核心价值观,在提问中培养学生正确的人生观、学习观、价值观等。从这个角度来说,文本解读是否紧紧围绕社会主义核心价值观,势必影响提问的价值取向。如果"把'德育功能'硬塞进文本……认为文学文本所载之道,是儒家的伦理道德之道。在这种观念支配下的文本解读,出现的问题往往是以现实的伦理道德标准去判断作品中的人物"[①],教师在这种观念支配下设计的问题,会破坏学生对文本的情感体验,使语文阅读教学惹学生讨厌。虽然这种解读也强调了文本的"意",但过分强调个人主观思想,过分强调德育功能,势必将语文课上成品德教育课。

可见,文本解读的取向就是提问的取向。从学生阅读素养和终身发展来看,只要能紧扣阅读素养模型进行文本解读,就能保证提问指向学生的思维发展,促进学生语文素养的提升。

---

① 薛良勇. 孙绍振语文文本解读思想研究[D]. 聊城大学,2018:30-31.

（二）提问是文本解读的载体

解读文本时可以进行多元解读，可以进行深度解读，可以进行个性解读。文本解读时，教师要基于已建构的阅读素养模型，将解读文本的思考或素材加以梳理，提炼出核心的语文要素，根据相关的语文要素设计问题。可以说，提问就是将文本解读转化成学生可接受的、可理解的语言，以这样的语言促进学生思考，引导学生走进文本，领悟文本的真谛。提问是文本解读的载体。

（三）文本解读与提问互相牵制

文本解读一般包括对文本的字、词、句、段、篇以及写作背景等的解读，提问则是对文本解读的一种梳理。文本解读的广度和深度，尤其是文本解读的方向决定着提问是否指向学生阅读素养的提升。提问的精彩与否又影响着文本解读能否抵达学生的内心。课堂上，根据学生的生成和教师的理答情况，有时需要调动非计划提问的文本解读内容，以帮助学生理解或深入思考。

可见，教师只有进行科学、有深度的文本解读，才能设置层次感强、维度广的问题，才能多角度激活学生的思维。教师利用问题适时、有机地推进课堂教学，激发学生的思考，学生的阅读素养必然得到提升。

二、基于阅读素养模型的文本解读策略

阅读的过程就是思维训练的过程。进行思维训练，是为了使学生思维的能力、品质、方法等达到一定水平，学会分析和解决问题，促进学生思维活动的发展。因此，教师应从提升学生阅读素养的角度出发解读文本，深度挖掘文本内涵，真正将阅读教学引向学生思维的深处。

（一）识破天机法

所谓"天机"，特指文本蕴含的写作秘妙。识破天机法指的是教师在速读完一个文本后，能确定其文体特点，还能从学生角度发现该文体应向学生传授的最重要的语言训练点。"新课改下的小学语文课堂应该给学生一个情感的课堂、开放的课堂，让学生去展示自己，在生活中学语文；应引导学生抛弃

'遵循'教师思维回答问题的习惯，培养自主、真实的为学个性，提升学识素质水平追求。"① 为此，教师对不同文体应有自觉的理解能力、敏锐的感受能力，能根据不同的文体选择适切的阅读方法，能根据表达的需要选择合适的话语体式和结构方式来授课。

1. 识文体天机

语文新课标针对不同文体的教学，提出了不同的要求："阅读叙事性作品，了解事件梗概，能简单描述自己印象最深的场景、人物、细节，说出自己的喜爱、憎恶、崇敬、向往、同情等感受。阅读诗歌，大体把握诗意，想象诗歌描述的情境，体会作品的情感。受到优秀作品的感染和激励，向往和追求美好的理想。阅读说明性文章，能抓住要点，了解文章的基本说明方法。阅读简单的非连续性文本，能从图文等组合材料中找出有价值的信息。"

人教版四年级上册《电脑住宅》所在单元的单元主题是感受科技发展给人们带来的生活上的变化。很明显，这是一篇说明文，说明文应该主要讲授说明方法，但本文说明方法不明显。如果以感受科技的神奇为主线展开教学，由于写作《电脑住宅》的时间距离现在有些年份，现在的学生对电脑已经很熟悉，甚至文本中写的电脑的几种神奇功能在现实生活中已经实现，因此要引起学生的学习兴趣不容易。那么，编者仍保留该文的目的是什么呢？经过反复推敲，根据题目和学情，我们认为教师解读该文的重点是，引导学生领悟作者如何有序、具体、生动地介绍电脑住宅的构造，让学生掌握有序、生动地介绍事物的方法。

再如，部编版（2016年版）三年级上册《去年的树》是一篇童话，编者选择该文旨在引导学生在有感情地朗读的基础上，通过品析经典语句，培养想象力，领悟童话反复结构的写法，渗透环保意识。但很多教师却以"保护环境"为主线解读文本，将语文课上成了品德与社会课。这是教师缺失文体意识造成的。

因此，教师解读文本应做到"因体而读"，教师解读文本时都没有弄清楚教材写了什么、怎么写的、应教什么、怎么教等问题，学生怎么可能学到各

---

① 李丹.理性看待新课改下小语教学的收获与反思[J].教育实践与研究（小学版），2009（6）：29-30.

种文本知识，又怎么会读，更不可能会写。抓住文体的特点，就抓住了阅读教学的"七寸"。作为一名教师，必须练就识文体天机的功夫，能针对不同文体采用不同的教学模式，确保学生在阅读中体悟相应文体特点，既得意又得言，促进学生思维的发展和阅读素养的提升。

2. 识题目天机

题目是文章的眼睛，教师应善于通过题目辨识文体。看到以人名和事件命名的文本，教师应立即做出写人记事或小说文本的判断，清楚写人记事类文本注重人物形象的塑造和故事情节的安排。

例如，看到题目《女娲补天》，对应想到解读神话文体的要点。小学生学习神话，重在体会神话的神奇，通过题目中"补天"二字，推断文本应该是围绕"为什么补天""如何补天""补天成功了吗"等展开的。深入解读文本后，发现文本果然是按这样的思路写作的，教学提问便可以围绕"补天"设计。

请看厦门市翔安区海滨小学陈小燕老师教学《女娲补天》的片段。

第一环节：图片导入，温故知新

1. 请学生看着PPT上的图片，说出神话故事的名称。

教师边出示课件边叙述。

（1）他开辟了天地，并用身躯化作世间万物。——盘古开天地

（2）他为民除害，射下了天上的九个太阳。——后羿射日

（3）她化作小鸟，把石子投入大海。——精卫填海

2. 教师揭题：这些都是神话，今天，我们也要学习一篇神话——女娲补天

3. 教师引导学生发现神话故事的名称的奥秘。

预设：前面讲了一个神话人物，后面讲了这个人物做了什么。

4. 引导学生迁移："女娲补天"这个神话故事告诉了我们什么？

……

第二环节：读懂故事，厘清梗概

1. 引导学生说说对女娲的了解。

预设：传说中的女娲是一个人首蛇身的女神。女娲是人类的母亲，为雷神和极乐国王的女儿所生，女娲的哥哥是伏羲。女娲用黄泥捏成人，创造了

人类。

2. 教师引导，质疑标题。

（1）你在生活中见过补东西吗？补的是什么？

预设：补锅、补衣服、补轮胎、补课。由此引导学生质疑标题。

预设：①为什么要补天？②怎样补天？③补天成功了吗？

3. 让学生带着问题读课文，边读边思考，然后以简练的语言说给大家听。

4. 教师引导学生梳理课文内容。

从以上片段中，我们清晰地看到了教师如何围绕题目解读文本，设计教学流程。

3. 识语言天机

语言是一篇文章的灵魂，不同的文体，语言风格肯定不同，但同一文体的语言特色也不尽相同。教师在识别文体天机的基础上，还要善于识别语言特色，避免同一文体设计的问题都一样，使阅读教学模式化、僵硬化。比如，小学阶段写景或叙事的散文往往都有"一切景语皆情语"的美感与韵味，给人以美的熏陶和深刻的心灵启迪。解读这类文本时，教师不能仅仅停留在把握文字所呈现的景象上，而淡化文字本身的魅力。

例如，部编版一年级上册《青蛙写诗》一文中有一个小节如下：

下雨了，

雨点儿淅沥沥，沙啦啦。

青蛙说："我要写诗啦！"

这首儿童诗意在让学生感受诗歌的语言魅力，体会诗歌轻快的节奏，积累ABB式的词语，熟悉常用的标点。教师解读文本时，不能单单让学生体会下雨的美，还要解读这首诗美在哪里。

再如，部编版五年级上册《"精彩极了"和"糟糕透了"》一文，全文以"爱"为主题展开叙述，但选择的是态度截然相反的"母爱""父爱"。解读文本时，教师应紧扣"爱"设计问题，让学生体会文章的主旨：题目中的两个短语是谁说的？他们分别是在什么情况下说的这句话？这两句话在作者成长过程中产生了什么影响？文中是怎样把作者成长中的这两种影响联系起来的？教学时，如果教师能围绕这几个问题提问，便能引导学生理解文字背后的深层含义，进而言意兼得。

（二）网罗天下法

这里的"天下"特指文本的整体。作为一名语文教师，通读文本后，应该能迅速整体把握文本，知晓文本的主题、结构、中心。

1. 网罗主题法

小学语文教材都是围绕主题编排的，单元主题体现在单元导读、语文园地中的"交流平台"、习作和课后作业上。单元导读和语文园地中的"交流平台"中往往会提示阅读方法、观察方法、朗读方法、习作方法等。习作板块中的内容和该单元的文本紧密联系，是单元文本语用迁移的集结点。课后作业体现了文本的知识点、学法或写法。进行文本解读时，教师应该先聚焦单元导读和语文园地，统揽单元教学全局，再聚焦课后作业，结合文本精准设计教学流程。

部编版三年级上册《总也倒不了的老屋》一文所在单元的单元主题是"预测"。"预测"的阅读策略在小学阶段首次出现，是该单元最重要的语文要素。这篇课文又是该单元的首篇课文，对整个单元起着统领作用。基于这样的定位，教师解读文本时可做这几个方面的尝试：首先，借助微课，介绍预测的概念、方法，让学生初步建立预测的概念。其次，顺着情节引导学生阅读，让学生边读边预测，在阅读后小结预测的根据，再以此验证预测的结果。

2. 网罗线索法

每篇课文都有一个贯穿全文的线索，这条线索或明或暗，需要教师独具慧眼去辨识。

每篇课文都有许多精彩的情节。这些精彩的情节或妙趣横生，或感人至深，或紧张跌宕……最能激起学生学习的兴趣。小学高年级的一些课文往往很长，教学时，怎么化繁为简？教师可以寻找文本的行文线索，先从行文线索入手，激发学生学习的欲望，调动学生学习的主动性，激活学生潜在的思维。在学生了解了故事梗概的基础上，再从情节的精彩处入手，带领学生体会全文的主要内容。

如部编版六年级上册《开国大典》一文，可围绕"大典前""大典时""大典后"梳理文章的线索，然后让学生选择最精彩的镜头，并说说理由。

3. 网罗中心法

小学语文教材中的大多数文本都有中心句或中心词，中心句或中心词常常体现在总起句、总结句、过渡句上。这些语句或词语不仅概括了文本的主要内容，有些还体现了文本的结构，反映了文本的中心思想，蕴含着作者的思想感情。教学时，教师可以从中心句切入，把理解句子和梳理文本思路、领悟中心思想糅合在一起组织教学，就能化繁为简，使课堂教学主线清晰，这有助于学生形成思维的系统性，直达教学目标。

如部编版三年级上册《大自然的声音》，全文围绕中心句"大自然有许多美妙的声音"展开叙述。教学时，可先提问："说一说，课文是围绕哪一句话来写的？"待学生找到中心句后，再提问："课文围绕大自然的声音写了哪些美妙的声音？"学生就能找出描写风、水、动物这三种事物声音很美妙的中心句。品味课文时，再紧扣"美妙"这个中心词，让学生找出体现声音美妙的句子，说说是如何感受到"美妙"的。又如，部编版四年级上册《为中华之崛起而读书》，教师可抓住文中的中心词"中华不振"作为教学主线提问："听到什么，感到中华不振？看到什么，感到中华不振？决定怎么改变中华不振？"

实践证明，以这些中心词句作为切入点，引导学生兴致盎然地去感悟，去表达，能够有效地训练学生深入探究、分析、判断、整合的思维品质。

（三）重锤突破法

从教学课时安排来说，教学时间是很有限的，解读文本时不可能面面俱到。教师应该着眼于文本的重点部分进行教学，之后小结方法，引导学生迁移运用，做到"教是为了不教"。

1. 重锤文眼法

文眼是文章的中心或关键词，可能在题目中，可能在文章的开头或结尾，也可能是文章中间的一个关键词。解读文本时，教师如果能找准文眼，在文眼处设问，花精力重锤敲击，学生就能获得较集中的知识，发展思维。

例如，部编版三年级上册《富饶的西沙群岛》一文写了西沙群岛风景优美、物产丰富这两个方面，对照标题"富饶"可以得知"物产丰富"才是本文的文眼，全文最能体现物产丰富的段落是第4自然段：

第一章 指向准备：基于教学的课堂提问的准备策略

鱼成群结队地在珊瑚丛中穿来穿去，好看极了。有的全身布满彩色的条纹；有的头上长着一簇红缨；有的周身像插着好些扇子，游动的时候飘飘摇摇；有的眼睛圆溜溜的，身上长满了刺，鼓起气来像皮球一样圆。各种各样的鱼多得数不清。正像人们说的那样，西沙群岛的海里一半是水，一半是鱼。

这段话不仅中心内容突出，还集中体现了标题"富饶"的意思，也是本单元习作习得点"试着围绕一个意思写"的典型段落。解读文本时，教师可这样来设问："这段话是围绕哪句话来写的？哪些词句让你感受到了'物产丰富'？到底写了哪几种鱼？作者为什么能把鱼写得千姿百态？本段最后一句中的'一半是水，一半是鱼'如何理解？"这样紧扣题眼"富饶"和文眼"物产丰富"，从整体到部分再到整体的提问，有利于提高学生的审题能力、提取能力、思辨能力。

再如，针对部编版五年级上册《慈母情深》一文，特级教师王崧舟的文本解读令听课教师非常震撼。王老师抓住第34自然段中的"鼻子一酸"一词，下了很大功夫。梳理情节时间："文中哪些情节让作者鼻子一酸？"可谓快刀斩乱麻！接着提问："让作者'鼻子一酸'的是哪些细节？"学生在问题的引领下解读出直起背转过身的"慢镜头"、"立刻"做事的"快镜头"、塞钱给"我"的"特写镜头"，反复品读，悟出母爱的伟大，领会作家梁晓声写作的绝妙。

可以说每篇课文都有文眼，只是文眼藏匿何处，如何运用文眼深入解读文本，需要教师用心揣摩其中的奥义。只有充分解读其中的奥义，教师才有可能将最核心的知识点深入浅出地传递给学生，如此一来，学生提取信息的能力、理解评鉴的能力、运用的能力都会得到提升。

2. 重锤文路法

叶圣陶说："甚解岂难致？潜心会本文。作者思有路，遵路识斯真。作者胸有境，入境始与亲。一字未宜忽，语语悟其神。"小学低年级语文教材中的文本行文线索非常清晰，语言训练点很明确，但高年级语文教材中的文本行文线索有的隐匿较深，这些线索不仅起着穿针引线的作用，还是文本学习的切入点和聚焦点。这就需要教师发掘自身的语文素养，深入挖掘文本，方能将一篇看似杂乱无章的文本教得精彩。

例如，部编版五年级上册《忆读书》，教师备课时重心基本都放在"利用不同的符号在文中圈画，找出冰心的读书经历"上，抓住时间这条线索，很快梳理出文章的主要内容，然后让学生圈出冰心读的书并谈谈读书的感受。其实文章还有另一条暗线"从冰心的读书经历中看到了冰心的成长经历"，在品味冰心成长经历时自然地走进冰心的内心，和冰心一样感受到通过读书有收获，有成长的快乐。

再如，部编版五年级上册《月迹》，教师解读文本基本聚焦在"文中写了在哪些地方找到月亮的足迹；月亮跑到不同地方，形状有什么不同"上。其实，从文中开头以奶奶的话引出寻找月迹，到结尾又落在奶奶对月亮的评价上，可知本文的另一条文路，就是"孩子们在跟着奶奶寻找月迹的过程中，心情有什么变化"。以这条文路品读文章，学生品到的不仅仅是动静结合的写景方法，还领悟到"位移形变""双线并行"的描写景物变化的方法。

以一个中心词或一条主线为文路，带出一串重点段、重点词句，深抠深挖，使得学生思考的面广了、程度深了，语文阅读素养提高了。

3. 重锤细节法

好的文本是由无数绝佳的细节组成的，从作者的角度看，写人叙事类文本中的细节能突出人物形象，写景状物类文本中的细节能突出事物的特点，论说类文本中的细节可突出论据的重要性。从学生的角度看，细节是其习作中的难点，教学时重点锤击细节，有助于学生突破难点，将细节描写的方法迁移运用于习作中。

例如，部编版三年级上册《秋天的雨》中第2自然段描写得很美，写了秋雨之后，树叶、田野、果树等的颜色的变化，可以说是小学阶段学生第一次接触生动描写颜色的段落。解读文本时，教师应站在三年级学生表象思维突出的角度，由形象到抽象，由表征到本质解读设问："秋天的雨为哪些朋友画上了颜色？"学生圈画事物，教师再问："秋天的雨为它的好朋友画上了哪些颜色？"学生再圈画颜色。教师可借助多媒体让学生形象感知颜色，读颜色，说颜色。接着教师要推波助澜，让学生深度思考："为什么秋天的雨为它的好朋友画的颜色各不一样？""五彩缤纷是什么意思？与'五颜六色'相比，哪个更恰当？为什么？"至此，学生不仅了解了色彩描写细节，更学会了根据不同事物恰当选择颜色，学会了判断推理。

再如，人教版五年级上册《地震中的父与子》有一个写人的经典细节：

他挖了8小时，12小时，24小时，36小时，没人再来阻挡他。他满脸灰尘，双眼布满血丝，衣服破烂不堪，到处都是血迹。挖到第38小时，他突然听见瓦砾堆底下传出孩子的声音:"爸爸,是你吗?"

解读这段话时,教师要站在五年级学生已具有一定的理解能力和评鉴能力的基础上,可以这样设问:"文本为什么不直接写38小时,而从8小时写起,而且用的是逗号?父亲救儿子肯定有很多动作,为什么文本只写一个'挖'字?文中父亲的外貌描写让你看到一个怎样的父亲?是什么力量支撑着父亲苦苦挖掘,疲惫不堪仍不肯放弃呢?"教学生重锤敲击本段后,让学生体会作者围绕"一个动作、一个形象、一句话"刻画人物形象的作用和功力。如此,学生的语感会有较大提升。

(四)抽丝作茧法

抽丝作茧,就是把文本中细微有特色的表达提取出来,再聚焦提问探究,然后推论整合出相关理解的过程。小学语文教材是著名学者、教育专家、大学教授等人参与编写的,为了符合各学段学生的知识、技能与思维发展需求,还会对原文进行小改动。可以说,浸透着编者良苦用心的原文或改动的文字,在描写上有的重复、有的矛盾、有的空白、有的富有新鲜感,这些文字恰恰是教师要抽出来,带领学生好好研磨的,要转化为学生的语文素养。

1. 抽重复作茧法

在小学语文教材中,不乏看似重复啰唆的词句,特别是低年级的儿童诗、儿童小散文,重复出现的语言很多,教师要如欣赏风景一样,带着学生慢慢欣赏。

例如,部编版一年级下册《树和喜鹊》一文是金波先生写的童话,篇幅很短,很有韵味。本文展现了三个画面:一棵树和一只喜鹊孤单地生活;有了许多树、许多鸟窝、许多喜鹊;喜鹊们、树们快乐地生活。随着画面的不断丰富,树和喜鹊由单个变成群体,由孤单变得快乐,故事生动形象地告诉学生:每个人都需要朋友,有朋友才会快乐。文本第1自然段只有26个字,连用"只有一棵树""只有一个鸟窝""只有一只喜鹊"三个短语。这三个短语很简单,但作家特意将很简单的文字组合在一起,肯定是另有意图的。教师应带着学生驻足,通过指名读、分组读、男女生读等形式,慢慢读出"孤单"的味道。此时,教师再以提问出击:"小朋友读着读着,有什么感觉?""这么说,'孤单'就是这里说的'只有一棵树''只有一个鸟窝''只有一只喜鹊'。"教师进而总结连用三个"只有"正是强调了树和喜鹊特别孤单。

理解了句意后，再让学生用"只有"练习说话。这个学习过程，就是抽出重复的短语品读，引导学生走进文本。这既尊重了用朗读感悟有美感童话的原则，也尊重了一年级学生关注词语胜过关注句子的特点。

再如，部编版五年级上册《慈母情深》一文中有这样一段话：

母亲说完，立刻又坐了下去，立刻又弯曲了背，立刻又将头俯在缝纫机板上了，立刻又陷入手脚并用的机械忙碌状态……

短短的一段话连用四个"立刻"，这里肯定不是重复啰唆，应该融进了作者特殊的情感。五年级的学生已经具有一定的品析评鉴能力，教师可以让学生多读几遍，然后问学生："作者为什么连用四个'立刻'？"学生通过品析评鉴，慢慢悟出作者旨在强调母亲的劳动艰辛和生活的不易。

2. 抽冗杂作茧法

小学语文教材中的一些文章线索很清晰，中心句、中心词一目了然，有一些却又长又"乱"，一般教师很难理出头绪。如果教师都理不出头绪，学生怎么能清清楚楚地学？阅读素养又怎能提升？其实，很多觉得乱的地方，往往是文章的精彩处，多是理解评鉴的重点、写法渗透的领地。教师要沉下心来，慢慢剖析。

例如，部编版五年级上册《"精彩极了"和"糟糕透了"》中的第15~17自然段："几年后，当我再拿起那首诗，不得不承认父亲是对的……在爱的鼓舞下，我努力地向前驶去。"多数教师在进行文本解读时只是抓住"我越来越体会到我当初是多么幸运"这句话教学而已，而对第15自然段往往不置可否。其实细细读完这几段，有一定文学素养的教师会发现，这几段话作者是按成长的不同阶段的体验构思成文的，循着这个思路，能找到以下三句话："几年后，当我再拿起那首诗，不得不承认父亲是对的。""我越来越体会到我当初是多么幸运。""我从心底里知道，'精彩极了'也好，'糟糕透了'也好，这两个极端的断言有一个共同的出发点——那就是爱。"这三句话写出了作者由不得不承认父亲的话是正确的，到体会到幸运，到点题明白不管哪种方式的爱都是爱。抽出了这三句话后，教学设计思路就很清晰了：先联系上下文，理解每句话的意思，厘清什么情况下作者有这样的体验，再随文解词有感情地朗读，最后引导学生领悟写成长的作文一定要写出不同时期的内心体验，才能体现"成长"的中心。

这样一抽，化繁为简，让学生得意又得言，并且体现了单元习作主题。

小学高年级教材中这样的冗杂的文字还是比较多的，需要语文教师提高文本解读能力。低年级的教师也不能认为教好生字词，让学生认识几个句式就完成教学任务了。作为语文教师，要有培养学生可持续发展的义务和责任，应该向学生渗透严谨的逻辑思维，培养学生品读、运用优秀中华语言的能力。

例如，部编版三年级上册《大自然的声音》一文的第3自然段：

水，也是大自然的音乐家。下雨的时候，他喜欢玩打击乐器。小雨滴敲敲打打，一场热闹的音乐会便开始了。滴滴答答……叮叮咚咚……所有的树林，树林里的每片树叶；所有的房子，房子的屋顶和窗户，都发出不同的声音。当小雨滴汇聚起来，他们便一起唱着歌：小溪淙淙地流向河流，河流潺潺地流向大海，大海哗啦啦地汹涌澎湃。从一首轻快的山中小曲，唱到波澜壮阔的海洋大合唱。

教师解读这段话时，往往被标题"大自然的声音"限制，聚焦找拟声词、积累拟声词、运用拟声词。其实三年级还有一个很重要的教学任务，就是段的教学。编进教材的文本往往都渗透了构段的方法。用心解读就会发现，本文是按由总到分、由面到点的写法构段的，再细读"小溪淙淙地流向河流，河流潺潺地流向大海，大海哗啦啦地汹涌澎湃"这句话，会发现作者是根据自然规律由小到大、由先到后的顺序来写的，因此，教学时可问学生："这里写小溪、河流、大海的三个分句能调换位置吗？"

以问题驱动学生发现、评鉴、领悟。这样抽冗杂处精心设问，可以使学生随着教学有层次地深入，语文阅读素养自然逐渐提升。

3. 抽新鲜作茧法

语文学习的过程是理解—积累—运用的过程，教师进行文本解读时，应善于抽取有新鲜感的句子带领学生品读理解，促进学生运用。

例如，部编版三年级上册《大青树下的小学》描绘的是一所民族小学，各族小朋友在一起认真、快乐学习的画面，体现了民族大团结的融合思想。文本很多描写都很美，如文本开头："早晨，从山坡上，从坪坝里，从一条条开着绒球花和太阳花的小路上，走来了许多小学生，有汉族的，有傣族的，有景颇族的，还有阿昌族和德昂族的。"这样的开头，把来自哪里放在前面，人物放在后面，跟学生常接触的句式"什么时候，谁从哪里来，怎么样"不一样。这样倒装的表达对三年级学生来说非常新鲜，教师应通过提问，促进学生理解其妙处，激发学生的兴趣，可这样提问："读完这句话，你知道写了谁吗？你能按照'什么时候，谁从哪里来，怎么样'说一说吗？"

教师将学生说的跟原文放在一起，让学生对比着读，然后再提问："两种写法，你喜欢哪一种？为什么？"

通过这样的设问，让学生对比评鉴，可使学生认识到原文画面感更强，仿佛看到一群学生向自己走来，更形象生动，也更能突出民族的多样性。经过一抽一琢磨，学生会喜欢上这样的句子，熟读背诵，同时也提高了语感。

再如，部编版五年级下册《摔跤》中的几处描写："各自虎势儿一站，公鸡鹐架似的对起阵来""围着他猴儿似的蹦来蹦去，总想使巧招""两人走马灯似的转了三四圈"。作为教师，应该敏锐地发现这样的表达是很新鲜的，共同点是用比喻式的词语来形容动作，如"公鸡鹐架似的""猴儿似的""走马灯似的"。教师抽出这种新鲜的表达后，必须考虑如何通过引领，让学生理解并积累转化。可这样设问："请找出文本写摔跤比赛最精彩的画面。"当学生找出这样的句子后，引导学生发现其表达有哪些相似处，从而发现都是比喻式的词语，接着通过表演让学生理解词语，感受表达的生动传神。

这样的文本解读能培养学生提取、观察、比较、分析、判断、综合等的阅读素养。如果教师直接抛出相应的词语，让学生说说比喻的好处，就没有发展思维的过程了。

（五）醍醐灌顶法

"醍醐灌顶"一词追根溯源，"该词出于《敦煌变文集·维摩诘经讲经文》：'令问维摩，闻名之如露入心，共语似醍醐灌顶'，比喻把智慧灌输给人，使之彻底醒悟"[①]。"佛教用醍醐灌顶比喻灌输智慧，让人彻底觉悟，另一种说法叫'顿悟'，相对于'渐悟'。"[②]教师在解读文本时，往往注重语言文字的推敲，思考怎么解释、讲解学生才能明白，却鲜有思考在什么时候、怎么点拨、怎么小结学生才能豁然开朗，教师为什么那么教、学生要学什么。对于小学生来说，教师如果没有适当指点迷津或提升总结，学生上完一节课常常还是迷迷糊糊的。因此，教师在备课时，应清楚每节课为什么而教，教给学生什么，哪些知识需要重点教，哪些知识学生课前预习或课后回顾一下即可，让学生有醍醐灌顶之感。

---

① 李慧岩.从"醍醐灌顶"管窥中德宗教背景成语之关联 [J].德语学习，2011（3）：21.
② 李慧岩.从"醍醐灌顶"管窥中德宗教背景成语之关联 [J].德语学习，2011（3）：23.

1. 从提取推论中顿悟

提取信息加以推论是小学生阅读素养中最基础的思维品质,"万丈高楼平地起",没有牢固的基础素养哪来的高阶思维品质。

例如,部编版一年级上册《青蛙写诗》一文,教师教学"一串水珠"时,可根据一年级学生形象思维占主导地位的特点,贴水珠成串图,图文对照,出示"串"字,然后教师适时总结:"像这样把东西连起来就是'串'。"然后再让学生说说什么东西可以用"串"做量词,如一串糖葫芦、一串灯笼、一串珍珠。

教师先总结"像这样把东西连起来就是'串'",再让学生联系生活,检索生活中成串的东西,提取正确的信息再说出来,使学生经历了一次检索提取的思维训练。

又如,部编版三年级上册《父亲、树林和鸟》一课,梳理完文本脉络后,可用课后的判断题检验学生是否预习充分。

你同意下面这些对父亲的判断吗?说说你的理由。

◇父亲一生最喜欢树林和鸟。

◇父亲对鸟的习性十分了解。

◇父亲很善于观察。

◇父亲热爱自然。

◇父亲曾经是个猎人。

教师要着重引导学生对照课文检索相似的表达,再提取有价值的信息,分辨后做出推论。学生充分表达之后,教师要总结方法:带着句子原文找—对照原文辨真伪—提取关键词较有用。像这样的总结,对学生迁移学习其他课文很有效。

2. 从解释整合中顿悟

解释整合能力是阅读素养中一项非常重要的能力,也是学生跨学科学习的关键能力。教师备课要精细到每个词、每个句子、每个段落的学法总结,引导学生理解文本,对文本进行概括总结,提高理解概括能力。

例如,部编版二年级上册《大禹治水》中的语文要素,是教会学生用多种方法理解词语。本课理解词语的重点和难点是"泛滥"一词,可以尝试用偏旁复现法、句子复现法、画面复现法教学,引导学生理解"泛滥"一词。但不管用哪种方法,教师都要记得引导学生总结,总结语可这样设计:

"是啊，我们可以利用偏旁来猜测词语的意思，也可以像这样从课文中找到相应的句子来理解词语的意思，当然，根据词语想画面也是理解词语的好办法。"

有了这样的总结，学生日后理解其他词语时就不会无所适从，会搜索学过的方法进行运用，从而提高解释整合能力。

再如，人教版六年级上册《老人与海鸥》一文中有这样一段话：

海鸥们像炸了营似的朝遗像扑过来。它们大声鸣叫着，翅膀扑得那样近，我们好不容易才从这片飞动的白色旋涡中脱出身来。

教师备课时，要敏锐捕捉到两个"扑"字，设问："两次用到'扑'，为什么不用'飞'？"再引导学生进一步找出文中能体现"飞"的意思的其他词语，即"盘旋""旋涡"。教师锁定两个"扑"字以及"盘旋""旋涡"，设问："假如这四个动词都换成'飞'，你的感受一样吗？"通过这样的追问，学生就能从"盘旋""旋涡"这两个词中感受到海鸥数量多、飞的速度快，体会到送别老人的场面是多么悲壮。连用两个"扑"字，写出了海鸥失去老人时的哀伤，也写出了海鸥对老人的无限依恋。

教师如果能这样解读文本，课堂上学生就能体验解释、推论、概括、整合的思维发展过程。最后教师再小结这种写法是"一意多变"的表达，就能使学生不仅理解了为何这样表达，也能将这种表达方法迁移运用到自己的习作中，让习作的用词更准确丰富。

3. 从评价鉴赏中顿悟

评价鉴赏是语文阅读素养的高阶思维。一个学生如果善于评价鉴赏，说明他善于思考，已经具有批判思维。有了批判思维，提高阅读能力自然不在话下。

例如，部编版五年级上册《父爱之舟》选入教材时做了很大改动，删了很多文字，教学时可以呈现一段删掉的文字让学生评价去留的好处。

师范毕业当个高小的教员，这是父亲对我的最高期望。但师范生等于稀饭生，同学们都这样自我嘲讽。我终于转入了极难考进的浙江大学代办的工业学校电机科，工业救国是大道，至少毕业后职业是有保障的。幸乎？不幸乎？由于一些偶然的客观原因，我接触到了杭州艺专，疯狂地爱上了美术。正值那感情似野马的年龄，为了爱，不听父亲的劝告，不考虑今后的出路，毅然沉浮于茫无边际的艺术苦海，去挣扎吧，去喝一口一口失业和穷困的苦水吧！我不怕，只是不愿父亲和母亲看着儿子落魄潦倒。我羡慕过没有父母、没有人关怀的孤儿、浪子，自己只属于自己，最自由，最勇敢。

教师可设问："原文的这段话，你觉得选编时删掉好不好？"

教师可引导学生评价鉴赏这段文字，思考"删掉好不好"，在评价鉴赏时，注意引导学生表达的规范完整，最后要总结：原文的这段话，与小学生的时代背景离得较远，在思想层面上有点负面，容易误导思想不成熟的小学生。从选材上，与"父爱"主题关联度不够强。因此，这段话删掉更能集中体现"父爱"这一中心，更适合小学生阅读。

这样的评鉴，对学生深刻领悟中心及评判选材恰当与否很有帮助，同时能提升学生品味鉴赏语言文字的能力。

再如，部编版五年级下册《两茎灯草》节选自吴敬梓的《儒林外史》，教学重点是让学生体会作者抓住人物的动作、神态等表现人物性格特点的方法。小学阶段的语文教材中写人的文章很多，本课能让学生学到什么新的写人方法？教学时如何渗透阅读素养的培养？解读教材时需要好好下一番功夫。初读文本后，教师会发现课文中严监生的吝啬形象很突出，但课文只描写了严监生的动作、神态，却没有对严监生的语言进行任何描写。教师可以抓住这一点启发学生对作者的这一写人方法进行评价，再让学生分别找出一两处动作、神态的经典描写，围绕"为什么说这些描写很传神"进行评价。这样，学生通过对动作、神态描写的学习，体会到了严监生的心路历程。教师要适时总结评鉴方法"学习写人的文章，可以通过抓关键词揣摩人物的内心"，接着可让学生通过抓关键词评鉴严监生。

这就让学生经历了提取、推论、解释、整合、评价、鉴赏的过程，多次经历这样的学习过程，学生的阅读素养自然会得到发展。

（六）比照联想法

"比照"即比较对照，"比照联想"即通过比较对照产生想法，触发、拓展学习的思路。叶圣陶说："教材无非是个例子，凭这个例子要使学生能够举一反三。"语文教师要具备全阅读语文观，利用好"教材"这个例子。进行文本解读时，教师应善于对文本的主题进行比照，比照主题、比照语言特点等，以此引入阅读资料或推荐阅读资料，引领学生由一篇读多篇，由课内引向课外，拓宽学生的阅读面，由量变引向质变，提高学生创新评鉴的能力，提升学生的语文阅读素养。

1. 比照主题法

部编版语文教材围绕人文主题和语文要素双线组织阅读单元，教师可以比照主题，同一主题集中授课，再根据群文学习策略，寻找相同主题进行教学，培养学生分析比较的阅读素养。

部编版一年级下册六个阅读单元的人文主题和语文要素的安排

单元	人文主题	语文要素
第二单元	心愿	找出课文中明显的信息。
第三单元	伙伴	联系上下文了解词语的意思。
第四单元	家人	读好长句子。
第六单元	夏天	联系生活实际了解词语的意思。
第七单元	好习惯	1. 读出疑问句和感叹句的语气。 2. 根据课文信息做简单推断。
第八单元	问号	1. 借助图画阅读。 2. 读出祈使句的语气，分角色读好课文。

从上表可以看出，人文主题是贯穿全套教材的、显性的线索。另一条线索，即将语文素养的各种基本要素，包括语文基本知识、必备的语文能力、一定的学习策略和学习习惯，有机地设置成若干个知识或能力训练"点"，由浅入深，由易到难，分布在教材各个单元的文本中。在小学低年级教材中主要体现在课后练习和文中的"泡泡"里，在小学中、高年级教材中还体现在教材文本的旁批上，这些都为教师教学提供了鲜明的线索和抓手。因此，教师可以从"人文主题""语文要素"两个方面分别组织阅读，巩固提升学生的阅读素养。

例如，部编版一年级下册第二单元的人文主题是"心愿"。教学时，教师可以先抛出主题："课文都写了哪些人的心愿？他们的心愿分别是什么？让我们走进文本看看吧。"第二单元授课完毕，教师可以再回扣单元主题，引导学生比照主题，设问："学完本单元，小朋友们都知道写了谁的心愿，心愿是什么了吗？你们仔细思考一下，每篇课文的心愿不同在哪里？实现心愿的方法有什么不同？你有什么心愿？能否学着课文的表述方法说说你的心愿呢？"

第一章　指向准备：基于教学的课堂提问的准备策略

这样提问，可以引导学生在单元主题的统领下，经历阅读—转化—表达的过程，从而提取信息，并对信息进行比较、判断、评价、整合。最后，再让学生试着迁移运用，进行口头表达。

当然，教师也可以从群文阅读的角度，找相应的文章，如《月亮的心愿》让学生阅读，训练学生独立阅读的能力，使学生掌握阅读的方法。

再如，部编版一年级下册第三单元的语文要素是"联系上下文理解词语的意思"，课文《树和喜鹊》中"孤单"一词下面加了"泡泡"："读了第一段，我知道了'孤单'的意思。"直接点明了本单元的语文学习要素。虽然"泡泡"加在"孤单"这个词语旁边，但教学时教师要重点指导学生运用这种方法，不能仅仅局限于理解"孤单"，如本文中的"邻居""快乐"两个词，也可以引导学生运用联系上下文的方法理解。仅仅通过一课的学习是无法牢固掌握一种学习方法的。接下来的课文《怎么都快乐》中，学习"独自""静悄悄""有劲"等词语时，教师要有意识地围绕"联系上下文理解词语的意思"设计问题，帮助学生巩固、迁移、理解词语的相关方法。

此外，在课外阅读学习中，还要反复操练和巩固，达到熟练运用"联系上下文理解词语的意思"这一语文要素。

2. 比照构思法

语文教材每个单元的文本除了在人文主题与语文要素两个方面有相似之处外，在构篇构段上也有一些相似之处，为了让学生巩固并学习一定的构思谋篇方法，教师在备课时应着眼于寻找相似的文章加以学习。

例如，教学人教版四年级下册《全神贯注》一文时，可根据文章"用具体事例表现人物特点"的写作方法，引入两篇课外文本《挑山工》和《快手刘》，让学生通过群文阅读，比照三篇文章的共同点，填写相关内容。（详见下表）

《全神贯注》学习单

标题	主要人物	人物特点	具体事例
《全神贯注》	罗丹	全神贯注	修改塑像，忘记朋友
《挑山工》			
《快手刘》			

3. 比照语言法

在小学语文教材中，有些作者在行文中会流露出地域语言特色。

例如，部编版五年级下册《摔跤》一文的作者徐光耀是北方人，文本中就运用了很多儿化音。如果授课对象主要是南方人，教师应该好好地带着学生读好儿化音。再比如，老舍的文章文字看似浅显，却饱含丰富的情感，教师应该以一篇带多篇阅读，让学生在比较中体会老舍语言的魅力，从而提高学生鉴赏语言和运用语言的能力。

再如，学完部编版四年级下册老舍的《猫》，教师可设计这样的对比阅读："再读读老舍的《胡同中的路》《挤火车》这两篇文章，看看文中作者运用了哪些幽默的语言，请用红笔画下来。想一想，这些句子分别用了什么修辞手法？带给你什么感触？"

学习单

我会阅读			
篇目	幽默的语言（关键词句）	运用的手法	备注
《胡同中的路》			
《挤火车》			

通过对多篇文章的比较阅读，学生对老舍幽默的语言表达有了深刻的印象，同时提高了甄别粗俗的幽默语言的能力，激发了运用具有美感的幽默语言的兴趣。

基于阅读素养模型的文本解读，是提问教学行为成功与否的前提。

如果说教学是具体实施的过程，那么学情预判、建构阅读素养模型、文本解读则都是教学的准备阶段。尽管影响课堂教学的因素有很多，但以上基于教学的课堂提问的准备策略是在既定阅读素养模型视域下准备的，不仅具有科学的学情预判，还有基于阅读素养模型的文本解读策略，确保了通过提问培养学生的高阶思维的可行性。

第二章　指向设计：基于阅读文体的问题设计策略

在小学阶段，记叙文、说明文、童话、议论文、古诗词和非连续性文本是学生接触的主要文体，针对不同文体，问题设计的策略也不同。如果教师能从理论角度剖析各种文体的特点和教学要领，再结合各种文体提问的基本策略设计问题，阅读教学就能从多维度促进学生阅读素养的提升。

第一节　基于阅读文体的问题设计旨要

"古人讲'定体然后可以言工拙'，意思是说，对文体有了确认之后才可以研讨文章的优劣，这当然是从文学鉴赏和评析的角度出发的。"[①] "定体然后可以言策略"，这也可以应用到我们的教学中来。把准文体，选取不一样的教学策略，以便最大限度地引导学生感受其语言特色，品读其文体特征。

一、文体概述

中国文学独立于魏晋南北朝时期，其重要表现，就是对各种文体的分类及解说，而曹丕的《典论·论文》从理论上为文体的划分做了初步的分析。《典论·论文》有"夫文本同而末异，盖奏议宜雅，书论宜理，铭诔尚实，诗赋欲丽"的论述。文体即文章的体裁，可以按照表达方式与文学样式分别进行分类，每一种文体都具有自身的特点，会通过不同的文体形式表现出来。文体也可以理解为人们为了不同的表达目的选择不同的表达策略和方法，逐渐形成的有一定规律的、形式比较固定的文本模式。文体意识的内涵是在大

---

① 罗才军.阅读教学呼唤文体特征的彰显[J].小学语文，2013（11）：33-36.

量的文本阅读和实践中形成的对不同文体模式的自觉理解、熟练把握和独特感受，是在一定程度的阅读中，形成对文体的独有感触，能根据文体的差异自觉选择合适的阅读策略，有意识地根据表达的需要选择合适的语言风格和文体结构。显然，文体是知识范畴的概念，文体意识是能力、素养范畴的概念；文体是一种知识，文体意识是一种经验，一种积淀，一种能力，一种素养。

文体的划分，既遵从具体文本的话语体式和结构模式的规律性，又关注它们承载的不同功能。对于读者而言，文体是静态的，而文体意识需要借助对具体文体文本的阅读和表达实践来培养，是动态的。对于作者来说，情况就不是这么简单了，如果他要表达的内容和思想有现成的文体模式可以运用，直接调动相关的文体经验就可以了；如果现成的文体模式不能满足其表达的需要，他就有可能在表达实践中创造出一种新文体来。我们综合叶圣陶的观念，同时结合对课文的分析，认为教材中的文本主要分为记叙文、说明文、童话、议论文、古诗词、非连续性文本几种文体。

在传统的小学语文阅读教学中，如果教师的文体意识较弱，对课文的利用率就比较低。忽略文体特征的阅读教学在某种程度上忽略了对语言表达方法的学习，同时也忽视了对语言的感受和积累，学生即便理解了课文内容，也无法提高语文能力。有意识地把文体分类知识渗透到小学语文阅读教学中，能够培养学生的文体意识。"同时学习不同的文体形式能够让学生掌握不同文体形式的特点，使得学生在进行阅读时能够举一反三，根据文体的形式有侧重地进行阅读，迅速把握文体的特点，从而提升自身的阅读能力。"[①]新课改实施后，教材的完善和课堂模式的变化为小学语文教学提供了新的方向，但语文课堂阅读教学中的提问，依然停留在内容分析及讲解上，无论文章内容是简单还是复杂，是深刻还是浅显，教师总是花较多的时间带着学生理解文章内容，一节课看似热闹，师生互动有致，但是细细品味，师生的文体意识很淡薄，阅读教学无法收到很好的效果。因此，在阅读教学中，教师要对文体进行判断，思考文体模式，探索和掌握文体意识在阅读教学中的规律性，基于此提出有价值的问题。

---

① 李碧.基于文体分类教学视角下小学语文阅读写作教学策略探究[J].科学咨询，2018（28）：107.

二、基于阅读文体的问题设计意蕴

如果我们把阅读教学想象成一个解码的过程，那么在这个过程中，正确理解作者的编码形式——文体表达，可以达到事半功倍的效果。教师在设计课堂问题时，要尊重文体特征，尊重文体语言，尊重文体结构。

（一）尊重文体特征

在阅读教学中，要想更快、更准确地定位文本教学核心，首先应正确理解和把握其文体特征。我们常说"教无定法，贵在得法"，而得法之精髓，我们认为就在尊重其文体特征设计问题上。

例如，记叙文根据文章内容可以分为写人、写事、写景等类别，从写作主旨来看，写人、写事、写景这三个类别的记叙文分别对应"人品""事理""情景"的文体特征。而说明文则是要想方设法把事物说得清楚明白。议论文的主要特征是"议论"，其中又以"论"为主，论点、论据和论证是议论文的三要素。我们学习议论文就是要看作者是怎么论证自己的观点的。不同的文体，因其写作目的不同，表达方法也不一样，所以教师要基于其文体特征设计问题，以引领学生形成文体意识，掌握学习某一文体的方法。

（二）尊重文体语言

文体不同，其语言自然也有不同的特色。例如，记叙文的语言讲究的是生动、形象，富有表现力；说明文的语言要求准确、简洁，富有概括性；议论文的语言特色在于准确、鲜明，富有说服力等。在阅读教学中，应尊重文体的语言特点，进而进行有针对性的教学。

例如，部编版五年级下册中《摔跤》这篇文章最核心的语用点是人物描写采用了白描手法，寥寥几笔，生动形象，栩栩如生，极具记叙文的语言特点。课文中有这样三个句子："小嘎子精神抖擞，欺负对手傻大黑粗，动转不灵，围着他猴儿似的蹦来蹦去。""可是小胖墩儿也是个摔跤的惯手，塌着腰，合了裆，鼓着眼珠子，不露一点儿破绽。""两人走马灯似的转了三四圈，终于三抓两挠，揪在了一起。"这一连串的摔跤动作和人物神态的细节描写，可谓绝妙！在课堂教学中，可以让学生避开传统仿写的方式，代之以阅读批注的方式表达对写法的理解和感悟。

不同的文体有不同的文本风格、思维方式和语言风格。教学时教师要注重文本风格的特点，也就是要让学生学习准确、熟练地使用语言和文字，教师可以此为依据进行问题设计。

（三）尊重文体结构

每种文体都有其特有的文体结构，教学时要尊重其文体结构。如教学说明文需要抓住说明对象，明确事物的特征，厘清说明的顺序以及介绍事物时所运用的说明方法和呈现出来的效果；教学小说应抓住小说三要素，理解人物的言行和心理活动，关注故事情节的发展，感受环境描写的渲染作用，由此理解小说的主旨，欣赏和分析其表现手法。

选择怎样的文体来表达自己的感情是作者在写作中的应然选择。文体决定了语言形式，也决定了教师在教学该文时要如何提问。要有效地设计问题，教师必须尊重文体特征、文体语言、文体结构，探寻问题设计的突破点，为提升学生的阅读素养而努力。

第二节　记叙文阅读课堂提问设计探析

在记叙文教学中，教师要根据文体特点，设计指向一定阅读素养的问题，以期让学生学会检索、提取篇章信息，体会中心思想，促进积极思维。教学时，教师基于记叙文文本特点提问，能够帮助学生建立记叙文文体模型，促进学生阅读素养的提升。记叙文阅读课堂提问设计的指向在一定程度上决定着课堂教学的质量。

一、记叙文概述

记叙文具有以下两个特点：其一，表达方式以叙述、描写为主；其二，以记人、叙事、写景、状物为主要内容。记叙文反映事物本质，传达作者理念、想法的方式往往是通过人物刻画、事件描写、环境渲染等。在记叙文中，人物的经历和事件的发展过程借助叙述这一方法进行表达；描写则是通过对人物的外貌、动作和景物的状貌等具体描摹刻画。记叙文大体可以分为写人、叙事、写景、状物四类。叙述方式有顺序、插叙、倒叙和补叙四种。无论采用哪种叙述方式，人物和事件都是记叙文写作的中心，作者借助叙述和描写的方式，抒发情感，表现文章主题。

二、记叙文的文体特点

阅读是对某一种特定体式、特定文本的理解、解释、体验、感受。学习特定的文本体式时，要运用符合这种体式的阅读方法。他强调，理解具体文章、作品，应该选择与文本特点相符合的阅读方法。由此可见，对记叙文文体特点有完整清晰的认识是提问设计的前提。

（一）主题鲜明

记叙文一般围绕鲜明的主题展开叙述，作者将自己的思想感情蕴含在字里行间，通过文字表达自己的想法与思考。作者的想法、观点往往都包含在文本的中心思想中。中心思想有的直接表达，有的含蓄表达。

（二）思路明晰

记叙文不仅有鲜明的主题，且思路明晰。文本中往往有一条或多条线索贯穿其中，将作者的思想与语言材料有机串联起来，清晰明了展现行文思路，表现出特有的美。记叙文的行文思路可以从横向和纵向两方面进行划分。横向思维以空间位置的变化或逻辑思维推理顺序为行文的线索；纵向思维以时间顺序、事情发展的先后顺序为行文的线索。

（三）语言生动

记叙文的语言不像诗歌那样讲究节奏押韵，也不像说明文、议论文那样追求严谨和逻辑性。其语言生动活泼，富有张力。

三、记叙文课堂教学要领

在教学记叙文时，教师要依据记叙文的文体特征，对文本进行解读，把握相应的教学要领。当学生进行阅读时，教师要引导他们体会理解文本的关键是什么，换而言之，就是要教给学生理解文本的方法，使之从中获得相应的感受、体会。

（一）体会中心思想

庄子曰："语之所贵者，意也。"学习记叙文，尤为重要的是体会其中心思想，感悟其表情达意的效果。教学记叙文时，教师可以引导学生抓住体现中心思想的词句，如表现人物个性的语言和动作描写，直抒胸臆、有感而发的词句，表达作者想法、观点的词句等，体会其深刻含义，把握其在表情达意上的作用。

部编版五年级上册《落花生》一文中，"父亲"对花生的评价是全文的中心观点。在教学中，教师要引导学生关注"花生"这一事物，挖掘其背后的含义，让学生联系生活实际，进一步理解"父亲"的人生观，即"人要做有用的人，不要做只讲体面，而对别人没有好处的人"，从而让学生体会课文的主旨，学习借物喻人、借物喻理的写法。体会中心思想仅依靠理解词句是不够的，还应通过各种形式去体验和感受文本蕴含的情感，其中效果最为显著的方法便是朗读。抓住重点词句，让学生带着自己的理解，有感情地朗读，在读中悟，读中感受。

（二）厘清思路

在记叙文的教学中，教师引导学生顺着记叙文的行文思路理解课文内容，体会情感，能够使学生的逻辑思维能力得到锻炼，并能为学生在记叙文写作中学习有序表达提供借鉴。

理解文本段落之间的关系，是厘清记叙文写作思路的重要途径之一。作者在谋篇构段的过程中，有着自己的行文思路。在记叙文的教学中，教师要根据不同文本确定厘清思路的方法。解题释义是厘清作者行文思路的方法之一。例如，部编版五年级上册《月迹》一课，教学时，通过解释题目可以使学生明白课文是围绕月亮踪迹的变化进行描写的。

（三）学习语言

记叙文的语言，有的清丽婉约，有的豪放不羁；有的朴实无华，有的生动形象；有的含蓄隽永，有的直抒胸臆。其语言各具特色，生动鲜活，饱含了作者强烈的个人感情，是学生学习时要重点体会的内容，也是教师课堂教学的侧重点。教学时，教师应引导学生仔细体会揣摩、理解记叙文的语言。低年级的记叙文教学应该侧重于识字教学与说话练习。中、高年级的记叙文教学则要让学生在理解语言的基础上，学习如何组织语言材料，进一步体会记叙文的语言之美。通过抓关键句，品关键词，让学生感受用词的准确、语言的生动,体会文本是如何描述事物和表达感情的,帮助学生积累和使用语言。

四、记叙文课堂问题的基本类型

文无体不立,学无体不可。有效的课堂问题应以文体知识为指向进行设计。因此,根据记叙文的文体特征,可将记叙文的课堂问题归纳为四大类型:线索性问题、整体性主问题、启发性追击问题和灵活性开放问题。

(一)线索性问题

线索是将文章情节串联起来的一条主线,是作者行文思路的体现。所以,线索性问题旨在引导学生抓住课文的线索,找出段落中的层层关联,段落之间的联系,发现作者材料的编排规律,从而厘清文章的结构。

标题往往是文章的重点,对于主题的突出和深化有着重要作用。在课堂教学中,教师要善于借助标题进行教学,引导学生质疑、猜想,激起他们思维的火花,充分发挥学生的主体地位及主观能动性。例如,教学部编版五年级上册《"精彩极了"和"糟糕透了"》一文,标题即课文的线索,教师可以围绕标题设计问题:"这两个完全相反的评价是针对同一件事情吗?为什么会有如此截然不同的评价?""其实这两种评价是源于不同的出发点,但殊途同归,最后都归结到哪个字?"随着问题的不断提出,学生就会一步步地去思考,思维也会逐渐走向深入。

(二)整体性主问题

在记叙文教学中,如果教师设计的都是琐碎、具体的小问题,而没有可以统领全文的整体性主问题,那么学生在问题引领下解读文本时就会随着这些问题将文本割裂开,片面解读文本,断章取义,甚至产生歧义,而无法整体把握记叙文的中心。因此,在教学中,教师应立足中心,设计能够统领全文的整体性主问题,激发学生探究文意、深挖细节的兴趣,层层递进,帮助学生整体把握全文。

例如,教学部编版五年级上册《忆读书》一文,教师在带领学生梳理全文脉络后,可提出整体性主问题:"为什么作者说'我永远感到读书是我生命中最大的快乐'?她因为什么而快乐?"这样的问题将文章的情感与事件都包括在内了。在阅读实践中,让学生边读边思考,带着问题与文本、作者对话。在生生、生本的对话中,学生对文章的内容和情感有了整体把握,文本解读能力及自学能力都会有所提升。

(三)启发性追击问题

苏联著名心理学家维果斯基将学生的智力发展水平分成现有的发展水平和即将达到的水平,两者之间的差距即"最近发展区"。因此,教师设计的问题应当落在学生智力的"最近发展区"。例如,教学部编版五年级上册《将相和》时,教师可以按照学情设置问题:"本文的将和相分别指谁?课文主要写了哪几个故事?从这几个故事中你看到一个怎样的蔺相如?"这样的问题就处于学生的"最近发展区",学生"跳一跳就能摘到果子",从而能体验到解决问题的成就感,体会到学习的乐趣,增强自信心,激发求知欲,保持学习兴趣。我们称这类问题为启发性问题。在教学中,教师要利用启发性问题浅问深究,直事曲问,给学生留下思考的余地。

孔子曰:"不愤不启,不悱不发。"教学中,教师在利用启发性问题激发学生求知欲时,还要注意深入挖掘课文内涵,适当追问,或根据学生的回答,继续设问,进一步引发学生思考。这一提问形式有利于发展学生的思维广度、深度,使学生的思维具有独立性、批判性和灵活性等特点。

(四)灵活性开放问题

封闭性问题和开放性问题是课堂上的两种主要问题类型。封闭性问题通常用"是"或"不是"来回答就可以,而开放性问题的答案是不唯一的,开放性问题既可以打开学生的思路,又能拓宽学生的思维,让学生各抒己见,从而营造新鲜有趣的课堂学习氛围。如教学部编版三年级上册《司马光》时,可以让学生想一想:"如果你在场,你会怎么救小伙伴?"

五、记叙文课堂问题设计基本策略

掌握记叙文的阅读方法,在阅读实践中运用相应的方法,理解文意、体会情感是记叙文教学的重要目标。在了解了小学记叙文课堂问题的基本类型的基础上,教师应当抓住记叙文的文体特征,选择合适的课堂问题设计策略,开展教学。

（一）紧扣标题设问

标题是行文思路的准绳，是文章的"窗户"。因此紧紧抓住标题，就能抓住文本内容的核心，起到厘清线索、串联全文的作用。记叙文教学应该紧扣标题设问。例如，在部编版五年级上册《忆读书》的教学中，教师可以引导学生质疑标题："是谁在忆读书？回忆中的读书经历是怎样的？为什么要忆读书？读书给作者带来了什么？"围绕标题设问，让学生一下就抓住了文章的主要线索。学贵有疑，学生带着自己的疑惑阅读文本时，便产生了阅读期待，从而有效地激发了学习兴趣，提高了学习效率。

又如，在教学部编版五年级下册《草船借箭》一文时，教师可以从题目入手，围绕"借"设置"为何借""如何借""借的结果如何"等一系列问题。当学生带着这些问题深入阅读课文后就会知道，"周瑜刁难设计""诸葛亮暗借草船""智取曹箭"等内容无不体现了诸葛亮的神机妙算。抓住标题中"借"这个重点来提问，让学生不仅能够了解诸葛亮惊人的智慧才干，而且能够轻松地厘清课文的顺序，疏理故事的脉络。

（二）串联情节设问

主题鲜明、中心明确是记叙文的文体特征之一。记叙文中心思想的表达往往依托情节表现出来。因而，用问题作为线索，将情节串联起来，让学生通过问题检索文本信息，体会情节，有助于学生更好地理解文本的中心思想。

部编版三年级下册《枣核》一课围绕枣核诞生、失去牛驴、巧牵牲口、枣核被抓、惩治贪官的顺序展开描写，在层层推进的情节中刻画出一个机智勇敢的小枣核。在教学中，教师可以提出主问题："本文围绕枣核写了哪些事情？从中可以看出枣核是个怎样的人？"在问题引领下，学生从文本中检索相应的情节，展开独立思考，分析人物动作、语言，归纳出要点。最后，将由情节归纳出来的要点串联起来，学生很容易就能发现作者想要表达的中心思想。教师只需用问题串联情节驱动学生思考，课文主旨便能在对情节的探索中逐渐显露出来。

（三）抓关键词句设问

在记叙文教学中，"教师必须要抓住课文的重点部分、关键词句，尽可能多地设计一个或几个'牵一发而动全身'的问题"[①]，以引导学生充分理解文本的内涵，体会作者的感情。

部编版五年级下册《牧场之国》一文中，作者反复强调一句话："这就是真正的荷兰。""真正的荷兰"是课文写作的重点，也是学生理解的难点。教师可在此处设问："作者眼中'真正的荷兰'究竟是什么样的？为什么作者要反复强调'这就是真正的荷兰'？"在问题的驱动下，学生梳理全文，发现课文主要描写了荷兰的黑白花牛、成群骏马、绵羊猪群和黄昏牛羊歇息的画面，这也正是作者眼中"真正的荷兰"——各种家畜自由、宁静生活的家园，人与动物和谐共处的乐园。这样的提问有助于学生理解关键词句中隐藏的奥秘，能有效地激活学生的思维。

（四）在内容联系处设问

记叙文的行文思路清晰，内容材料的安排环环相扣。有的为下文做铺垫，有的则承接上文，或是开篇设疑，或是卒章显志。因此，教师在设计问题时，应关注文本内容联系处，引导学生深入思考，整体把握文本。

教学部编版五年级上册《桂花雨》一课时，教师可以这样设问："故乡的桂花雨给'我'留下了怎样的回忆？其他地方的桂花雨又是如何的？"通过将童年时期的"摇花乐"与长大后在杭州看到桂花进行对比教学，让学生明白作者怀念的阵阵桂花雨，其实也是片片思乡情。

（五）在内容重复处设问

在记叙文中，有些语句会反复出现，以强调作者想表达的深层含义或思想感情。教师教学时要通过提问引导学生关注这些分散在课文中反复出现的词语和句子，引导学生深入思考。

如部编版五年级下册《景阳冈》一文中的动作描写非常精彩，课文在描写人虎相遇后武松的动作时多次用到一个字——"闪"。教师可抓住这重复出现的"闪"字设问："文中用了几个'闪'字？如果换成'躲'字可不可以？三次'闪'有何不同？"结合文本细究，会发现三次"闪"的不同：第一次"闪"是面对大虫突然跳出的本能反应，也是防御手段，可见武松反应

[①] 王春晓.小学记叙文课堂教学设问的研究——以于永正、薛法根为例[D].济南：山东师范大学，2013：30.

之快；第二次"闪"是武松刻意为之，是为了摸清大虫的底细；第三次"闪"是有计谋、主动地躲过，是为了寻找战机。引导学生发现重复使用"闪"字并不是作者语言匮乏，亦不是武松无计可施，反而表现出了作者深厚的写作功力，一个机智敏捷的武松形象跃然纸上。

（六）在课文矛盾处设问

矛盾是点燃学生思维火花的"打火石"，是促进学生思维发展的"催化剂"。在记叙文中，有些语言文字的表达看起来矛盾重重，互相冲突，令人疑惑不解，但这往往是作者的匠心所在。教师教学时可以抓住文本中的矛盾点创设情境，灵活设问，用矛盾点间的碰撞使学生产生认知冲突，点燃学生的思维火花。

（七）在课文留白处设问

美术作品中的留白，给人无限遐想的空间。在记叙文中也有与之相似的包含作者巧思的留白，让人有言不尽、意无穷之感。若想把握留白背后的"意"，则需要教师巧妙设问，激发学生的想象力，多视角想象补白。通过补白，促进学生思维的发展，使之体会到想象之乐、补白之妙。需要注意的是，对留白处的设问，不应仅停留于表面，还应挖掘其背后更深刻的知识内涵，能够通过设问产生以小见大的效果。

例如，部编版四年级下册《小英雄雨来（节选）》一文第四部分的结尾："扁鼻子军官气得暴跳起来，嗷嗷地叫：'枪毙，枪毙！拉出去，拉出去！'"到第五部分开头，话锋一转写道："太阳已经落下去……"镜头从暴怒的军官切换到夕阳西下的景色，看似生硬的转换，实则是作者特意留下的空白。教师可在此处设问："雨来被拉出去后，到太阳落下去这期间发生了什么事呢？雨来真的死了吗？他可能做了些什么？"利用问题推动学生对故事情节进行补白，大胆想象雨来如何从敌人手下脱险，体会雨来的机智勇敢及其浓浓的爱国之情。记叙文文本中的留白皆有其意，教师要挖掘其内涵，精心设计问题，通过人物和情节的补白，对课文内容进行再创造，让学生走进文本、融入角色，体会到课文的深层内涵。在这一过程中，教师要引导学生从"无"中生"有"，让学生成为阅读主体，在阅读实践中感受想象、再创造的乐趣，逐渐形成自己的思考模式。

第三节 说明文阅读课堂提问设计探析

说明文在语文教材中占有一定的篇幅，而且在生活中我们经常能见到这一文体，如规则、广告、说明书、章程等，因而学好说明文十分重要。那么，如何让说明文的教学变得更加高效呢？如何根据说明文的文体特点设计问题呢？

一、说明文概述

说明文以说明为主要的表达方式。它以阐述概念的形式来揭示事物的本质和规律性。说明文一般介绍事物的性质、形状、构造、类别、功能、成因、关系，解释事物的特点、概念、演变、来源、异同等。说明文一般按照一定的顺序，如空间顺序、时间顺序、逻辑顺序等进行说明，因而具有较强的条理性。说明文主要以说明为主，对比其他的文章体裁，说明文在阐明事理、说明事物时，更具有客观真实性。在说明文中，为了更充分地说明事物的特征或说明事理，作者往往会采用一定的说明方法，较常见的说明方法有列数字、举例子、作比较、打比方、分类别等。根据说明文段落之间的关系，可以将说明文的结构分为总分式、并列式、递进式、对照式等。

二、说明文的文体特点

为了更好地对说明文课堂提问进行设计，教师必须明确说明文的文体特点。

（一）内容具有科学性

说明文的重点是"说"，具有一定的知识性，而这种知识性或来源于作者的亲身考察实践所得，或来源于有关的科研材料，总之，说明文带有严密的科学性。说明文通过说明事物或阐明事理，使人们对事物的性质、形状、构造、类别、功能、成因、关系，或对事理的特点、概念、演变、来源、异同等能有科学的认识。

说明文的科学性表现在"介绍、解说、传播知识时必须科学，能准确地反映客观事物的实际及其规律性，不允许任何的主观随意性。通过准确的定义、恰当的论断、合理的区分、明确的解说，给读者以科学的知识"[①]。

从说明对象来分，说明文主要有事物说明文和事理说明文两大类。事物说明文主要是从事物的性质、形状、构造、类别、功能、成因、关系来说明，如部编版四年级下册《颐和园》；事理说明文则是对事理的特点、概念、演变、来源、异同等方面进行阐述，如部编版四年级下册《琥珀》等。

（二）语言具有准确性

说明文的语言往往是简明扼要、平实无华、科学准确的。准确性是说明文语言最突出的特征。说明文中的遣词造句都不能带有歧义，要能够准确地反映说明对象的实际情况，表示空间、特征、范围、时间、程度、性质等，都必须做到准确无误。

说明文语言的准确性，一是体现在关联词的使用上，说明文中的句子之间具有逻辑关系，常选用恰当的关联词使语言的表达更加连贯；二是体现在表意模糊的词语上，由于事物一直发展变化，而人类的认知有限，运用表意模糊的词语也恰恰说明其语言的准确性。

（三）结构具有条理性

说明文在说明的过程中要遵循一定的顺序，如依照空间顺序、时间顺序、逻辑顺序等。空间顺序就是要讲清楚空间位置，如事物的前后、上下、方位等，多被用于介绍建筑的构造。而逻辑顺序常常用于事理说明文中，体现事理的内部关联。时间顺序则主要用于说明事物的建造过程、产品的生产过程以及事物的演变过程。

说明文一般会根据事物的规律性，按照时间顺序或空间顺序来安排文章结构。一般情况下，处于变化、发展中的事物，在不同的时间会有不同的状态，可以按照时间顺序来说明。对于一些名胜古迹、建筑物等处于静止状态的事物，一般按照空间顺序，先内后外、先表后里进行说明。对于一些不容易理解的说明对象，一般遵循逻辑顺序，从具体到抽象，从表面现象到内在事理，从个别到一般来说明。说明文在说明过程中要遵循一定的顺序，这恰恰体现了说明文结构的条理性。

---

① 张宝华.如何学会阅读说明文［J］.语文教学通讯，1999（5）：34-37.

三、说明文课堂教学要领

教师应如何进行说明文的教学呢？下面主要从抓住特点、朗读品味、说写结合、课外拓展四个方面来分析说明文的课堂教学要领。

（一）抓住特点

根据说明对象的不同，说明文可以分为两类，一类是事物说明文，一类是事理说明文。一般情况下，说明文的题目常常就是文本所要说明的对象，如部编版五年级上册《松鼠》，部编版三年级下册《赵州桥》等。对于这类说明文，教师在教学时可以要求学生在概览全文，清楚说明对象的前提下总结说明对象的特点。例如，部编版五年级上册《太阳》一文分别从远、大、热三个方面介绍了太阳的特点，教师在教学时可以引导学生从这三个特点入手深入了解太阳。

（二）朗读品味

语文新课标中指出，语文教学要注重语言的积累。注重语言的积累在教学说明文时也不可或缺。说明文在构思时往往会运用多种逻辑关系展现事物间的联系，说明事物的特点等，结构严谨，很有逻辑，让学生朗读、品味说明文中的语句既可对学生进行辩证唯物主义教育，又能培养学生的认识能力和思考能力。

和其他文体相比，说明文的语言魅力主要体现在其准确、严谨、生动、简洁等方面。在说明文中，"大约""几乎""比较""当时""可能"等词，有的表示限定，有的表示推测，有的表示程度，不能轻易删换，体现了说明文语言的科学性和严谨性。另外，为了更好地掌握说明对象的特点，还要注意在教学中探究词语的意思及词语运用的前后顺序。

例如，部编版五年级上册《太阳》一文中提到："到太阳上去，如果步行，日夜不停地走，差不多要走三千五百年。"这里的"差不多"一词说明这是一种推测，并不是精准的，因为没有人能真的从地球步行到太阳上去。说明文中还有很多类似这样的表示不确定的词语，而这类词语往往能反映出作者深厚的文学功底和严谨的治学态度。教师应带领学生认真推敲说明文的语言，进行多种形式的朗读，使学生体会说明文别具一格的语言特点，体会语言文字表达的作用，进一步培养学生的语感。

再如，部编版六年级上册《只有一个地球》中，"科学家已经证明，至少在以地球为中心的40万亿千米的范围内，没有适合人类居住的第二个星球"一句中的"至少"一词，看起来平淡无奇，却充分体现了说明文语言的准确性。教学时，教师可以去掉"至少"一词，让学生通过对比朗读，明白"至少"一词强调了地球对于人类而言只有一个，人类不能指望把地球的生态破坏后迁移到别的星球上去，对应了标题"只有一个"。

学生是学习的主体，学生往往能通过朗读来提高对字词句的理解。所以，教师在课堂上应该给予学生时间让其充分地读，通过师生合作共读、同桌轮读、同桌互评等形式，让学生感受说明文语言的特质，慢慢体悟列数字、举例子、打比方等说明方法，丰富语感。

（三）说写结合

语文最重要的是让学生会说和写。在教学中，教师不仅要教会学生感知课文内容，还要灵活地将"写"引入课堂，让学生在学习课文的同时也能够进行富于个性的创造。

其一，仿写。仿写是一种实用性很强的教学手段。仿写不但可以让学生学习如何写作，还能够拓宽学生的知识面，提高学生的写作积极性。

其二，改写。比如，执教人教版五年级上册的《新型玻璃》时，可以先让学生采用第一人称将课文的内容进行改写，之后再请学生在课堂上交流自己改写的文章，体会说明文中的架构和有趣的语言，这样既能使学生学习科学知识，也能使学生二次感知文本。

其三，补写。补写是一种非常重要也是非常有效的培养学生发散思维能力的方法。在教学中，教师可以让学生续写文章的内容，也可以让学生把文中省略的内容补写出来。

（四）课外拓展

语文新课标中指出："语文课程是实践性课程，应着重培养学生的语文实践能力，而培养这种能力的主要途径也应是语文实践。"众所周知，说明文具有很强的实用性，如果将生活引入教学中，能让说明文教学更生动有趣。

例如，教学部编版五年级上册《松鼠》一文，课前，教师可布置学生去收集松鼠的相关资料。教学时，教师在课文提供的科普知识的基础上，可以分享有关松鼠的生活图片和视频，让学生更好地了解松鼠的生活习性、外形和生活环境等。课文学完后，教师可以组织学生查阅描写其他动物的文章，还可以给学生推荐与课文表达方式类似的文章或与课文内容有关的文章进行拓展阅读。

教师教学时如果能把握说明文的课堂教学要领，基于说明文的文体特征设计贴近生活的问题，则能使说明文的阅读教学更具实用价值。

四、说明文课堂问题的基本类型

根据说明文的文体特点，说明文的课堂问题可以归纳为以下三种类型：特点性问题、方法性问题、迁移性问题。

（一）特点性问题

特点性问题的内涵是教师通过提问，引导学生去感受说明文的特点。

准确性是说明文语言的一大特点，通常体现在表意模糊的词语上，还体现在关联词的使用上。

例如，部编版三年级下册《赵州桥》一文，作者在遇到没办法给出精准数据的时候，就运用了模糊的说法，用估计的数字——"桥长五十多米，有九米多宽"来进行说明；作者还恰当地运用关联词语——"这座桥不但坚固，而且美观"，表明了这座桥的特点。教师在教学说明文语言时，最关键的就是要抓住说明文语言准确的特点，设计问题，引导学生体会文本语言的准确性。

（二）方法性问题

为了更充分地说明事物的特征或说明事理，说明文中常会用到不同的说明方法，如列数字、举例子、作比较、打比方、分类别等。所谓方法性问题，其内涵就是教师通过提问，使学生掌握课文的说明方法。

教师在引导学生学习说明文的说明方法时，要先引导学生去发现这些说明方法的特征，同时要让学生懂得只有选择合适的说明方法，才能有效地说明事物的特点，增加文章的表达效果，帮助学生学会在平时的习作中选择运用恰当的说明方法。

（三）迁移性问题

说明文的实用价值很高，教师在教学中应该有意识地将说明文拓展进生活，这就需要教师多提出一些迁移拓展性问题，引导学生将所学知识转化为实践技能。语文新课标中明确指出："语文教师应高度重视课程资源的开发与利用，创造性地开展各类活动，增强学生在各种场合学语文、用语文的意识，通过多种途径提高学生的语文素养。"小学说明文的教学，教师可以尽可能地为学生创造机会进行一些科学实验，从而提高学生的自主探究能力。教师可以让学生通过课外观察、操作实验、数据记录、科学反馈等方式，拓展说明文本中所习得的知识点。

五、说明文课堂问题设计的基本策略

在对说明文课堂问题的基本类型进行探究的基础上，结合说明文的文体特征，我们总结出执教说明文时设问的几个策略，以期更好地促进学生阅读素养的提升。

（一）从文本切入提问

1. 从题目入手提问

有的文章题目既明确了说明对象，又表明了说明对象的特点，教师教学时就可从题目入手设问，特别是要关注题目中的修饰限制成分及修辞成分。如人教版五年级下册《彩色的非洲》一文，题目指出了说明对象是"非洲"，也指出了其特征"彩色"，教师可以抓住题目提问，引导学生关注文本重点。

2. 从关键词句入手提问

在说明文中，作者为了使读者更清楚、更准确地了解说明对象的特点，通常会把关于事物特征的关键语句放在较为显眼的位置，大部分会放于开头或段前。所以，教师教学时，可以通过提问，使学生留意、把握关键词句及重点段的明示作用，来帮助学生掌握说明对象的特征。

3. 从说明对象入手提问

并不是所有文章都有明显的能说明事物特征的概括性句子。这时，就需要教师围绕说明对象的特征设问，带领学生逐段分析，总结归纳作者介绍了相关事物的哪些特征。

（二）从文体特点切入提问

从文体特点切入提问，是指教师在教学说明文时，应抓住其文体特点进行提问，引导学生体会说明文的特点。

说明文的内容涵盖面极广，可以说，是和学生的实际生活紧密联系在一起的。从促进学生思维发展的层面来考虑，语文教学也应重视对科学文化作品的教学，在使学生习得知识和技能的同时，让学生学会用科学的思维、科学的态度去思考、解决问题。

选入教材的说明文，大部分篇幅较短，结构清晰，内容浅显易懂。教学说明文时，我们要确定它的教学重难点，就要去思考其教学价值，研究其语言特点。低年级教材中的说明文兼具知识性与趣味性，生动有趣。中、高年级教材中的说明文题材较为丰富，有平实性说明文、文艺性说明文，还有说明与议论相结合的混合性文体。对于一些较典型的说明文，确定教学重难点时要有文体意识，应该着重引导学生去探究作者所使用的说明方法，进而透过关键词句体会说明文语言的准确性和严密性，学习怎样才能把事物说清楚，讲明白。而对于一些文艺性说明文，教学重难点将不仅仅是文体知识，更重要的是去感受语言之美，学习文章的表达方法和谋篇布局的技巧。

1. 删除比较法

为了让学生更直观地感受说明文语言的准确性，教师可以这样提问："在这句话中，加点词可以删去吗？为什么？请你仔细体会一下。"

例如，厦门市翔安区海滨小学沈燕萍老师执教部编版四年级下册《飞向蓝天的恐龙》一课，在教学"在中生代时期，恐龙的一支经过漫长的演化，最终变成了凌空翱翔的鸟儿"一句时，先让学生将这句话概括为"恐龙变成了鸟儿"，再让学生比较两个句子的不同，从而使学生明白：简单的句子虽然好懂，可是如果要表达科学的、准确的意思，这些词语是必不可少的。这便是说明文的一大特点——用词准确。

2. 替换比较法

在教学中，教师还可以用"将文中××词替换为×××，好不好？为什么？"来提问学生，引导学生感受说明文语言的准确性。

如教学部编版四年级下册《千年梦圆在今朝》一文中的"1992年9月21日,党中央决定实施载人航天工程,一百一十多个单位直接承担了研制、建设和发射任务"一处时,教师可以利用替换比较法——"句中的'一百一十多个'能换成'许多'一词吗?为什么?"来提问学生,从而使学生去发现"一百一十多个"能够准确具体地说明直接承担了研制、建设和发射任务的单位数量,而"许多"一词过于模糊,不能准确表达文章意思。

3. 逐步提问品析法

为了更好地引导学生感悟说明文的语言特点、结构特点、内容特点,教师可通过逐步提问,帮助学生层层深入地感受、体会。

例如,厦门市翔安区海滨小学沈燕萍老师执教人教版四年级上册《长城》一课,在学习第1、2自然段时,沈老师通过图片展示,让学生初步感受到长城的"长",并以"作者是怎样写出长城的'长'的"引发学生思考,使学生找到句子"远看长城,它像一条长龙,在崇山峻岭之间蜿蜒盘旋"。通过这个比喻句,带领学生理解"崇山峻岭"一词,引领学生抓住关键词、关键句来把握长城的特点,继而再次出示图片,相机引导学生理解长城就是在崇山峻岭之间蜿蜒盘旋的。沈老师还通过合作朗读的方式让学生感受长城的特点,通过反复朗读,使学生对长城的"长"这一特点有更深的感受。而在感受长城"高大坚固"这一特点时,沈老师先引导学生明确写作的顺序——这一自然段,先写了城墙顶上的路面,然后写了城墙外沿上的垛子,及垛子上的瞭望口和射口,然后提问学生:"长城中的这些设计究竟有什么用?"让学生以填空的形式来汇报交流。最后,沈老师相机介绍:"城墙外沿两米多高的垛子,可以掩护自己;小小的射口,可以攻击敌人;方形的城台,可以用来屯兵,也可以用来燃烧狼烟,传递信息。在古代,长城的作用可真大。"层层深入,不断引发学生的思考,使学生在学习中把握说明对象的特征。

(三)在模糊处提问

说明文中的一些句子,学生理解起来比较困难,教师可以通过"在模糊处提问"的方法展开教学。

在说明文中,用肯定语气的句子和准确的数据来对事物进行说明,更为精确,学生也容易理解;但对一些尚未精确认识和了解的客观事物进行说明时，往往会用表推测、估计的语气，运用表概数、约数的词语，学生理解时会有困难，教学时要重点关注。

例如，在教学部编版三年级下册《纸的发明》一文时，针对"大约在一千九百年前的东汉时代，有个叫蔡伦的人，吸收了人们长期积累的经验，改进了造纸术"一句，教师可以这样提问："'大约'这种表示不确定的词，能不能去掉？"从而使学生明白对于历史资料上没有明确记载的，没有精确材料佐证的内容，用表估计的词语，反而更能体现作者严谨的治学态度。教师还可以追问："在我们生活中偶尔也会用到这种不确定的词语，哪位同学来说说看？"引导学生采用生活中的实例进一步体会这类词语的用法。这样层层深入，举一反三来帮助学生体会说明文的特点。

（四）从说明方法切入提问

说明方法是为更充分地说明事物的特征所采取的一种方法。分类别、作比较、下定义、举例子、列数字、打比方等都是较常见的说明方法。说明方法也是一个很重要的学习点，教师要抓住这个教学重点展开教学。抓住说明方法进行提问，这也是一个操作性较强的教学策略。

例如，教学部编版五年级上册《太阳》一文时，教师可以这样提问："作者在介绍太阳的特点时，都运用了哪些说明方法？你能举例说明吗？"然后引导学生探究、总结、汇报"太阳离我们有一亿五千万千米远"一句运用了列数字的说明方法，以具体的数字体现地球和太阳之间的距离十分遥远。"一百三十万个地球的体积才能抵得上一个太阳"运用了作比较的说明方法，体现太阳的体积很大，令人印象深刻。最后教师总结，这些说明方法的运用，让抽象复杂的知识变得通俗易懂，突出了太阳的特点。

说明文在小学语文教材中占有一定的地位，在课堂提问和教学中，教师应把握住说明文的文体特点，抓住它的教学要领，有效利用课堂提问设计的基本策略，让说明文的课堂提问更具时效性，提高说明文的教学效率。

第四节 童话阅读课堂提问设计探析

童话不但具有生动性，还有丰富的情节、优美的语言，能将儿童引入美好的情境，让儿童在童话世界中受到真、善、美的熏陶。童话以它特有的幻想色彩和魅力吸引着儿童，伴随着儿童的成长。部编版小学语文教材中，有不少童话故事。如何将童话阅读课堂上的提问设计好，是教师需要深入探究的课题。

一、童话概述

童话是一种儿童文学体裁，其通过丰富的想象以及夸张、象征、拟人的手法来丰富和塑造形象，是儿童乐于阅读的作品。

童话以通俗生动的语言吸引儿童入情入境，以波澜起伏的故事情节和浅显易懂的文字反映现实生活，传播善良、传递温暖，起到育人的作用。不管是虫鱼鸟兽，还是花草树木，甚至是工具、玩具、家具，在童话中都被赋予生命，注入思想，注入情感，被充分拟人化。

童话的来源可分为两大类，一类是由作家们创作的，另一类是民间创作口头流传，后来经过人们收集、整理而成的。

二、童话的文体特点

童话以想象、奇特、夸张的故事情节，构建了一个又一个寓意深刻、通俗易懂的故事。故事里的主人公可能是一只聪明的动物，是天上的神仙，是一个百战百胜的英雄；也可能是一个普通老百姓，是一株草、一棵树。童话中的人物、故事、情节，都充满浓厚的幻想色彩，因此这一文体深受儿童喜爱。基于以上认识，我们认为童话的文体特点主要有两个。

（一）充满幻想

幻想是童话的基本特征，是童话生命力的源泉，贯穿于童话故事的始终。童话的幻想是一种艺术幻想，主要包括内容上的幻想和表达上的幻想。

1. 内容上的幻想

幻想是作家按自己的想法构建形象的一种创作方法。幻想中的事物，往往比现实生活中的事物更具个性。童话中的幻想虽高于生活但又源于生活，幻想的形象和故事背景虽然看起来荒诞离奇，但是深究起来，其实就是现实生活的某个缩影。它可能与作者的某个愿望相关联，或者伴随着作者的某种情感。童话通过幻想的方式把物体当作人来写，给动植物或者没有生命的物体赋予生命，使之会说话、有思想、能行动。

例如，部编版二年级下册《小毛虫》一文，讲述了一条小毛虫的所思所想、所作所为，它不断成长，不断思考，最后化茧成蝶。正是因为把它当作人来写，小毛虫才有了思想，有了感情，故事读起来才更生动形象。幻想是童话的血肉和灵魂，所以说，没有幻想就没有童话。

2. 表达上的幻想

童话的作者常常采用夸张的表达来描述。用夸张的手法来故意夸大或缩小事物的形象、特征等，旨在揭示事物的本质，烘托气氛，加强渲染力度，这符合儿童的心理特征。如果童话里幻想的内容和形象不夸张，童话就与其他文体没有太大差别了。童话故事如果不夸张，文章就会缺乏感染力。

例如，部编版四年级下册《巨人的花园》一课，文中的巨人、小孩、花园都很神奇，桃树会因为孩子的到来而发芽，花园会因为巨人对孩子们的态度而发生改变。作者采用夸张的手法展示了一个离奇的故事，使读者认识到快乐是需要分享的。

童话传达出人类的经验和智慧，揭示了许多人生真理，能帮助儿童发现自我，更好地解决遇到的困难。

（二）结构反复

童话故事一般是按事情的发展来叙述的，故事情节完整。大家在阅读中会发现，童话中经常会出现类似的情节和语言，这样的修辞手法叫反复。

童话故事中的反复结构，最大的特点就是情节类似、写法相同，多用来推动故事情节的发展。

这里提及的"反复"并不是简单的重复。童话中的每次反复都会加入一些新的元素，也许是人物的变化，也许是场景的不同，甚至是根据人物、场景的不同而重新设定的语言、动作等。反复不是无休止的重复，可以根据内容需要有适当的变化。

例如，部编版三年级上册《卖火柴的小女孩》这篇童话，读来令人感动。文中没有华丽的辞藻，没有唯美的修辞，也没有动人的话语，那究竟是什么震撼了读者的心？是情节。在结构相似的情节反复中，我们可以读出小女孩的渴望，读出她的悲惨命运，读出她思念奶奶的凄凉。这就是反复结构的力量。她五次擦燃火柴的情节具有完整性，一次次的情感铺垫，深化了这篇童话所反映的内容，也深深地感动了读者。

反复结构具有感染性、有序性、完整性。利用反复结构，推动情节发展，是学习语文教材中的童话作品的一个重点。学生只有掌握了这个写作手法，才能通过模仿和创作，不断提高自己的阅读能力、表达能力和思维能力，进一步强化自身的语文素养。

三、童话课堂教学要领

部编版小学语文教材，在童话作品的选择上很注重充满童真童趣的故事。教师教学时要有意识地引领学生进入童话世界，让学生在喜闻乐见的童话世界中发现美，发现真理。那么，如何进行童话教学呢？教师必须遵循童话的文本特点和学生的童话阅读心理进行教学，才能达成预期效果。

儿童的思维充满童话色彩，对于他们来说，童话天马行空的幻想和童话中的人物自带亲近感，能满足他们的阅读需求。童话教学应遵循这一特点，摒弃对故事的成人化分析，根据不同类型的童话设计不同的问题来引领课堂。

（一）聚焦情境，体悟寓意之美

童话在使儿童保持爱幻想的天性方面有着不可替代的作用。儿童通过阅读童话，积累审美体验，心灵日益充盈。小学语文教材中选入的童话以它独特的语言风格和故事内容，吸引着学生。教学时，教师可以事先创设具有童真童趣的教学情境，促使学生主动思考和想象，以帮助学生更好地理解童话的内涵。

教学部编版三年级上册《那一定会很好》一课时，可以这样提问："种子不断变化，变成木地板后，还想说什么？"以此激发学生的想象。或者让学生想象："种子还可能变成什么？会发生什么故事？"通过不同的变身历程，让学生体会树克服困难努力成长的快乐和为人民服务的快乐。

（二）聚焦复述，体会语言之美

在小学语文童话教学中，教师不仅要帮助学生掌握语文基础知识，还要培养和提升学生的语文技能。因此，在童话教学中，教师可以通过复述童话故事的方式发展和培养学生的语言学习能力，使学生在复述童话故事的过程中感受童话的语言之美。课后可推荐学生阅读一些中外童话，拓宽他们的童话阅读面，使学生更全面地领略童话的魅力。

教学时，低年级教师可以再次复述故事，用绘声绘色的语言让学生感受听童话的乐趣。由于中、高年级学生的表达能力较高，表达欲望也比较强，教师可以让学生来复述故事，介绍新课，从而激发学生的学习兴趣。

比如，部编版二年级下册《蜘蛛开店》一文，讲的是一只无聊的蜘蛛开了一家商店，却不断改变它售卖的商品。语言简洁、生动，故事性强，很适合让学生复述。学生在复述过程中自能体会到其语言之美。

（三）聚焦角色，体验情节之美

童话具有独特的情节和人物，在教学时可以通过角色扮演的方式，让学生体验角色，理解文本，体会主人公的思想。角色扮演对促进学生理解童话情节有很大帮助。

特别是低年级的学生，天真可爱，乐于表现，给他们提供一个平台，让他们戴上头饰进行表演，不仅能激发学生的学习兴趣，还能帮助学生了解故事情节，何乐而不为？

例如，教学部编版一年级下册《小壁虎借尾巴》一文，教师可通过提问"小壁虎分别向谁借尾巴"来梳理课文脉络，然后让学生进行角色扮演。在这一过程中，学生既学习了童话故事，梳理了情节，还了解了科学知识，受到美的熏陶。

中、高年级的童话教学也要保证趣味性，在部编版三年级上册《一块奶酪》的教学中，教师也可以通过提问"蚂蚁队长是如何处理问题的"，引导学生思考，并以此为基础，让学生通过鲜活、生动的表演梳理情节，加深对课文内容的理解，进一步体会蚂蚁队长的以身作则。

四、童话课堂问题的基本类型

（一）启发式问题

如果把学生比作池塘里的水，教师的提问就是投石激水。思维碰撞往往就在启发式问题中迸发。启发式问题能更好地引发学生的头脑风暴，引导他们去探索、发现，从而激发学生深入思考，寻找正确答案。在启发式问题的引领下，学生进行课堂讨论，能将"要我学"的学习态度扭转为"我要学"，产生强烈的求知欲，激发学习的积极性。

例如，厦门市翔安区海滨小学的陈华祯老师在教学部编版二年级上册《狐假虎威》一文时，提问："孩子们，你们谁见过真正的老虎？你了解老虎的脾气吗？一天，一只狐狸和一只老虎相遇了，你们猜猜，它们谁怕谁？显而易见，狐狸怕老虎。但是今天，这只狐狸一点儿都不怕老虎，想知道事情的原委吗？一起走进课文《狐假虎威》吧！"

教师基于学生已有的知识经验提出启发式问题，引发了学生的探究兴趣，学生的学习积极性立即被激发出来。

在教学部编版三年级上册《胡萝卜先生的长胡子》一文时，教师请学生看课文插图，提问："你看到了什么？"启发学生思考，让学生畅所欲言。结果，有的学生说："看到胡萝卜先生的长胡子在飘。"有的学生问："他的胡子为什么这么长？"这一问刚好是预设的问题，这比教师直接提出效果更好。因为它是学生自主思考提出的问题，更能激发学生自主学习的积极性。可见，教师设计的问题，不在于数量，关键在于是否关注了语文课堂提问的有效性。启发式问题能引导学生独立思考，提高学生分析问题、解决问题的能力，从而提高教学效率。

（二）开放性问题

叶澜教授曾说："课堂应是向未知方向挺进的旅程，随时都有可能发现意外的通道和美丽的图景，而不是一切都必须遵循固定线路而没有激情的过程。"语文教学，特别是童话教学中，教师的提问应该能让学生积极地开动脑筋，经过独立思考寻求答案。小学语文课堂不只要教知识，还要教能力。利用开放性问题引导学生进行头脑风暴，能调动学生思考的积极性，培养学生的思维能力。

如厦门市翔安区海滨小学的黄丝雨老师在教学部编版二年级上册《坐井观天》一文时，设置了开放性问题："小鸟为什么说天无边无际呢？请同学们想象一下，小鸟都飞到过哪些地方？"然后黄老师出示句式引导学生规范回答：小鸟飞呀飞，它看见了_____。通过开放性问题，学生把他知道的地方、想让小鸟去的地方都列举了出来，进而理解了为什么小鸟知道得多，说天空很大很大。

在故事结尾还可让学生续编故事："说一说，青蛙最后有没有跳出井见识一下外面的世界？如果它出去了，它会想什么、做什么？如果没有出去，可能有什么样的结果？"学生续编的故事丰富有趣，而内容其实就是学生自己所思所行的反映。

开放性问题可以帮助学生理解课文，理解中心思想，使学生的思想得到升华。例如，厦门市翔安区海滨小学的洪黎明老师教学部编版一年级下册《四个太阳》，总结时提问："你会为每个季节画什么颜色的太阳？请说明理由。"学生充分发挥想象力，答案异彩纷呈，而说明的理由其实就指向了该课的教学主题"心愿"。

教师在设置问题时，要避免设计过多的判断题或选择题，要多设计开放性问题，然后引导学生说出自己的答案，教师对学生的回答进行总结，形成开放性答案。

五、童话课堂问题设计的基本策略

著名教育家陶行知说："发明千千万，起点是一问。智者问得巧，愚者问得笨。"提问是一门艺术，如何通过"问"，让学生产生思维的火花，培养学生的激情，让学生主动探寻知识、提升素养呢？我们的课堂提问可以从以下三个方面进行设计。

（一）从情感角度提问

思维的开端是发现问题。学生只有多动脑，善质疑，多深入，才能使思考更有深度，学习更主动。童话中的一词一句都在表达作者的情感，教师教学时，应抓住作者想要表达的情感，有意识地通过问题引导学生体会，让他们逐步学会阅读，学会思考。加强对学生情感方面的训练，对于培养学生健全的人格具有举足轻重的作用。

如教学部编版二年级上册《雪孩子》一课，可以在课堂尾声时提问："看着雪孩子变成了一朵美丽的白云，小白兔心里会想些什么呢？"引导学生在充分理解课文内容的基础上，依据"做好事会有美好的回报"的主旨，进行想象升华。

（二）从角色表演角度提问

儿童喜爱童话，因为童话中美好的结局与他们眼中的世界契合，同时，童话中的角色多是他们所喜爱的，因此，教师可从角色表演的角度提问，增强学生对文本的理解，同时培养学生勇敢展示自我的勇气及团队合作的意识，使语文新课标中倡导的"自主、合作、探究的学习方式"得到落实。

例如，部编版一年级下册的《小壁虎借尾巴》是一篇普及科学知识的童话故事，教师可以在课前准备小壁虎、小鱼、老牛、燕子和壁虎妈妈的头饰让学生在课堂上进行角色表演。表演前教师可先通过问题引导学生明确各个角色的特点："小鱼的尾巴有什么作用？老牛的尾巴有什么作用？燕子的尾巴又有什么作用？"表演将抽象的方块字趣味、生动地呈现在学生眼前，大大提高了学生学习语文的兴趣，加深了学生对课文内容的理解。

（三）从训练想象方面提问

儿童在阅读童话故事时，有时会为主人公感到不公、会对坏人咬牙切齿，此外，学生对某些情节的发展有自己独特的看法，通常希望能按照自己的想法改变结局。教师教学时可以通过问题引导学生改编故事的结尾或续写故事，从而培养学生的想象力，引导学生体会童话的情节美，丰富学生的词汇，培养学生的表达能力和创新思维。

例如，厦门市翔安区海滨小学李婉娟老师在教学部编版三年级上册《总也倒不了的老屋》一文时，提问："还有谁可能请求老屋的帮忙，老屋可能怎么做？老屋倒了之后会发生什么？"通过问题指导学生发挥想象续编故事。

宋代朱熹说："读书无疑者，须教有疑，有疑者，却要无疑，到这里方是长进。"学习过程实际上是一种提出问题、分析问题、解决问题的过程。教师如果能进行别出心裁的提问，则可以更好地激发学生思考，从而使学生获得知识、智慧。因此，提问的技巧和问题的质量，具有重要意义。

综上所述，教师在童话阅读课堂上提出的问题，要能带领学生深入作者幻想的世界，促进学生理解文章的内容，使学生体会作者的写作意图。

第五节　议论文阅读课堂提问设计探析

议论文具有自身的独特性，精心探析议论文的文体特点，精准设计问题，科学提问，不仅能帮助学生构建议论文文体模型，也能提高学生的逻辑推理能力。

一、议论文概述

议论文是一种剖析事物、论述事理、发表意见、提出主张的文本,包括论点、论据和论证方法三个要素。论点,也称为论断,是作者的观点。论据是用来证明论点的依据。论证方法是指通过一定的方法证明自己的观点,主要包括举例论证、引用论证、比喻论证、对比论证等。议论文有五种常见的表达方式:叙述、描写、抒情、议论和说明。

议论文重在用准确的语言和严密的逻辑说理,从而让读者信服、接纳自己的观点。

二、议论文的文体特点

从表达特点看,议论文具有强逻辑性、强准确性两个鲜明的特点。

(一)强逻辑性

议论文的文体具有强逻辑性。议论文的语句间、语段间存在较强的逻辑关系。如部编版六年级下册《真理诞生于一百个问号之后》,文本的结尾阐明科学发现所需要的灵感来自独立思考和锲而不舍的精神,对前面的论述做了补充,使全文更加严密完整。再如,部编版六年级下册《为人民服务》第2自然段论述了观点:"人总是要死的,但死的意义有不同。"这句话之后通过引用司马迁的名言,对比两种人死亡的价值,然后列举张思德同志的例子论证这一观点,几个句子之间逻辑性很强,不能调换位置。

(二)强准确性

议论文的文体具有强准确性。为了准确地阐述观点和事理,作者常常在议论文的某些中心词前加一些具有修饰性或限定性的词语,从而使语句的意思更明确,语言更准确。例如,部编版六年级下册《真理诞生于一百个问号之后》一文中写道:"那些在科学领域有所建树的人,都善于从细微的、司空见惯的现象中发现问题,不断发问……"在这句话中"那些在科学领域有所建树的人"准确地限定了范围,体现了议论文语言的准确性。

三、议论文课堂教学要领

在课堂教学中,把握议论文的文体特征,抓住相应的教学要领,对设计指向阅读素养的问题非常重要。在议论文教学中，教师可以关注以下三个方面。

（一）训练分析能力

训练分析能力，就是训练学生学会把文本分解成若干部分、若干方面、若干类型、若干因素等，然后对它们进行研究，找出它们各自的本质和它们之间的联系。训练学生的分析能力能优化学生的思维品质，提高学生的逻辑思维能力，锻炼学生的创造能力。所以，在议论文教学中，教师要有意识地引导学生分析文本。

例如，教学部编版六年级下册《为人民服务》第2自然段时，可提问："作者是如何一步步论证张思德同志的死是有价值的？"可以让学生默读课文第2自然段，通过司马迁的名言得出生命的价值有所不同，再通过对比论证生命的价值因奉献而不同，最后得出张思德同志的死是有价值的。

（二）渗透写作方法

在高中议论文写作的初始阶段，最重要的是能使学生确立论点。因此在小学阶段的议论文教学中，教师要有意识地引导学生感悟议论文的写作方法，从而为中学的议论文写作打好基础。教学中，教师要引导学生理解、提炼课文中蕴含的写作方法，例如，拟定文章标题的方法、开头的写法、谋篇布局的方法、结尾的写法等都要渗透，以便学生进行迁移与运用。

第一，训练学生提炼主旨的能力。有些议论文的论点在文本中用明确的语句表达出来了，教学时可以让学生直接从文本中找出来。有些议论文的论点则没有用明确的语句直接表述出来，这时教师便可以引导学生自己去提取、概括。例如，部编版六年级下册《为人民服务》一课，中心论点是文章中诠释"为人民服务"的具体内涵的句子，文中并没有直接给出，教学时教师要让学生在把握全文主要内容的基础上，用简练的语言概括出作者的论点，即"我们要全心全意为人民服务"。

第二，教给学生前后照应的写作技巧。议论文在论说的过程中会提及开篇主题，在结尾时会注意照应前文，首尾呼应，教师教学时要抓住这一点教给学生前后照应的写作技巧。例如，教学部编版六年级下册《真理诞生于一百个问号之后》，教师可引导学生感悟课文的写作技巧，即开篇点题，明确提出观点"真理诞生于一百个问号之后";然后对这个形象化的观点稍作阐述,阐明它的实质——从现象出发,不断发问,追根求源,最后找到真理;最后指明文章最后一段总结全文,再次强调观点,指出独立思考、锲而不舍才能发现真理,开头和结尾相照应,使文章结构严谨,论点突出。

(三)感知文本结构

议论文常用的三种结构类型为并列式结构、对照式结构和递进式结构。议论文是高中作文写作中最常用到的文体,其结构安排得好,文章才会完整、清晰、有序,因此小学阶段很有必要引导学生感知议论文的文本结构,从而为学生中学议论文的学习、写作打下坚实的基础。

其一,引导学生感知议论文的并列式结构。并列式结构的内涵是,论证的几个论据或分论点的地位是平等的。如部编版六年级下册《真理诞生于一百个问号之后》中举的三个例子——紫罗兰变色、"大陆漂移学说"、睡觉时眼珠转动,三者在文中的地位是平等的,都是为了论证"独立思考、锲而不舍才能发现真理"这一中心论点。教师在教学时应引导学生感知该文本的并列式结构特点,体会如此谋篇布局的好处,以便学生进行迁移运用。

其二,引导学生感知议论文的对照式结构。对照式结构有以下几个特点:一是把截然不同的两个论据或分论点进行对比,二是用一种论据或分论点来烘托另一种论据或分论点。如部编版六年级下册《为人民服务》第2自然段将剥削者与人民利益捍卫者的死进行对比,这便是对照式结构,更鲜明地论证了论点,即为人民的利益而死是有价值的。

其三,引导学生感知议论文的递进式结构。递进式结构的内涵是,文本各个层次之间,层层深入、步步推进。如部编版六年级下册《为人民服务》第3自然段中的第一句话:"因为我们是为人民服务的,所以,我们如果有缺点,就不怕别人批评指出。不管是什么人,谁向我们指出都行。只要你说得对,我们就改正。""因为……所以……""不管……都……""只要……就……"这几个关联词,表明"我们"欢迎批评,接受任何人的正确的批评,句子与句子之间联系紧密,意思层层递进,目的在于表明"我们"是为人民服务的。教学中,教师应有意识地点出这一递进式结构,让学生感受议论文严谨的论述特点。

四、议论文课堂问题的基本类型

在议论文教学中,从理解与运用的维度可以将问题分为以下四种基本类型。

(一)观点式问题

观点式问题旨在帮助学生做出判断,梳理出自己的观点和看法。例如,"你捍卫还是谴责作者的观点?原因是什么?""下面各结论哪一个最有逻辑性?"等都是观点式问题。观点式问题能让学生在一定的评判标准下,从几个可能的答案中做出判断,总结出自己的观点,以此把握事物的本质特点与本质联系,从而使教师了解学生的观点、看法,了解学生的知识掌握情况。在教学中,首先,教师必须注意,观点式问题的判断标准必须清晰、明确、严谨,符合实际情况,否则学生无法做出合理的判断,无法获得有效的生成。其次,教师应启发学生从独特的角度、以新颖的方式做出判断,引导学生梳理自己的思路,表达自己的看法,从而使学生加深对旧知的理解,促进知识的重构。

(二)概括式问题

概括式问题可以从以下几个角度理解:一是通过问题,让学生对一节课的主要内容进行全面思考;二是通过问题,让学生整合原始的个体和零散的内容,找出这些内容之间的联系,并从中得出一些结论。例如,"你怎样概括作者的观点?""根据这个推理,你会得出什么结论?"等都属于概括式问题。同样,这些问题的答案越多,论据越多,论点就越可靠。例如,在执教部编版六年级下册《真理诞生于一百个问号之后》一课时,厦门市翔安区海滨小学陈小燕老师提出问题:"作家叶永烈用哪三个事例,告诉了我们一个怎样的道理?"由此引导学生概括出波义耳看到紫罗兰变色,魏格纳发现大陆漂移,阿瑟林斯基发现儿子睡觉时眼珠转动这三个事例,并进一步得出"真理诞生于一百个问号之后"这个深刻的道理,促进了学生思辨能力的提升。

(三)对比式问题

对比式问题的内涵是,通过问题让学生思考正、反两方面的观点、事例之间的联系。对比式问题能让学生在两种不同的观点、事例的对比中，更直观地理解作者的论点和主张，更好地领悟事物背后蕴含的道理。在提问时，教师可以给学生提供几个可供比较的事例，让学生在比较中，拓宽思路，拓展思维，领悟事物之间的联系。此外，教师还可以在讲述可用性强且具有普遍意义的内容时，提出对比式问题，激发学生得出相应的结论。例如，厦门市翔安区林育梅老师在教学部编版六年级下册《为人民服务》一课时，提出这样一个问题："对比体会两个句子：'我们这个队伍是为着解放人民的，是为人民的利益工作的。''我们这个队伍完全是为着解放人民的，是彻底地为人民的利益工作的。'有一个句子在表达上很特别，说得更严密，是哪一个呢？"让学生在对比与分析中明白，两个表示程度的词"完全"和"彻底"，更强调了党为人民服务的宗旨，从而使学生更深切地感受到两个表示程度的词的运用之妙，在对比中提高评析鉴赏能力。

（四）推敲式问题

推敲式问题的内涵是，通过问题让学生在与同学和教师进行讨论交流的过程中，反复琢磨，反复思考，推断出事物的本质特征或要素间的内在联系，从而得出结论或看法。推敲式问题可以培养学生的逻辑思维能力、推导能力、分析能力和想象能力，能提高课堂讨论的质量和水平。推敲式问题的数量与学生思考问题的质量呈正相关，但是在真实的课堂提问中，教师提出的问题，通常有一半是为了检验学生对旧知的掌握情况，还有一些是为了进行课堂管理。整体来看，推敲式问题占比较小。因此，在引导学生深度思考时，教师要适时提出推敲式问题，鼓励学生提出个人见解，发表独特看法。

五、议论文课堂问题设计的基本策略

在议论文课堂教学中，在关注课堂提问基本类型的同时，也要优化课堂提问的基本策略。小学议论文课堂提问可以围绕以下四个基本策略展开。

（一）紧扣标题提问

标题是文本的"眼睛"，有的标题能起到揭示文本中心、概括文本内容、突出文本主旨的作用。因此，教师应该依据教学目标，紧扣标题，由浅入深、由易到难进行提问，引导学生循序渐进地学习。

教学时，教师可以引导学生通过"标题"这个窗口，探知文本的主要内容，领会课文的主旨。教师可提问："通过读标题，你认为文中写的是谁？写的是什么事？为什么把它做题目？标题这样命名有什么好处？"以此带领学生深入挖掘文本。随着时间的推移，学生会逐渐养成问题意识和思考的习惯。例如，厦门市翔安区海滨小学陈小燕老师在教学部编版六年级下册《真理诞生于一百个问号之后》时，引导学生紧扣标题提出问题："标题是什么意思？为什么真理在一百个问号之后才出现？文中的'真理'指的是什么？'一百个问号'指的是什么？"虽然这些问题较为稚嫩，却是学生独立思考的体现，是学生智慧火花的闪现，教师应对学生的表现予以肯定和鼓励。

（二）围绕观点提问

议论文一般是围绕作者的观点来论述的，因此，教学议论文时，应围绕作者的观点设计问题。

议论文中的关键词句对揭示作者的观点有着重要作用，因此，教师应抓住议论文的关键词句，如议论文中一些彰显文本结构的句子、体现层次关系的句子、表达中心论点的句子等带领学生去探究文本。教学中，教师应通过问题让学生明确引出观点的方法，即明白文章的论证方法。例如，教师可以提问："《滴水穿石的启示》（苏教版五年级上册）由自然景观引出了什么观点？""《学与问》（苏教版六年级下册）从人们的认知常识出发提出了怎样的观点？""《谈礼貌》（苏教版五年级下册）用古训引出了什么观点？"

（三）事例对比提问

在小学语文教学中，教师多从内容分析、提炼主旨的角度提问，而较少从写作的角度提问。引导学生懂得课文的主要内容固然重要，学习课文的写作方法也不可忽视。小学议论文教学更是如此。

事例对比的内涵在于将两种属性相反或相近的事物、例子进行对照和比较。事例对比包括横向对比和纵向对比。横向对比是指将发生在同一时期、同一区域内的两种属性相反的事物进行对照和比较。借助横向对比，可以对事物进行价值判断，否定错误的或者差的事物，肯定正确的或者好的事物。纵向对比是指将同一事物在不同的时间、不同的地点进行对照和比较。在议论文教学中,教师可以从事例对比的角度提问,引导学生拓宽思路,拓展思维,领悟写法。

(四)抓住经典语言提问

议论文的语言具有准确性、逻辑性和概括性三个特点。教师在教学中,应当围绕议论文的经典语言进行提问。议论文以理服人,理性思维较强,其教学方式也应与其他文章有所不同。教师应该培养学生的文体意识,让学生在学习过程中体会议论文的语言特点,从而构建议论文文体模型。例如,苏教版五年级上册《滴水穿石的启示》和苏教版四年级上册《李时珍夜宿古寺》同是有关李时珍的课文,但前者是议论文,后者是记叙文。在教学《滴水穿石的启示》中有关李时珍的事例时,教师可以引导学生将其与《李时珍夜宿古寺》中关于李时珍的事例进行比较,启发学生思考:"能否用记叙文中生动形象的事例描写替换议论文中简洁凝练的事例描写?"在比较中,学生能够明白议论文的语言具有概括性的特点,虽然李时珍的事例只有简短的几十个字,却能简洁凝练地论证中心论点,说服力极强。因此,抓住经典语言提问,能让学生明白如果文体和写作目的不一样,那么相同的事例也会有不同的语言特点和表达方式。在议论过程中仅需要围绕中心论点进行简要叙述即可,不需要花大量笔墨对事例中的人物或事件进行详细地刻画。

再如,在苏教版五年级上册《滴水穿石的启示》的教学中,教师可引导学生明白"目标专一而不三心二意,持之以恒而不半途而废,就一定能够实现我们美好的理想"这一中心论点,在此基础上,进一步引导学生探究写作方法。首先,教师指导学生学习李时珍的事例,启发学生思考:"哪些词句写出了李时珍具有滴水穿石的精神?"接着,引导学生品味"从小、二十几年、终于"等词。最后,让学生在朗读中,感受李时珍专心致志、坚持不懈、永不放弃的品质,领会作者所论述的"滴水穿石"的道理。抓住经典语言进行提问,能让学生在思考中咀嚼字词,品味语言,明白事例必须紧扣中心论点来写这一道理。

议论文虽然在小学语文教材中占的比例较小,却是提升学生评价能力的重要文体,也是提升学生语文阅读能力和写作能力非常重要的文体,教师务必精心设计问题,遵照议论文的教学要领实施教学。

第六节　古诗词阅读课堂提问设计探析

古诗词是中国优秀传统文化的结晶，教材选入的古诗词脍炙人口，都是精品。语文新课标也针对不同学段对古诗词提出了相应的目标与内容，并提出要求："诵读古代诗词，阅读浅易文言文，能借助注释和工具书理解基本内容。注重积累、感悟和运用，提高自己的欣赏品味。"

一、古诗词概述

古诗词，在中国文化史上独树一帜，千百年来以其特殊的格式和韵律广受大家的喜爱。中国是诗歌的王国，浩荡的诗歌长河是中华民族传统文化的精髓之一。千百年来，这条诗歌长河是一代又一代人的精神食粮，哺育了众多中华儿女。

诗歌源远流长，在上古时期，以歌谣的形式传唱。到了先秦时期，《诗经》和《楚辞》出现了，一个是现实主义诗歌的源头，一个是浪漫主义文学的源头。汉代，出现了汉乐府和汉末文人诗《古诗十九首》。到了魏晋南北朝时期，代表诗人有阮籍、陶渊明、谢灵运等。唐代，中国诗歌的巅峰时期，唐代诗歌发展大致经历了初唐、盛唐、中唐、晚唐几个阶段。宋代，最值得关注的新现象是词的发展和盛行，并出现了两大流派：婉约派和豪放派。婉约派代表人物有柳永、李清照等。豪放派代表人物有苏轼、辛弃疾等。

中国诗歌，在漫长的历史长河里熠熠生辉，传诵不衰。

二、古诗词的文体特点

作为一门独特的文体，古诗词主要有以下几个特点：音韵美、凝练美、意境美。它是中华文化史上的一朵奇葩。

（一）音韵美

在古代，诗歌是用来传唱的。所以，它的音韵旋律极美，一唱三叹、低回婉转。这种富有节奏感的美，需要通过诵读才能体会到。因此，诗歌朗诵时总感觉朗朗上口，音律感极强，富有音韵美、节奏美。

（二）凝练美

古诗词最大的特点是语言凝练、含蓄，而诗词中最能突出作者思想感情的词语无非就是诗眼、词眼。教学古诗词时，要以诗眼、词眼为抓手，引导学生深入理解其含义，进而感受其美妙的画面和意犹未尽的意境。

如部编版六年级上册《宿建德江》一诗就是围绕"愁"字来写的：前两句"移舟泊烟渚，日暮客愁新"中，"烟渚"点明了小船停靠的地点，为下文写"愁"做铺垫；后两句诗"野旷天低树，江清月近人"中，"野旷"和"天低"、"江清"和"月近"相互依存、相互映衬，表现了诗人含而不露的"愁"。

"愁"字是全诗的诗眼，高度凝练地概括了全诗。

诗眼是诗的精髓、灵魂，也是诗的精华所在。要紧抓诗眼，把握诗意，由诗眼入手想象，沉浸于意境之中，去感受其凝练美。

（三）意境美

中国的优秀诗词都是充满意境美的。"意"指的是作者的思想情感。"境"指的是作者所描绘的场景，主要由景物构成。意境就是作者的思想感情和作者所描绘的场景相互交融后耐人寻味的境界。

作者在叙述过程中，选取一定的意境，通过相对含蓄的语言，表达自己的思想感情，充分展现诗词的韵味，耐人寻味。读诗词时，教师需要引导学生抓住景物，入情入境感悟，真正领会诗词的意境美。

三、古诗词课堂教学要领

针对古诗词的文体特点，教师在教学古诗词时，可以掌握一些要领，激发学生的兴趣，以达到事半功倍的效果。

（一）重吟咏巧入情

古诗词有其独特的语言形式。形式简洁，注重节奏、韵律、平仄及意境，这些赋予了古诗词独特的节奏美。在教学中，教师可引导学生通过吟咏发现古诗词中的节奏美。

1. 读出韵味

古诗词，寥寥数字，蕴含无尽的画面与情感。其语言高度凝练，多朗读，一定能读出它的韵味。首先，要读准字音、读通句子、读出节奏。其次，要采取不同的方法反复读，如男女生对读、教师范读、听录音读、个人读、小组读、全班读、教师引读、情景剧读，以多种形式激发学生朗读的兴趣。例如，执教人教版四年级下册《忆江南》一课时，首先让学生听录音，然后结合注释解决字音词义问题，把握节奏。然后引导学生找出朗读时语气变化的诗句，如"江南好"读出自豪、赞美的语气，"能不忆江南？"读出强烈反问的语气。接着，引导学生感悟诗意、诗情，读出情感。待学生进入角色，便能初步读出韵味了。

2. 读出情味

最是"情"字能动人，吟咏的目的就是走进诗词所描绘的画面里，走进作者的情感世界里。教师在教学中，要找出诗词的动情点，引导学生进入诗词所表达的情感里，与诗词产生共鸣。

例如，执教部编版六年级上册《宿建德江》，课堂伊始，让学生自由读两遍古诗，第一遍读准字音，把诗句读通念顺；第二遍要做到字正腔圆。接着，男女生比赛读，读出节奏感。教师教给学生读的方法，由读得字正腔圆，到读出节奏，再到读出音韵美，朗读要求逐步提高，让学生在反复诵读中体会诗人所要表达的感情。在朗读的基础上，向学生介绍孟浩然创作这首诗的背景：孟浩然自幼聪明好学，曾名噪一时，当他奔赴京城求取功名、施展自己的抱负时，却一再名落孙山。后来，好不容易经推荐得到唐玄宗的召见，却因《岁暮归南山》一诗中的"不才明主弃，多病故人疏"两句惹怒唐玄宗，最终被逐出京城。羁旅夜泊，再增新愁。在音乐的渲染下，让学生再次吟诵，通过吟诵进入诗人的情感世界，感受诗人含而不露的淡淡哀愁。

3. 读出余味

好的古诗词能让读者有"余音绕梁，三日不绝"之感。"一千个读者就有一千个哈姆雷特。"阅读是一种创造性行为，学生通过吟咏与作品进行交流，从而产生独一无二的阅读感受。学生在表达独特见解时，教师要给予充分的尊重与肯定，鼓励学生主动去探索、发现、创造意义。

教学古诗词时，教师要带领学生快乐地吟咏，快乐地学习，让学生在音乐的浸染中，感受古诗词的意境。孩子，是最原始的诗人，他们情感细腻、想象丰富，教师可通过音乐创设情境，以读带情，触碰学生内心柔软而丰富的生命感知"触角"。然后，鼓励学生大胆模仿古诗词进行创作，并用自己喜欢的方式吟咏自己的作品。在这样多层次、有梯度的吟咏中，使学生学会这首诗。

"熟读唐诗三百首，不会吟诗也会吟。"古诗词言简意赅，意境无穷，韵味无穷，只有精心吟诵，才能细细品味、层层深入。

总之，通过吟诵可以感受古诗词所传达的意境，感知古人的情怀。

（二）品诗眼、词眼巧悟情

准确找到诗眼、词眼并进行分析，这是感悟古诗词的一个快速方法。什么是诗眼、词眼呢？就是诗词中最能体现作者思想观点、情感态度的，具有概括性、生动性、情趣性的，能统领全篇的词语。

例如，厦门市翔安区海滨小学陈小燕老师教学部编版五年级上册《枫桥夜泊》时，首先问学生："请大家静静地默读《枫桥夜泊》，从这首诗中你感受到了什么情感？结合注释、插图、生活实际，想一想，诗中的哪些文字让你感受到这样的情感？"以此引出"愁眠"。接着再问："诗人看到了什么，听到了什么，感受到了什么？"在教师的引导下，学生慢慢感悟画面，进入凄清孤寂的意境。最后，教师总结："月落、乌啼、江枫、渔火、霜天、钟声都是景。所有的景色都围绕着'愁眠'来描写，用诗句来描述即'江枫渔火对愁眠'。"

陈老师围绕"愁眠"二字展开教学，带领学生感受"江枫""渔火"等意象，使学生既感受了"愁眠"的意境，又感受了"钟声"的温暖，学生在不知不觉中感受到了诗中之情。

再如，执教部编版六年级下册《春夜喜雨》时，教师可先让学生读题，紧抓诗眼"喜"，讲解"喜"字的字源，请学生交流关于"喜"的成语，了解"喜"在中国文化中的运用和重要意义。学生有了关于"喜"的知识铺垫后，教师再引导："诗人'喜'的是什么呢？为什么'喜'呢？"通过抓住"诗眼"进行提问，引导学生了解《春夜喜雨》的背景资料，从而明白：这场春雨滋润世间万物，特别是农作物，这必将带来丰收的希望。

在古诗词教学中，由诗眼、词眼展开教学，不仅有助于学生理解诗词的含义，还有利于强化学生的审美体验，激发学生的学习积极性，提高学生对语言文字的理解能力和运用能力。

（三）抓意象巧入境

"唐代王昌龄在其《诗格》中首次提出'意境'一词：'诗有三境：一曰物境，二曰情境，三曰意境。'从物境到情境再到意境，是一个层层虚化的递进过程。意境缘于物境情境但更为飘忽空灵，它是诗人的主观精神与客观物境契合交融而形成的诗之真义。"[①] 小学生的形象思维高于逻辑思维，带领学生通过抓住意象感悟诗词的美妙意境，有助于学生深刻体会其思想感情。教材中选录的多为情景交融、寓理于景的作品，这些作品有利于学生理解意境、感受哲理。古诗词中的景物、人物、事物都有具体可感的形象，学生可依靠想象力，丰富脑海里的画面，因此，从意象入手讲解古诗词，可得到事半功倍的效果。

例如，部编版六年级上册《江南春》一诗中，"千里莺啼绿映红，水村山郭酒旗风"展示了江南的自然风光，一个"映"字写出了绿树丛生、红花遍地的美好景象，作者抓住"莺、绿树、红花、水村、山郭、酒旗、风、楼台、烟雨"这些景物，写出了江南春天秀美的特点。如何让学生通过这几个意象感受美景呢？可调动学生的视觉、味觉、嗅觉、听觉和触觉来感受这几个意象，带领学生巧入境。该诗在写江南的春天时，从视觉（绿映红，山郭、酒旗）、听觉（莺啼）这两个方面展示了江南春天生机勃勃的自然景象。引导学生从视觉和听觉两个方面感受江南春天的特点，从而感受莺歌燕舞、绿树红花、临水村庄、依山城郭的江南独特意境。

再如，部编版二年级下册《绝句》中，"两个黄鹂鸣翠柳，一行白鹭上青天。窗含西岭千秋雪，门泊东吴万里船"的"黄鹂""翠柳""白鹭""青天""西岭之雪""门前之船"，这流畅的线条、明朗的色彩，仿佛勾勒出了一幅中国画，可谓诗中有画，教师教学时，可由意象到意境，引导学生巧入境。

总之，诗中有精练的语言、丰富的情感、美好的形象、深邃的意境。教师教学时应以境激情，让学生体味意境、捕捉形象、领悟意境，注重引导学生感受古诗词的音韵美，将中国古诗词这一宝贵遗产继承并发扬光大。

---

① 潘建平.中国古代意境理论的生成及古诗意境赏析[J].山西广播电视大学学报，2017（3）：83-84.

四、古诗词课堂问题基本类型

从理解、赏析、运用的角度，可将古诗词课堂中的问题分为以下几种类型：文体性问题、理解性问题、赏析性问题和拓展性问题。

（一）文体性问题

古诗词文体性问题主要是指与文体相关的问题，包括诗体、流派风格、语言修辞、声韵节奏、常识典故、创作背景等方面的问题，可分类如下：

内容：景物、情感、语言修辞……

背景知识：年代、诗人、创作背景……

诗体：流派、风格、主题……

声乐：韵律、节奏停顿、轻重缓急……

关于"背景知识""诗体"的文体性知识，可通过预习单设置相应问题，让学生通过查阅资料找到答案。读懂一首古诗，至少需要了解与这首古诗相关的专有名词、常识典故，以及与诗歌语境有关的基础性知识。学生掌握了基础性知识后，才有能力去理解深层次的知识，而且查阅资料的过程，也是提高检索、提取信息能力及解释、整合信息能力的过程。关于内容的文体性知识，可在课堂上提关于理解诗词内容的问题，以调动学生的各种感官，让学生感受、想象、思考，从而理解古诗的意思。而关于声乐的文体性知识，可在朗读教学中提问。

（二）理解性问题

理解性问题指的是针对古诗词内容和主旨提出的问题。凝练的古诗词往往寄托着作者的情感，每首诗都有其创作背景，或是触景生情，或是怀古感伤，或是离别之情。

一首古诗词，只有短短几句，却包含了无限的意蕴。若想深入理解，知诗人、明背景必不可少，所以在教学时，为了让学生更好地理解古诗词，教师可提出相应的理解性问题。

例如，教学人教版四年级下册《渔歌子》时，抛出问题："谈谈你了解到的张志和。"学生通过查资料，了解到张志和一心远离官场，这首诗就借渔夫生活来表达自己隐居生活的乐趣，表露他悠然自得、寄情山水的心志。在拓展阅读时，让学生比较阅读《渔歌子》和《江雪》，设问："同样是垂钓，两个诗人的心境有什么不同呢？"以此拓展柳宗元的资料，使学生了解到柳宗元自被贬永州后，精神大受打击。《江雪》这首诗借严寒山野、独钓寒江的渔翁寄托自己孤寂的情感。通过知人论世，学生深刻地理解了两位诗人在诗中所寄托的情感，也学会了如何透过文字感悟诗人的内心世界。

（三）赏析性问题

那浩瀚如烟的古诗词里，蕴含着中华民族的精华，而赏析诗词是帮助学生汲取精华、提高学生语文素养和人文修养的有效途径。那么，何为赏析性问题？赏析性问题通常可分为意境类、诗眼（词眼）类、技巧类问题。

1. 意境类问题

诗词的美既美在语言节奏，更美在意境，简短数字便传达了无穷的意境。教学时，教师应抓住意境，设计赏析性问题，引导学生深入意境，体会感情。

关于意境类问题，通常问法如下：

这首诗（词）营造了怎样的意境？表达了诗人（词人）什么样的思想感情？

这首诗（词）为我们展示了一个怎样的画面？

这首诗（词）描写了什么样的景物？

诗（词）中描绘了哪些景象？这些景象又营造出了怎样的意境？

如教学部编版六年级上册《江南春》一诗时，诗中前两句写春景，在教学中，教师抓住莺啼、绿树、红花、水村、山郭、酒旗等意象设问："通过读诗，你眼前呈现了一个怎样的画面？"让学生感受江南春天的美景，为后文怀古伤今做铺垫。

2. 诗眼（词眼）类问题

古诗词言简意丰，用词极为讲究，每个字眼都是不断推敲而来的。"为人性僻耽佳句，语不惊人死不休。"品悟一字，可悟一篇，古诗词中的炼字艺术让人叹绝，在教学古诗词时，可通过品鉴诗词中的"精华字"，领悟其美妙意境。

例如，教学人教版四年级下册《忆江南》时，引导学生探究诗歌的诗眼。全文围绕"能不忆江南？"这句中的"忆"字展开叙写。忆的是"江南好，风景旧曾谙",忆的是"日出江花红胜火,春来江水绿如蓝",忆的是江南好友和百姓,更忆的是在江南的那些美好时光。设计时,可由"忆什么"展开教学,随着教学的进度,适时拓展白居易的另外两首《忆江南》,再由"为什么忆",引导学生进一步理解作者那忘不掉、抹不了的江南情,再次感受作者的"忆",在"忆"中评鉴,促进学生品鉴能力的提升。

关于诗眼(词眼)类问题,通常问法如下:

你认为哪个字统领了全篇?

"×"字用得巧妙,你能品一品好在哪里吗?

你认为诗中最生动的字(词)是哪个?为什么?

在层层推进的问题中,学生的思维更有深度了,赏析能力也得到了提升。

3. 技巧类问题

表达技巧是指作者在塑造形象、创造意境、表达思想感情时所采取的特殊的表现手法。它的含义非常广泛,既可以包括比喻、拟人、夸张、对偶等修辞手法,议论、抒情等表达方式,也包括借景抒情、托物言志等各类表现手法。

关于技巧类问题,通常问法如下:

诗人(词人)是怎样抒发自己的情感的?有何效果?

这首诗(词)在写景(写人、写物、抒情)上有什么特点?

这首诗(词)用了怎样的表达技巧(表现手法)?

以上问题能驱动学生思考,促进学生品析推论素养与评鉴素养的提升。

例如,部编版六年级下册《石灰吟》这首诗,采用了托物言志的表现手法。它表面上是赞颂石灰坚毅、自我牺牲,保持清白品格的可贵精神,实际上是托物言志,借物喻人,表达诗人高洁的理想和品格。

再如,部编版六年级下册《卜算子·送鲍浩然之浙东》,诗中的比喻新颖有趣,把水比作眼波,把山比作眉峰,"眉眼盈盈处"指好友将去的山水交汇的地方,以这种新颖有趣的比喻含蓄地表达了送别友人时的依依惜别之情。

读古诗词时,适时地从表达技巧入手,能直击诗人抒情的内核,透过揣摩修辞、表达方式、表现手法等,可披文入情,使学生感受到古诗词的美好。

（四）拓展性问题

一首古诗词，不仅要读其表面上的文字，更要读其背后深远的意境、丰富的情感。怎样让学生透过简短的文字体会丰富的内涵呢？这时拓展性问题就是不可或缺的。

拓展性问题内容广泛，指教师在对古诗词进行充分的研究后，为进行合理的课外延伸与拓展而提出的问题，旨在帮助学生获取更多的知识。

例如，在学完部编版六年级下册《古诗三首》的三首咏物诗后，可提出问题："你还知道哪些咏物诗？"引导学生收集其他咏物诗，然后用课堂上所学的方法自学，并在课后举行一次"咏物诗大会"。课堂学习、收集资料、"咏物诗大会"这一系列活动使学生对咏物诗有了更深入的理解。

语文课堂，是古诗词教学的重要阵地，但古诗词教学不应只局限在教室里，还可以向课外生活拓展，这样学生可以更立体地感受古诗词。

五、古诗词课堂问题设计的基本策略

无问不成课，对古诗词课堂上的问题类型，教师应做到心中有数，并在教学实践中不断优化古诗词课堂提问的基本策略。教师可以从以下几方面进行提问。

（一）围绕"言"设问

围绕"言"设问，指针对古诗词中的语言文字运用进行提问。语文新课标中指出："语文课程致力于培养学生的语言文字运用能力。"古诗词语言精简、凝练，短短几句话，实则包含了无限的意蕴，针对这些意蕴进行的拓展学习是学生进行语言文字运用的良好途径。由此，教师可针对古诗词的语言文字运用进行课堂提问。

1. 扣"想象"提问，激发学生的表达欲望

"诗中有画，画中有诗"，教师在教学时，可针对古诗词丰富的画面感，启迪学生想象，引导学生用自己的语言还原诗词中的画面，提高学生的语言表达能力。

如教学部编版一年级下册杨万里的《小池》："泉眼无声惜细流，树阴照

水爱晴柔。小荷才露尖尖角，早有蜻蜓立上头。"诵读之后，可提问："你仿佛看到了什么？"学生会给出不同的答案："我仿佛看见树荫倒映在如镜子般的水面上，石缝间一股清澈的水流涓涓而出。""我似乎看到静谧的早晨，清澈的小池中几朵尖尖的小荷崭露头角，连蜻蜓也被吸引过来了。"通过问题，引导学生想象画面，在还原画面的过程中，锻炼了学生的语言表达能力。

针对一些叙述性古诗词中的故事情节、细节，教师可进行语用训练。例如，教学人教版五年级上册《秋思》一诗中的"复恐匆匆说不尽，行人临走又开封"，可提问："作者'又开封'时，心里在想什么？他的神态、动作又是怎样的？"引导学生以白话文将这一细节写具体。通过引导学生想象细节，进行再创造，夯实了学生的语言表达能力，发展了学生的语用能力。

2. 扣"语境"提问，使学生内化语言

如在教学人教版四年级上册《游山西村》一诗的名句"山重水复疑无路，柳暗花明又一村"时，出示情境题：我和弟弟玩象棋时，前方被堵，我苦苦思索，没有破解的方法，就在我 ____ 时，哥哥点拨了一下，我眼前一亮，真是 ____！这样进行提问，作用有三。其一，通过问题，学生深入理解了诗句。其二，在生活场景中使用诗句，让学生得以继承和发展中国优秀传统文化——古诗词，将古诗词内化成生活语言。其三，在实际运用中，学生感受到了古诗词丰富的内涵，积累了语言，提升了运用能力。

（二）聚焦"象"设问

聚焦"象"设问，指的是围绕"意象"进行提问。在我国漫长的诗词历程中，形成了一些固定的意象，它们以有限的物象形式表达了丰富的内涵。诗人（词人）将自己的内心所感，寄托在一个选定的具象里，使之更加具体可感。围绕意象提问，便可直击其内心情感。

例如，某教师执教人教版四年级下册《渔歌子》一课，紧扣意象"渔夫"展开教学。上课伊始，借助画面认识渔夫，让渔夫形象走进学生心中，为后面的学习做铺垫。接着通过赏析景物，体悟诗情，感受斜风细雨中的渔夫是怎样的，从而走进渔夫的内心世界，感受到渔夫深深陶醉于如此美境之中，感悟诗人字里行间的自由之志。随后PPT出示《和答弟志和渔父歌》，让张志和的形象更加立体深入地根植在学生心中。课外拓展补充关于渔夫的诗词，寻找此类诗词的共同点。引导学生了解"渔夫"形象,"渔夫"成了一类人的代表,他们"达则兼济天下,穷则独善其身"。紧扣"渔夫"这一形象展开提问,以提问贯穿整个课堂教学。

意象贯穿在古诗词中,蕴含着诗人(词人)的情感。在古诗词教学中,教师紧扣意象提问,不仅可以帮助学生理解古诗词的含义,感受诗人(词人)的情感,还可以激发学生学习古诗词的兴趣,使学生学会由一个意象,带动其他同类意象诗词的学习,从中感受中华文化的博大精深,实现审美化、创新性阅读。

(三)针对"法"设问

针对"法"设问,指的是针对诗歌的表现手法、表达方式进行提问。古人在诗词创作中不仅注重炼字,也注重艺术手法的使用,他们在创作时,往往会采用一定的表现手法,让读者在品味赏读中获得无穷的艺术享受。古诗词中常见的表现手法有用典、想象、衬托或烘托、渲染、象征、对比、对照、抑扬、照应、动静、正面描写和侧面描写、直抒胸臆、触景生情、借景抒情、融情于景、托物言志、赋比兴等,针对创作方法、表现手法提问,可迅速直击诗人表达的中心。

例如,厦门市翔安区海滨小学陈小燕老师在执教人教版六年级下册《鸟鸣涧》一课时,针对表现手法提出问题:"'桂花落''春山空''惊山鸟''鸟鸣涧'这些意象都给人一种无比静谧的感觉,诗人表现了一种到达极致的静美,那么,这种静美是如何表现出来的?"学生围绕这个问题展开自由讨论、交流。教师再适时点拨:"南朝诗人王籍曾说过,'蝉噪林愈静,鸟鸣山更幽,'以'蝉躁'衬托'林静',用'鸟鸣'显现'山幽',这就是反衬所传达的奇妙效果。在这里,王维也采用了这种方法:桂花飘落是动的,山鸟扑翅也是动的,山鸟鸣叫是有声的,但正是这样的'动'与'有声',才越发使读者感受到这一环境是无比静谧的。这就是文学创作上'以动衬静''以有声衬无声'的艺术表现手法。"

陈老师在教学时针对"法"设问,通过这个问题,让学生先抓住主体脉络,然后再具体深入层层体会,最后又回归主体。诗人正是通过"桂花落""鸣"这样的"动"和"有声"让读者感受到静的。课堂上,正是这针对"法"的问题,牵引着学生的思维,使其不断地思考。

（四）紧扣"拓展"设问

现在是大阅读时代，要求学生阅读面广泛，如果一节课只教一首古诗，就显得单薄了，因此课堂拓展变得尤为重要。那么，在古诗词课堂里，如何进行拓展设问呢？

1. 借助背景拓展

古诗词创作的年代与学生现在的生活相去甚远，若不补充古诗词的背景知识，学生理解起来会比较难。教学前，教师可以布置学生事先查找诗词的相关背景资料，以拓展学生的文化视野，从而为学习诗词做好铺垫。

例如，学习部编版六年级下册《马诗》一诗时，学生可能对"何当金络脑，快走踏清秋"一句较难理解。这时，补充"诗鬼"李贺的相关资料，可以加深学生对作者以及当时社会背景的了解。"诗鬼"李贺，是中国文学史上一位颇享盛誉的浪漫主义诗人，可惜生不逢时，他所处的中唐正是藩镇割据的时代，李贺渴望建功立业，却终其一生怀才不遇。在向学生补充"诗鬼"李贺的资料后，进一步延伸了解，出示李贺创作的23首关于马的组诗——《马诗二十三首》，这组诗抒发了李贺怀才不遇和难以施展抱负的愤慨。学生在了解了李贺的生活时代和志向后，自然能明白"何当金络脑，快走踏清秋"的豪情壮志。

再如，在执教部编版五年级下册《秋夜将晓出篱门迎凉有感》时，教师可拓展相关历史背景：当时，南宋在金的强势攻击下，屈辱求和，在遭受金人践踏的沦陷区，南宋人民遭受着金人的压迫之苦。继而，拓展阅读陆游的《示儿》，引领学生从诗中体会爱国诗人陆游至死不忘的"北定中原"、深切真挚的浓浓爱国之情。这时，学生已经走进了陆游的情感世界，再教学《秋夜将晓出篱门迎凉有感》，学生理解起来就容易多了。

以背景材料的拓展带出古诗词教学，能很好地为古诗词教学铺垫情感，更易于学生理解古诗词。但是凡事要有度，如果拓展过多，则可能喧宾夺主，学生反而把握不了重点，因此拓展的前提是落实好教材的教学。

2. 借助题材拓展

古诗词里有景、有物、有情，但是面对同一景物，或同一情感，诗人们会有不同的情怀抒发。在诗词的海洋里，同一题材的诗词，比比皆是，在教学时，应巧妙地利用这种联系。

例如，由《清明》延伸到《元日》《乞巧》等节日诗；由《题西林壁》拓展到"欲穷千里目，更上一层楼""问渠那得清如许？为有源头活水来"等哲理诗句。在教学部编版六年级上册《宿建德江》时，引导学生将其与《西江月·夜行黄沙道中》进行比较赏读，使学生在品读中明白，两首诗虽都是写月夜景色，表达的却是截然不同的情感。适当的拓展，开拓了学生的文化视野。

这样"精读一首，带读一组""以一篇带多篇"的教学方式，能使学生融会贯通，积累更多的古诗词，同时领略到中国古诗词的博大精深。除了课上拓展，课后可布置作业，让学生查找相关题材的诗词，制作诗词集，然后组织诗词茶话会，让语文学习更加有趣。

教师可把语文课堂的触角伸向更广阔的天地，使语文课堂更加开放而有活力。在古诗词教学中，以一带多进行拓展阅读，给学生打开了诗词的天地，使学生获得了美的体验和享受。

古诗词有其独特的文体特点，在教学中，教师应让自己的课堂充满音韵美、凝练美、意境美，围绕文体性问题、理解性问题、赏析性问题、拓展性问题，把握吟咏、诗眼、意象，入情入境感悟，使学生感受诗词的美好。

第七节 非连续性文本阅读课堂提问设计探析

语文新课标中指出："阅读简单的非连续性文本，能从图文等组合材料中找出有价值的信息。""阅读由多种材料组合、较为复杂的非连续性文本，能领会文本的意思，得出有意义的结论。"基于语文新课标的要求，如何利用课堂提问提高学生阅读非连续性文本的能力，将是本节重点讨论的内容。

一、非连续性文本概述

现在，学界一般对非连续性文本是这样界定的：

"非连续性文本指由数据表格、图表和曲线图、图解文字、凭证单、使用说明书、广告、地图、清单、时刻表、目录、索引等组成的文本，具有直观醒目、概括性强、易于比较等特点。"[①]

"我们可以把非连续性文本分为两类：一类是以图文结合的方式呈现，图

[①] 张祖庆，戴一苗.非连续性文本教学与测评[M].杭州：浙江少年儿童出版社，2017：8.

文互补，图是对文本直观、形象的补充，包括一切图画、图形、数字、视频、列表等；另一类则是指为了更清楚地说明某一主题，而选自不同材料的纯文本信息组合。这些不同来源的文本可以彼此独立，甚至可以相互矛盾，需要读者对来自不同材料的文本进行综合分析和整合，全面阐述自己的观点。"①

二、非连续性文本的特点

非连续性文本和连续性文本在内容、表现形式、语言表达上都有很大的不同。我们可以根据非连续性文本和连续性文本之间的差异来概括出非连续性文本的特点。

（一）内容关联性

相较于连续性文本，非连续性文本中信息与信息的关联更为紧密，读者能从整体上把握信息。表格、图形等非连续性文本比以句段文字构成的连续性文本更能凸显信息的对比关系。如《学生体质健康状况调查表》中的年龄、身高、体重等数据具有一定的内在联系，一般而言，年龄越大，个子越高，体重越重；《用电量调查表》中的用电时间和用电量也是有关联的，一般而言，用电时间越长，用电量越大。阅读非连续性文本时就要找出信息之间的关联，从而发现隐含的信息。

（二）语言客观性

连续性文本的语言更具主观性，而非连续性文本则能更准确地将客观事实呈现出来，表述不具有感情和引导性，有较强的客观性和严谨性。如药品说明书上对于适用人群、用法、用量等的表述都十分客观严谨，都是经过研究和试验后形成的专业数据，所有信息都必须客观、准确才能保证药品的合理使用。

（三）生活实用性

非连续性文本与生活联系密切，在生活中随处可见。"有的以单一的图表形式呈现，如校标、会徽、股票行情、景区地图、平面示意图、座位安排表等；有的以图文结合的形式呈现，如产品说明书、药品说明书、景区游览图、手机使用说明书、车辆保险协议等；有的则以多形态文本集群呈现，如围绕鱼翅造假的新闻，报纸上链接的各方面文字信息等。"②

---

① 张祖庆，戴一苗.非连续性文本教学与测评[M].杭州：浙江少年儿童出版社，2017：8.
② 张祖庆，戴一苗.非连续性文本教学与测评[M].杭州：浙江少年儿童出版社，2017：13.

非连续性文本阅读被广泛运用，凸显出强大的实用功能。例如，在产品的包装袋上都印有产品的各种信息，我们可以通过阅读这些信息挑选自己需要的产品。又如，我们可以利用地图上的信息来规划路线。

（四）阅读主体性

因为非连续性文本能准确地将客观事实呈现出来，表述不具有感情和引导性，所以在阅读时，我们就是整个文本的引导者。我们阅读整个文本后，提取出自己需要的信息，再对信息进行判断、思考，这体现了阅读角色的主体性。如在阅读地铁路线图时，我们首先要掌握整个路线的信息，然后根据自己的需要去提取信息、处理信息。

教师根据文本类型的不同特点，采用不同的阅读策略进行分类阅读，寻找非连续性文本的教学突破口，是至关重要的。

三、非连续性文本的课堂教学要领

非连续性文本与连续性文本的概念和特点不同，我们需要根据非连续性文本的概念和特点来探索其课堂教学要领。要想提高学生阅读非连续性文本的能力，就要重点培养他们的检索能力、理解能力和评价能力。据此，整理出以下三种主要的课堂教学要领。

（一）捕捉提取，训练检索能力

要想培养学生阅读非连续性文本的能力，首先要培养学生提取信息、解决生活实际问题的能力。因此，在教学中，教师应重点教给学生提取信息的能力，从而使学生读懂文本所要表达的信息。如《海滨小学学生体质检查结果》的标题告诉我们，这个图表提供的是海滨小学的学生体检结果。我们可以从中提取每个学生的身高、体重、视力等数据。

（二）整合处理，提高理解能力

在阅读非连续性文本时，将材料提取出来之后，还要根据材料之间的联系进行梳理、整合。教学时，要引导学生对材料的信息进行处理，将不同的材料整合在一起，重新梳理，从而发现其中的信息。

阅读非连续性文本时，整合信息非常重要。如《海滨小学学生体质检查结果》，可以通过整合学生的身高、体重等数据，判断学生是否处于健康的体质标准内；可以提取多个学生的视力数据，判断该年龄段学生的近视情况。

通过对几组信息的提取、整合，能发现材料隐含的信息。

我们需要在仔细阅读文本的基础上，提取多个信息，然后进行内在逻辑的分析。如阅读一份材料后，你能否概括出它的主要信息？如果是几组信息，你能不能找到它们之间的不同或相同之处？只有这样，才能真正理解文本所隐藏的信息。

（三）判断推论，增强评价能力

学会对信息进行提取和整合后，还需要对信息进行判断推论。通常信息呈现出来的是客观的东西，需要从提供的信息中判断推论其背后的含义。

例如，可以从《海湾小学艺体课安排表》中看到各个学科的上课时间及内容。我们可以从中判断这所学校的艺体课课程安排是否合理。

教给学生阅读非连续性文本的方法，不仅仅是带领学生获取信息的过程，更是培养学生能力的过程。教师要充分利用课堂提问，培养学生阅读非连续性文本的能力。长此以往，学生就会慢慢掌握一些规律和思路，阅读能力会逐渐提高。

四、非连续性文本课堂问题的基本类型

非连续性文本的课堂问题有多种类型，主要有提取式问题、概括性问题、对比式问题、探究性问题等。不同的问题设计类型对学生的能力训练有不同的效果。下面介绍一下这四种课堂问题类型。

（一）提取式问题

提取式问题不用经过复杂的对比和分析，可以直接从材料中找到答案。此类问题较为基础，主要考查学生简单提取信息的能力。

例如，我们常见的体检表上面一般有身高、体重、视力等体检信息。针对此，教师可以设计如下问题：

1. 观察体检表，这位同学的身高是多少？
2. 观察体检表，这位同学的体重是多少？
3. 观察体检表，这位同学的视力是多少？

以上三个问题都是提取式问题，学生直接去材料中找答案即可，不需要对材料进行分析。这样的问题，大部分学生都能回答，一般放在教学的最前面，以提高学生学习的积极性。

同时，提取式问题也是其他问题设计的基础，只有将信息从材料中提取

出来，才能进行进一步的分析和判断。

（二）概括性问题

概括性问题具有概括性，需要整合多个信息才能得出答案。此类问题主要考查学生对信息的整合能力。

例如，厦门市翔安区海滨小学朱文怡老师带领学生进行非连续性文本练习时，举例："小明去超市买东西，他买了西瓜、菜花、薯片、可乐、洋葱、水杯、书包、瓜子。"设计问题如下：

1. 小明买了几样东西？
2. 小明买了几种水果？
3. 小明买的东西可以分为几类？

这三个问题，需要学生将材料中的信息进行整合才能得到答案。第一题，问小明买了几样东西，需要把买的东西整合在一起算出数据。第二题，问小明买了几种水果，需要将水果提取出来。第三题，问小明买的东西可以分为几类，需要将材料中的物品整合成不同的类别。

学生在解决此类问题时，需要在提取信息的基础上对信息进行整合，使材料中的信息更为清晰地呈现出来，对进行下一步的推论有很大的帮助。

（三）对比式问题

对比式问题需要学生将材料中的信息进行分析、对比，从而得出结论，找到答案。对比式问题是两个或多个信息的对比。此类问题主要考查学生的分析、对比能力。

例如，厦门市翔安区海滨小学李晓玲老师带领学生进行非连续性文本练习时，设计问题如下：

王先生家的水电费账单已到，请看材料回答以下问题。

1. 对比王先生家的水费和电费，哪个花费更高？
2. 王先生家哪个月的用电量最多？
3. 王先生家哪个季度的水费最少？

以上三个问题，都无法直接从材料中找到答案，必须将所需信息提取出来后再进行对比。第一题，问王先生家的水费和电费，哪个花费更高，要解决这个问题就必须将王先生家水费和电费的信息提取出来，再将二者进行对比。第二题，问王先生家哪个月的用电量最多，要解决这个问题需要将王先生家每个月用电量的信息提取出来，再进行对比，找出用电量最多的那个月。第三题，问王先生家哪个季度的水费最少，要解决这个问题需要把王先生家每个月水费的信息提取出来，再整合成四个季度，最后进行对比，找出水费最少的那个季度。

相比较而言，对比式问题更能考查学生的思维能力，因为它需要学生对材料中的信息进行对比分析，在这一过程中，学生的思维能力得到了更多的锻炼。

（四）探究性问题

探究性问题需要学生根据提供的信息下一个结论，通常需要学生对材料进行深入分析才能得到答案。

例如，厦门市翔安区海滨小学陈华祯老师带领学生进行非连续性文本练习时，设计问题如下：

请看公交站牌回答以下问题：

1. 小明能否准时到校？
2. 小明是否经过刘五店站？
3. 小明放学后能否在 18:00 前到家？

像这样的探究性问题比较有难度，学生需要经过深入分析才能得出结论。第一题，问小明能否准时到校，这就需要学生分析公交站牌，估算每路车所用的时间，找出最快的那路公交车并看看乘坐这路公交车小明是否会迟到。第二题是建立在第一题的基础之上的，学生在找出最快的那路公交车后，需要看看这路公交车有没有经过刘五店站。第三题需要学生分析小明回家的公交车的时刻表，找出小明能最快到家的一路公交车，再判断小明能否在 18:00 前到家。

通过上面的例子，我们发现探究性问题看似简单，却需要经过层层推理才能得到答案。

五、非连续性文本课堂问题设计的基本策略

"课堂提问是课堂教学中的主要组成部分，是课堂教学目的得以实现的主要教学方法之一。提问作为课堂教学中教师所普遍运用的方法，在课堂教学中起着举足轻重的作用。研究课堂提问对于课堂教学具有十分重要的现实意义。"[1]

---

① 王雪梅.课堂提问的有效性及其策略研究[D].甘肃：西北师范大学，2006：摘要.

第二章 指向设计：基于阅读文体的问题设计策略

"提问要讲究策略，不讲策略的提问是无效的提问。策略是指'经过认真准备的包括完成既定目的而设计的一系列步骤和计划'。它用于指导教师决定在课堂中提问哪些问题。它提供了与学生相互作用的框架。离开了策略，讨论就可能变成一系列缺乏连贯性和目的性的简单问题的流水账。因此精心设计和选择提问策略是完全必要的。"[1]

下面是我们归纳出的非连续性文本课堂问题设计的四种基本策略。

（一）说明通知——检索要点式

检索要点式提问旨在考查学生提取信息的能力。小学语文非连续性文本最直接的阅读要求，在于提取所需信息进行分析处理。我们发现，对于简单信息，学生较易提取，如果信息庞杂，学生提取信息时就很困难了。所以让学生学会在大量信息中快速检索到自己所需要的信息，对提高学生非连续性文本的阅读能力是至关重要的。

案例1：

> 通　知
>
> 　　4月22日上午8点，请各班参加运动会入场式的同学，在教学楼门前集合。
>
> 　　　　　　　　　　　　　　　　　　　　　　少先队大队部
> 　　　　　　　　　　　　　　　　　　　　　　4月20日

问题设计：

时间：_____

地点：_____

参加人：_____

事情：_____

通知人：_____

通知时间：_____

（选自部编版一年级下册《动物王国开大会》课后练习）

---

[1] 王雪梅. 课堂提问的有效性及其策略研究 [D]. 甘肃：西北师范大学，2006：41.

该通知是部编版一年级下册《动物王国开大会》的课后练习，信息比较简单，只需根据问题到通知中去提取信息即可。该通知的时间：4月22日上午8点；地点：教学楼门前；参加人：各班参加运动会入场式的同学；事情：集合；通知人：少先队大队部；通知时间：4月20日。由于本题的信息量较小，学生很快就可以检索到答案。

案例2：

阅读下面的文字，回答问题。

书法班许老师明日要参加教师技能比赛，写通知告诉了教务科陈老师。教务科陈老师要通知书法班的班长明天暂停书法课，书法班班长在开会，于是留下了写有通知的便条：

> 陈老师：
> 　　我明日要参加教师技能比赛，明日的书法课暂停，请您帮忙通知书法班班长，谢谢！
>
> 　　　　　　　　　　　　　　　　　　　　　　　许老师
> 　　　　　　　　　　　　　　　　　　　　　　　3月18日

> 班长：
> 　　许老师明天要参加教师技能比赛，明天的书法课暂时无法正常开展，请通知书法班的全部同学，具体的上课时间会另行通知。
>
> 　　　　　　　　　　　　　　　　　　　　　　　陈老师
> 　　　　　　　　　　　　　　　　　　　　　　　3月18日

问题设计如下：

1. 第一份通知的执笔人是谁？（　　　）
2. 两张便条的写作时间是（　　　）。
3. 许老师写便条给陈老师的原因是什么？
4. 陈老师写便条给班长的原因是什么？

（选自厦门市翔安区海滨小学沈燕萍老师的《非连续性文本》指导教学设计）

以上案例中采用了检索式提问，旨在考查学生从文本中提取信息的能力。

第二章 指向设计：基于阅读文体的问题设计策略

本题的信息量较大，较复杂，学生需要厘清文本所传递出的信息，再进行信息提取，才能找到答案。学生要分清哪一个通知是陈老师写的，哪一个通知是许老师写的，陈老师的通知中有什么信息，许老师的通知中又传递了什么信息。最后学生要了解通知的要素，清楚通知人、通知的事件、被通知人、时间分别写在什么位置，这样有助于学生快速、准确地找出解决问题所需的信息。对于这样较为繁杂的信息，学生要想快速检索到答案，就需要将文本信息理解透彻，再将关键信息一条一条地筛选出来。

案例3：

×××药品说明书

【药品名称】×××

【性状】红色澄清黏稠液体，气香，味甜。

【适应症】适用于缓解普通感冒、流行性感冒及过敏引起的咳嗽、打喷嚏、流鼻涕、鼻塞、咽痛等症状。

【用法用量】口服。12岁以上儿童及成人：一次10毫升，一日3～4次，24小时内不超过4次。12岁以下儿童要根据以下用法用量服用。

2～3岁：12～15公斤，1.5～2毫升/次，一日3次。

4～6岁：16～21公斤，3毫升/次，一日3次。

7～9岁：22～27公斤，4毫升/次，一日3次。

10～12岁：28～32公斤，5毫升/次，一日3次。

【不良反应】有可能出现嗜睡、头晕、心悸、兴奋、失眠、恶心等，停药后可自行消失。

【禁忌】2岁以下儿童禁用。

【注意事项】1.用药7天，症状未缓解，请咨询医生或药师。

2.痰多者慎用。

3.本品无退热作用，伴有发热症状的患者，使用本品前，请咨询医生或药师。

4.不能与本品成分相似的其他抗感冒药一起服用。

5.运动员慎用。

6.服用本品期间不得饮酒或含有酒精的饮料。

7.服药期间不得驾驶机动车、轮船，从事高空作业、机械作业以及操作精密仪器。

　　8. 请将本品放在儿童不能接触的地方。

【药物互相作用】如遇其他药物同时使用可能会发生药物相互作用，详情请咨询医生或药师。

（选自杭州市上城区五年级语文阅读能力检测卷）

设计问题如下：

1. 什么时候可以服用此药品？

2. 如果用药7天后症状未缓解该怎么办？

3. "注意事项"中的第8条为"请将本品放在儿童不能接触的地方"，请仔细阅读说明书，说说原因。

　　该案例是一份药品说明书，药品说明书上的信息很庞杂，很难短时间内找到需要的信息。教师要通过提问来引导学生关注说明书上的关键信息。如要想知道什么时候可以服用该药，就要关注说明书上的"适应症"等；要想知道用药7天后症状未缓解该怎么办，就要关注说明书上的"注意事项"等。另外，还要注意各种信息间的联系，如第三题，要解决为什么"注意事项"中规定"请将本品放在儿童不能接触的地方"，就要联系说明书前面的"禁忌"中"2岁以下儿童禁用"的描述找答案。

　　在提取信息时，学生既要掌握事件发生的原因、判断作者的意图，又要把在文本中找到的信息与其他知识相联系，做出判断，因此，教师应在课堂提问中提高学生检索要点的能力以及发现要点之间的联系的能力。

（二）图形标志——由浅入深式

　　如果出示一个图形标志，教师直接提问："此图形标志是什么意思？设计意图是什么？"学生会感到十分迷茫，无从下手。因此，教师的提问应起到引导作用，适当地将大问题分为几个小问题，引导学生一步步去思考。通过简单的问题，引导学生思考，探究图形标志的内涵，这便是由浅入深式提问策略。

案例1：

根据《啃老》漫画设计问题如下：

1. 图上画了几个人物？他们之间是什么关系？

2. 他们在做什么？为什么这样做？

3. 你觉得这样做对吗？结合标题，你觉得自己长大后应该如何做？

（选自厦门市翔安区海滨小学洪黎明老师的漫画《啃老》指导课）

在该案例中如果直接提问:"你觉得这幅漫画有什么含义?"学生回答起来会感到十分困难,毕竟看漫画时需要从表面的事物看到隐藏的内涵。于是教师设计问题:"图上画了几个人物?他们之间是什么关系?他们在做什么?为什么这样做?"通过了解漫画中人物的关系及漫画中人物的行为,明确"啃老"这一主题,然后再引导学生进行评价:"你觉得这样做对吗?结合标题,你觉得自己长大后应该如何做?"教师通过问题引导学生分析了漫画表面所描述的事物后,又带领学生一步步深入分析了漫画的内涵。

案例2:

出示"中国旅游日"标志,标志的创意来自甲骨文的"旅"字及传统的印鉴艺术。

设计问题如下:

1. 请描述"中国旅游日"标志中,"旅"字所展示的画面。

2. 你喜欢旅游吗?为什么?

3. 你觉得应该花更多时间去读书还是去旅游?

4. 2011年5月19日是首个"中国旅游日",主题是"读万卷书,行万里路"。你怎样理解这一主题?

(选自厦门市翔安区海滨小学林育梅老师的《非连续性文本练习》教学设计)

针对该案例中的第四题——理解"读万卷书,行万里路",如果直接让学生理解可能比较困难,所以林老师将其分解成了小问题,先让学生描述"中国旅游日"标志中,"旅"字所展示的画面,将其与中国文化相联系,再让学生说说自己为什么喜欢(或不喜欢)旅游,接着让学生在读书和旅游中做选择,这时学生会思考二者对自己人生的影响,不管答案如何,重要的是学生开始思考并做出了判断。这时候再抛出第四题,学生便有很多想法涌现出来,学生有话可说,有表达的欲望时就不会被问题难住。

这种将难的问题分解成一个个简单的小问题,循序渐进的提问策略,很好地帮助学生理解了图形隐藏的含义。

(三)数据表格——分析对比式

所谓分析对比式提问策略就是将不同现象、不同问题进行对比后提出问题,从而帮助学生更好地理解知识的内涵。小学生理解能力较弱,他们往往只能看到表面数据，不能深入挖掘表格信息，因此，教师应该设计不同的问题，通过问题引导学生分析表格中的信息。

案例1：

学生体质状况调查表

项目	升降趋势	项目	升降趋势
身高	↑	肺活量	↓
体重	↑	视力	↓
胸围	↑	跑步（男子1000米，女子800米）	↓

设计问题如下：

1. 阅读表格，调查了哪几个项目？
2. 这些项目哪些上升了？哪些下降了？
3. 对比一下升降的项目，你看出了什么问题？
4. 通过分析这个表格，你觉得你以后应该如何做？

（选自厦门市自翔安区海滨小学王巧云老师的"表格指导"教学设计）

在该案例中，通过对不同项目的分析和对比，让学生了解到数据背后的含义。身高、体重、胸围这三个项目都在上升，肺活量、视力、跑步这三个项目却下降了，可以看出人在长大，身体素质在变差。表格中数据很多，教师的提问让学生将上升的三个项目与下降的三个项目进行了对比、整合，从而发现了问题。

案例2：

家庭成员对新冠疫情的影响的了解情况调查表

家庭成员	获得的信息	获得信息的渠道
爸爸	疫情造成的经济影响 各个国家新型冠状病毒确诊人数	报纸 电视 网络
妈妈	门口咖啡厅暂停营业 衣服打折销售 生活用品大量采购	亲眼看到 听说 网络
我	开学时间不确定 线上学习	微信群 同学

设计问题如下：

1. 对比一下爸爸、妈妈、"我"获得的信息，你发现了什么？
2. 对比一下爸爸、妈妈获得信息的渠道，你发现了什么？
3. 对比一下爸爸、妈妈获得的信息和获得信息的渠道，你发现了什么？

（选自厦门市翔安区海滨小学陈小燕老师的"表格指导"教学设计）

"从调查表中，你发现了什么？请试着写一写。"如果教师直接这样问，学生可能会手足无措，特别是小学生不知道从哪里去观察。教师应该给他们一个思考的方向，慢慢地引导他们去分析表格。

以上三个问题代表了三个观察的角度。如果直接让学生说出看到这个表格之后的发现，学生可能想不到用对比的方式，或者漏掉其中某种角度，通过上述三个问题，便能让学生豁然开朗，根据问题去一步步分析表格，慢慢地学生便能用这样方法去分析其他表格。

通过以上案例，不难发现，利用分析对比式提问策略，可以让学生将表格中的两者或多者信息提取出来进行比较，让学生发现表格中没有直接告诉我们的信息，从而培养学生的分析对比能力。

（四）导视图——按图索骥式

看懂导视图，既体现了一个人的生存能力，也体现了一个人的空间联想能力、思维识别能力和推理能力。教学导视类文本，要让学生学会看图，按图索骥，根据问题快速从图中找到答案。

案例1：

（一）选择旅游地点，探讨图表类文本的阅读方法

1. 创设情境：暑假，小明的爸爸妈妈准备带小明兄妹及七十多岁的爷爷奶奶到南京休闲一日游，让小明负责做一份旅游攻略。下面是小明收集的有关信息，请看大屏幕。

2. 大屏幕出示"游客对景区满意情况统计表"。阅读这张表格，分析一下，你认为小明一家到哪个景点游玩比较合适？

3. 同桌讨论。

4. 全班交流，确定景点。（教师相机板书：阅读标题，分析图例，比较数据，得出结论）

小结方法：在阅读图表类文本时，不管是条状的、柱状的、饼状的、线

状的,还是表格类的,我们可以通过阅读标题、横坐标、纵坐标,了解主题,有图例的分析一下图例,关键要比较数据,尤其要抓住极大的数和极小的数进行比较,从而得出结论。

(二)选择乘车路线,探讨图文类文本的阅读方法

1. 从家到南京火车站的路线选择。

确定好游玩地点,小明又设计了出行方式,想让爷爷奶奶感受一下"中国速度",于是选择乘坐高铁前往南京。小明家住在湖塘广电路附近,(出示公交车站牌图)他们该乘坐哪路公交车前往常州火车站北站去坐高铁呢?

学生交流。

2. 从南京火车站下车后,想乘地铁去莫愁湖游玩。(出示地铁线路图)请根据南京地铁线路图,帮他们设计一条合适的乘车路线。

同桌共同研究、讨论。

全班交流,教师相机板书:图文结合,关注细节。

小结方法:像这样有图又有文字的图文类非连续性文本,在阅读时,我们要将图文结合着看,同时要关注图上的细节,如图例、线路的颜色、箭头等细节,这样能帮助我们快速选择乘车路线。

案例2:

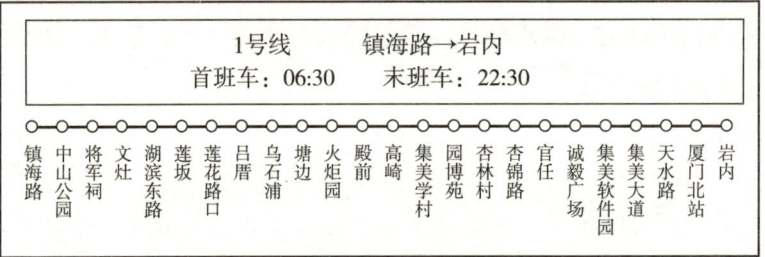

厦门地铁1号线线路图

设计问题如下:

1. 厦门地铁1号线共有车站(   )。

A. 5个   B. 17个   C. 22个   D. 24个

2. 厦门地铁1号线的起点站和终点站分别是(   )。

A. 岩内和镇海路   B. 厦门北站和中山公园

C. 镇海路和岩内   D. 中山公园和厦门北站

第二章 指向设计：基于阅读文体的问题设计策略

3.厦门地铁1号线未连接的区是（　　　）。

A.海沧区　　B.集美区　　C.湖里区　　D.思明区

(选自厦门市翔安区2018年小学毕业考试语文试卷)

该案例出示的是厦门市地铁1号线线路图，图上出示了所有的站点以及首班车、末班车的时间，需要学生读懂图上的内容之后再来看题目。第一题问的是共有多少个车站，要解决这个问题只需在图中将所有站点数出来就可以。第二题问的是起点站和终点站，在线路图上面有标注，如果不知道起点站和终点站的意思也可以看线路图的每一站，找出第一站和最后一站。第三题则需要联系生活实际，要想知道厦门地铁1号线未连接的区，可以将图上的站点所对应的区一一找出，然后找到厦门地铁1号线未连接的区。

解决上述案例中的问题需要学生有看图、分析图的能力，需要学生阅读公交站牌图、地铁线路图这类导视图，根据不同的问题去图中寻找答案，学会按图索骥。导视图通常都有一定的规则，哪个标志代表什么，箭头代表什么，这也需要学生有一定的生活常识。充分理解图上的信息后，再根据问题去图中寻找答案，便能快速、准确地提取所需信息。有时候还需要学生根据生活实际来做出判断，这也是由非连续性文本生活实用性的特点决定的，所以需要将图中的信息和生活常识结合起来，处理、分析多种信息。

非连续性文本阅读对学生来说还比较陌生，有一定的挑战性。教师应充分利用问题提高学生阅读非连续性文本的能力，使学生学会从非连续性文本中提取所需信息，进行整合、推论，从而提高阅读素养。

第三章　指向课堂：基于学习活动的提问策略

根据文体来设置问题是备课的一种思路，旨在体现出文体的特点。那么，基于学习活动如何进行问题设计呢？提问是串联教学各环节、推进教学活动、促进学生掌握知识和发展思维的重要活动。本章从理论角度分析课堂提问的基本特点，从具体操作层面指出提问的最佳切入点，并针对一堂课的各个环节提供提问策略，具有较强的指导性和操作性。

第一节　导向学习活动的课堂提问旨要

课堂提问是指在一定的情境下，教师为促进学生的学习而向其抛出有疑问的题目，促进学生积极思考并回答的一种教学行为。那么，课堂提问便是在课堂的学习活动中自然发生的教学行为，它将直接影响学生的思维走向。

一、学习活动与课堂提问的关系

苏联心理学中把学习过程看作完整的活动系统的一种学习理论，该理论认为："人是活动的主体，人类的学习是主体为适应社会生活的需要，以获得处理事物的社会经验为目的而进行的一种活动。只有当活动是满足人的认识性需要时，此活动才是学习。学生的学习活动具有特殊性，并需经一定的阶段才能形成。"[1]

学生的学习活动不仅仅只是课堂上的四十分钟，课堂的前沿——预习，

---

[1] 林崇德，杨治良，黄希庭.心理学大辞典（下卷）[M].上海：上海教育出版社，2003：1484.

课堂的外展——作业，课堂的补充——阅读……这些都是学生的学习活动。

教师尽管采用不同的学习组织方式，但学习活动离不开的媒介就是课堂提问。

1. 课堂提问是学习活动的重要组成部分

问题是学习活动的开端，是一堂课的基础；问题贯穿学习活动，链接学习活动的各个环节；问题是学习活动的驱动力，是课堂的"马达"。在真正的学习活动中，根据学习活动的各环节提问，无疑也是更为通用的备"问"思路。这样的备"问"需要抓住学生学习的心理特点，是对课堂提问质量的一种检测，能真正指导学习活动。

2. 学习活动离不开课堂提问的推进

有疑才有问，教师在学习活动中是根据学生可能有的疑点以及本节课的学习目标进行提问的。没有问题，学生的思考就停止了。提问作为课堂教学的一种基本方法，在小学语文课堂教学中，有着不可替代的作用。可以说，没有提问便没有课堂教学。课堂教学有时间的限制，有目标的限定，这也就决定了教师必须要循"疑点"而问，引导学生掌握重点，突破难点。

3. 学习活动与课堂提问二者相辅相成

教师课堂提问水平的高低直接影响着学习活动目标的达成度。好的课堂提问对培养学生的思维能力、实现教学目标有重要的作用，直接影响着教学效果。精彩的课堂往往有声有色、波澜起伏，学生是作为主体参与学习活动的，其重要原因之一，就是这样的课堂有着巧妙的课堂提问。因此，课堂提问之于学习活动的重要性不言而喻。

二、导向学习活动的课堂提问的基本特征

导向学习活动的课堂提问需符合以下四个特征：

第一，学生是否产生了积极的情感态度？课堂提问作为学习活动的"推进器"，应当能让学生产生探究的兴趣，从而自主地参与学习活动，获得积极的情感体验。

第二，是否引发了学生有方向的思考？若课堂上出现"问而无答"或教师"自问自答"的现象，如何将学生导向学习活动呢？只有具有启发性的问

题，才能进一步引领学生进行深层次的思维活动。

第三，学生是否获得了新的能力或已有的能力得到了提升？一些类似"是不是""对不对"的无效问题往往只是对课堂上热烈气氛的追求。学习活动是培养能力的活动，所提的问题也应当促进学生概括、推论、判断、分析、解释、整合、迁移以及创造等能力的发展，是一个向上的过程。

第四，学生是否形成了主动提问的意识和习惯？教师的提问不应当是"满堂灌"，导向学习活动时，其实也是在将教师的单一讲解转变为师生互动、生生互动的学习形式。

总而言之，有效的课堂提问能促进课堂学习活动达到预期的教学目标，促进全体学生阅读素养的提高。

第二节　阅读课堂中提问的特点

教学无非就是教师帮助学生打通从已知到未知，从未知到有疑，再从有疑到已知的路径。在阅读课堂中，提问的重要性不言而喻。然而阅读教学高效的关键不在于教师提问的数量，而在于教师提问的质量。在阅读教学中，好的问题深入课文核心层面，定位于学生核心素养的提升，是撬起阅读教学的"支点"。抓住阅读课堂上提问的特点就显得尤为重要，而好的提问应当具备层次性、多维性、拓展性以及深度性四大特点。

一、提问要具有层次性

根据提问的水平，可以把课堂提问由低到高分为六个层次：知识水平的提问、理解水平的提问、应用水平的提问、分析水平的提问、综合水平的提问、评价水平的提问。这六个提问层次与学生的阅读素养是一一相关的，故提问作为课堂教学的一种重要手段，必须遵循学生的认知特点，循序渐进地展开。提问应与学情相符，难易适中，过于超纲的提问可能导致学生产生畏难情绪，甚至是拒绝回答的不良后果，成为无效的提问。同时，教学时也不可因噎废食，提出一些过于浅显的问题，这类问题思考的价值不高，对培养学生的阅读素养所起的作用不大。

提问的层次性表现在对于思维层级较高的问题，教学时可依据教学目标，设计一些子问题作为"台阶"来降低难度。通过解答子问题，逐步消除学生思维水平与目标之间的差距，由易到难，最终解决思维层级较高的问题。

《学记》有言："善问者如攻坚木，先其易者，后其节目。"即提问应由浅显到深入，层层递进。具有层次性的提问，对深化学生的思维是十分必要的，这就要求所提问题要环环相扣、由浅入深、由易至难，从而引领学生逐步深入理解课文的深层意义，培养学生的学习能力。

例如，厦门市翔安区海滨小学林育梅老师执教部编版六年级上册《盼》一课：

师：自由读第4～15自然段，画一画哪些语句直接描写出了蕾蕾"盼"的心情，说一说，你有什么体会？

【教学评析】这是一个低层次的提问，学生运用检索的思维层级即可解决。

生：我找到了第4自然段中的这句："路上行人都加快了走路的速度，我却放慢了脚步，心想，雨点儿打在头上，才是世界上最美的事呢！"

师：从句子中你体会到了什么？

【教学评析】这是一个中层次的提问，属于理解的思维层级。

生：这句话中的动作描写和心理活动描写体现出了"我"对下雨的喜爱之情。

师：文中还有没有描写"我"的心理的句子呢？有的话请画出来。

课件出示："我嘟囔着，心想，你怎么就不向窗外看一眼呢？"

生：她很急切，希望妈妈知道外面下雨了。

师：是啊，她可能在"嘟囔"什么呢？

生：妈妈，外面下雨了，快让我穿着新雨衣出去吧！

课件出示："望着望着又担心起来：要是今天雨都下完了，那明天还有雨可下吗？最好还是留到明天吧。"

师：读完这句话，你有什么感受？

生：文中的小女孩可能在烦恼要是今天的雨都下完了，明天可能就不下雨了。

生：从侧面表现出"我"非常期待下雨，期待穿上新雨衣。

课件出示："路灯照着路旁的小杨树，小杨树上像挂满了珍珠玛瑙。可雨点儿要是淋在淡绿色的雨衣上呢，那一定比珍珠玛瑙还好看。"

师：从这两句话中你又关注到了什么呢？

生：这里用"珍珠玛瑙"来比喻雨点儿。小女孩想象着自己在雨天里穿上雨衣，雨点儿打在身上时比珍珠玛瑙还好看。

师：除了心理描写，作者还采用了什么描写方法让你感受到小女孩的"盼"？

生：还有动作描写，"我又伸手试了试周围，手心里也落上了两三个雨点儿。我兴奋地仰起头，甩打着书包就大步跑进了楼门。"

师：是的，你能具体说说这一自然段中描写动作的词语吗？有什么作用呢？

【教学评析】这是一个高层次的提问，需要学生进行评价鉴赏，并组织语言回答。

生：动词有"伸、落、仰、甩打、跑"，衬托出了"我"十分喜悦、兴奋的心情。

师：带着喜悦、兴奋的心情，我们来一起朗读。

（学生朗读。）

师：请同学们找出"我"的语言描写，读一读，你从中体会到了什么？

【教学评析】这也是一个高层次的提问，瞄准的是学生的理解鉴赏能力。

生：我感受到了小女孩的期盼，她多么渴望穿上新雨衣啊！

生：文中的"我"还向妈妈说谎了，从中也不难看出"我"的盼。

《盼》是部编版六年级上册习作单元中的课文，写作方法的习得是本课的教学重点。在该案例中教师先让学生检索描写"盼"的语句，然后谈体会，问题的培养层次从单纯的检索过渡到理解与评价，紧接着将问题的指向从情感过渡到写法突破上，一连串问题环环相扣，层层推进，启发学生思考，已经不单单是检索，而是着眼于培养学生的阅读理解能力，把学生的阅读思维阶梯式地引到更深的思维层级，有利于培养学生的综合阅读素养。这样的问题设计便是层层递进的。

有层次的提问，能启发学生层层深入思考，从而帮助学生更好地领会文章的表达方法，理解文章所蕴含的道理或情感。教学伊始，教师所提问题应较为基础，旨在鼓励学生积极参与课堂；随着课文讲解的深入，学生对课文有了一定的了解与思考，此时可以抛出较具挑战性的问题，但要善于抓住学生的"能力边缘"，通过台阶式提问，树立学生的自信心，给学生提供理解文本的思路及思索问题的方向。

二、提问要体现多维性

教学不是要将所有知识一股脑传授给学生，而是要通过指导，引领学生学会多角度思考，从而促使学生提高学习能力。教师在进行课堂提问时应关注学生的发展性，提出多层面、多维度的问题，要让学生有自由发挥的空间，进行有理发散。课堂提问的多维性在于让学生从问题出发，发展思维，主动思考，从而提高教学效率。

1. 具有多元指向

一般来说，"小学语文阅读"主要涉及的问题有文章写了什么、怎么写的、为什么这样写等。这些问题既是阅读的重点也是提问的焦点。教学时，教师可以根据不同的阅读目的，用不同的启发词提问，如"是什么""为什么""怎么样""假如""能否""如何"等。"是什么""为什么"指向对文本内容的理解，而"怎么样""假如""能否""如何"指向对文本写法的探索，这些具有多元指向的提问，有助于培养学生从不同视角分析文本的能力。

2. 培养综合素养

体现多维性的课堂提问旨在培养学生的综合素养。在学习活动中，提问不仅是为了解决"这一题"，还要解决"这一类"。也就是说，提问的最终要义是在解决问题的过程中培养学生的综合素养。根据阅读素养层级模型，我们将学生的阅读素养分为提取信息、直接推论、解释整合、评价鉴赏、迁移创生几个方面，教师在设计课堂问题时，应关注学生这几个方面的阅读素养。

3. 跨学科融合

语文是一门综合性和实践性课程，语文的学习离不开对其他学科的理解，在当前学科融合的大趋势下，体现多维性的提问要注意跨学科的融合。例如，科普类小品文会涉及科学常识，写景类文本会涉及地理百科，一些非连续性文本甚至可扩展至数学学科中的计算。在语文生活化的大背景下，跨学科的多维性提问是不可避免的。

下面的案例就很好地说明了提问应体现多维性的意义。

《跨越百年的美丽》磨课记录表

人教版六年级下册《跨越百年的美丽》"领悟表达方法"磨课记录				
磨课阶段	学习目标与内容	问题设计	现场效果	反思
第一次磨课	能联系上下文体会文中含义深刻的句子,体会居里夫人为科学献身的精神和人格魅力。	从哪里读出了居里夫人的美丽?	学生有畏难情绪。	不能最大限度地尊重学生的阅读体验,教师的"给予"过多。
第二次磨课	自主运用抓重点词语、联系上下文、多种形式朗读等方法体会文中含义深刻的句子,体会居里夫人的科学精神,理解"跨越百年的美丽"的内涵。	1. 文中哪几句话是评论居里夫人的? 2. 从文章哪些地方可以感受到居里夫人的美丽?	学生能抓住主要句子回答"美丽"的内涵,学习兴趣有所提高。	偏向于理解课文内容,忽视了让学生体会作者这样表达的妙处,忽视了文章的表达方法,忽视了对语言文字的训练。
第三次磨课	以"自主—合作—探究"的学习方式,在理解课文内容,感悟"美丽"的深层含义的基础上,感悟作者的表达方法,体会文章的语言美。	1. 文章中体现了什么美? 2. 作者是如何表现出居里夫人的美丽的?	学生找出文章表达特点后,学习情绪高涨,积极发言表达自己的想法。	充分考虑到六年级学生的学习兴趣和逻辑起点,让学生在问题的引导下进行积极的学习活动。

《跨越百年的美丽》第一次磨课,教学设计中的提问聚焦在"从哪里读出了居里夫人的美丽",这样的问法仅仅局限于考查学生的检索、理解能力。经过磨课,在理解课文内容,感悟"美丽"的深层含义的基础上,教师提出一个疑问:作者是如何表现出居里夫人的美丽的?从而引导学生感悟作者的表达方法,体会文章的语言美。"如何表现"这样的问法旨在培养学生的理解运用能力。下面来具体看看厦门市翔安区海滨小学林育梅老师执教本篇课文的片段:

师:默读文章第 2 自然段,说一说作者是如何表现出居里夫人的美丽的?
生:第 2 自然段运用外貌描写表现了居里夫人的美丽。

第三章　指向课堂：基于学习活动的提问策略

生："一位年轻漂亮、神色庄重又略显疲倦的妇人走上讲台。"这个句子中提到了居里夫人的年轻漂亮。

生：我还找到另一句话，更能体现出居里夫人的外在美："玛丽·居里穿着一袭黑色长裙……看透未来。"通过穿着、神态的描写突出了居里夫人的美丽、庄重。

师：同学们刚才都是抓住文中对居里夫人的直接描写来体会的，再读一读，还有什么写法呢？

生：还有间接描写，"人声鼎沸"从侧面表现了人们对居里夫人的崇拜。

生："人声鼎沸"还有可能是人们在议论，怎么会有女科学家登上这个舞台，他们震惊了。

师：令全场"人声鼎沸"的是什么？又是什么使全场"肃然无声"的？

生：居里夫人的出现使全场肃然无声。

生：这是一种对比描写。

师：作者不仅运用了正面描写和侧面描写，他的用词也非常严谨。将量词"一袭"改为"一件"好吗？为什么？

生："一袭"显得更加庄重。

师：文中写到"神色庄重又略显疲倦"，"又"字前后的词语矛盾吗？

生：不矛盾，下文中也写到了"坚定又略带淡泊的神情"。

生：我也觉得不矛盾，神色庄重是指这样的场合很严肃，略显疲倦是因为她有些累了。

师：这里让你感受到居里夫人是怎样的？

生：顽强、庄重。

生：不畏艰难。

师总结：就是这样坚定、不畏艰难的居里夫人，跨越百年依旧留存在历史上，留存在每个人的心中。

教师的提问从单一的维度一次次"磨"到了多维，从提问"写什么"过渡到"怎么写"，不仅提高了学生的学习积极性，也提升了学生的阅读素养。不难发现，教学不应该只聚焦于"是什么"，而应该多问一句"为什么""怎么样"。真正的"思"是从深入探究文章表达方法的疑问开始的，故本质层面的"疑"才是"思"的开始，"趣"的源头。

三、提问要具有拓展性

语文新课标中指出:"语文课程致力于培养学生的语言文字运用能力,提升学生的综合素养,为学好其他课程打下基础;为学生形成正确的世界观、人生观、价值观,形成良好个性和健全人格打下基础;为学生的全面发展和终身发展打下基础。"语文学科的这三个奠基作用无不从语言文字出发,着眼于服务课外。教材不是语文课程的一切,世界才是语文的教材。故教师在设计问题时,也需要"问在课外",这样学生的所学才不会局限于课内。

1. 于知识点拓展

小学生年龄较小,阅历尚浅,知识面较窄,以形象思维为主。针对小学生的这些特点,教师在提问的时候可以就知识点进行发散,在"节外生枝"处进行提问,进行延展性沟通,帮助学生了解更多的语文知识、跨学科知识以及生活常识。

2. 于背景处延伸

教材中有些课文的时代背景离现在过于遥远,有些还涉及真实的历史人物,在教学时,教师提问不能仅仅局限于眼前这一篇文章,而应在人物经历上进行延伸,观照当时的时代背景提出问题,只有这样才能使学习活动不囿于表层,才能使学生对人物形象的理解更加丰满、立体。

3. 于思想上挖掘

课堂提问的拓展性还在于,应当由此及彼,通过旧知来习得新知,引导学生通过搜寻背景资料和作者的生活经历,来理解文本所要表达的中心思想,使学生调动自己的生活经历,与文本产生共鸣。

例如,厦门市翔安区海滨小学林育梅老师执教部编版五年级上册的古诗《山居秋暝》时,在"明诗意"后,通过提问"意象之意"来探究王维的诗情,教学片段如下:

师:诗中写到了"浣女""渔舟",那为什么起笔说是"空山"呢?

生:是指这里很安静。

生:这是诗人的感受,感觉很安静,没有人,所以说是"空山"。

生:可能是因为山中树林茂盛,遮住了视线,所以诗人说是"空山"。

师:是的,"浣女""渔舟"的描写反衬出山中的幽深静谧,令人仿佛身临桃花源。

师：哪些诗中也出现过"空山"这个意象？

生："空山不见人，但闻人语响。"

生："人闲桂花落，夜静春山空。月出惊山鸟，时鸣春涧中。"

师：在这首诗中，"空"字是诗眼，"空山"二字点出此处远离世俗，是诗人归隐的好去处。（拓展王维的资料）

……

师：为什么诗中单单写"松间"？难道林中没有别的树木吗？已是秋天了，怎么还有莲，而且那么茂密？

生：诗人喜欢松树。

生：莲花代表高洁。

师：松、莲这类意象在古人的心中往往象征着高洁，这里作者只是拿这两种意象来表明自己淡泊名利的性情，以及对理想人格的追求。

师：不是"空山"，可能是"心空"，山中也不一定只有松、莲，但这些意象寄托了诗人高洁的情怀，以及诗人对理想境界的追求。

"那为什么起笔说是'空山'呢？""哪些诗中也出现过'空山'这个意象？""为什么诗中单单写'松间'？"像这样在"节外生枝"处提问，有时候能让学生有"节外生枝"的收获。在该课教学中，教师就诗中出现的意象"空山、松间、莲"进行提问，从而拓展诗歌的意象及王维的生平事迹。这样，学生便不会把这首诗只当作普通的季节诗了，能使学生更好地理解"随意春芳歇，王孙自可留"的含义和情感诉求。当然，这不是小学阶段语文古诗教学的重点，也不是硬性要求，但有意识地进行拓展性提问，提升学生的素养，是语文学科不同于其他学科的责任。这样一来，以后学生再学习王维的诗句，遇到"空山、松间、莲"等意象时，就会多一层思考。

提问要具有拓展性，决定了教师在备课时可适时在"节外生枝"处设问，使课堂教学和课外生活相链接，培养学生的思维品质和探索精神。这样设问便使学习既源于课内又旨在课外，同时还深入社会现实，在帮助学生充分掌握课堂知识的同时，让学生带着问题走出课堂。

四、提问要体现深度性

美国教育家布鲁纳认为："向学生提出挑战性的问题，可以引导学生发展智慧。"而这具有"挑战性"的问题并不是指教师在教学过程中提出难以解答的问题，而是指一种思维提示，能启发学生根据这个问题进行深度思考，这样的问题贯穿文章的中心脉络及核心，而教师提问的意义正在于触发学生对课文核心主题的思考。

1. 探求学习方法的深度

提问的深度性表现在学习方法的不断提升上。例如，教材中对于古诗的学习，从四年级的赏析田园诗歌，到五年级的复述画面，赏析古诗，再到六年级的结合传说，理解古诗，把握情感，学习古诗的方法是逐渐深入的，其提问也应随之不断深入。

2. 比肩学生能力的深度

学生在不同的学习阶段，所拥有的学习能力是不同的，针对不同学段的学生，其提问深度要有所不同。如部编版教材中把《卖火柴的小女孩》从六年级编排到三年级，教师在教学本课时，提问深度应关照学生的能力。

3. 触及文本理解的深度

问题应触及思想的深度，如一篇写景的文章可能暗含环保的思想，一篇叙事的文章可能蕴含母爱的伟大。在思想深处提问，能引导学生真正理解文本的内涵。

下面分享厦门市翔安区海滨小学林育梅老师执教部编版三年级上册《秋天的雨》的片段：

师：同学们，刚才我们通过阅读，品到了秋天的色彩。我们是从哪些描写中品读到秋天的色彩的？

生：是从课文第2自然段品读到的。

师：请同学们默读课文第2自然段，圈出表示秋天颜色的词。

生：黄色、红色、金黄色、橙红色、紫红、淡黄、雪白。

师：秋天有这么多颜色，说说你的感受。

生：秋天是个五彩缤纷的季节。

师："五彩缤纷"用得好。还可以用上哪些词来形容秋天呢？

生：五颜六色。

生：姹紫嫣红。

师：好，同学们能通过找近义词来理解"五彩缤纷"的意思了。大家看一看课本的插图，这就是五彩缤纷的景象。

师：那么五彩缤纷单单指颜色多吗？

……

师：同学们，我们刚才留下了一个疑惑，"五彩缤纷"仅仅指颜色多吗？大家再来看看这几句话中的动词。

生：扇哪扇哪、飘哇飘哇、你挤我碰。

师：同学们有什么发现？

生：秋天的景物都是动态的。

师：是啊，秋天不仅色彩繁多，还具有动态的美。看，这是"缤纷"在字典里的解释——繁多而错杂，"五彩缤纷"则形容色彩繁多而艳丽。通过拆分词语，结合语境能帮助我们更好地理解词语。谁能用这个词造句？

生：元宵节，五彩缤纷的灯笼挂满了大街小巷。

生：许多蝴蝶在花丛中翩翩起舞，真是五彩缤纷啊！

该案例的教学重点在于理解"五彩缤纷"一词的意思，基于学生对"五彩缤纷"的理解只停留于"颜色多"这一学情，在品味句子后，教师采用思维导图的形式拆分词语，引入字典的解释，揭示"五彩缤纷"的意思是形容色彩繁多而艳丽，进而通过造句巩固运用。教师借助更深层次的问题，帮助学生抓住课文的中心思想，促使学生对词语的意思进行深度思考，从而帮助学生掌握理解词语的方法，提升思考能力。

教师提问的思维层级有多深，学生的思维就能拓展多深。在有效的课堂提问的驱动下，学生上课的积极性较高，能主动参与课堂，与教师进行交流探讨，同时有深度的提问可以由浅入深地激发学生的思维，使学生对文本有更深层次的认识，这是提高课堂效率和学生阅读能力的保障。

第三节 阅读课堂提问的切入策略

教师在设计课堂问题时应该"蹲"下来思考，以学生的思维为"中心点"，问一问：课堂的学习点在哪里？在一堂课中，不同的教学环节有不同的提问形式，教师需要不断通过提出有效的问题与学生展开对话，以引领学生的理解逐步深入，这样，学生的阅读张力才能不断扩大。深入解读文本是提问的基础，而恰当地选择"问点"是提问的保障。

一、厘清重难点，整合提问

在当下小学语文教学中，许多教师的课堂提问较为随意，缺乏整体观念。若教师的课堂提问是随心所"问"，提出的问题与学习内容关联不大，虽然课堂看似气氛活跃，学生发言积极，但实际上对学生的学习帮助不大，这样的提问就是无效提问，体现不出提问的作用。

在教学活动中，教师的提问应紧扣教学重难点，从而帮助学生更好地记忆知识点，提高思维能力。

例如，部编版六年级上册《穷人》一课的教学重点为"学习通过环境、人物对话、心理描写，表现人物品质的写法"，教学难点为"学习通过环境描写，表现人物品质的写法"。在教学重难点处设问，能一下触及课文的根本。厦门市翔安区海滨小学陈小燕老师执教《穷人》一课时，便围绕教学重难点进行了提问，收到不错的效果，教学片段如下：

师：请同学们齐读标题——"穷人"。文中写了哪些穷人？

生：桑娜、渔夫，还有西蒙。

师：文中没有出现一个"穷"字，却在字里行间透出了穷人的"穷"。现在，请大家再次浏览课文，找找哪些描写体现了"穷"。

生："渔夫的妻子桑娜坐在火炉旁补一张破帆。""破帆"说明他们家穷。

生："孩子们没有鞋穿，不论冬夏都光着脚跑来跑去；吃的是黑面包，菜只有鱼。"这是他们衣食的"穷"。

生：从桑娜和渔夫的忙碌可以看出"穷"——海上波涛汹涌都要出去打鱼。

师：是啊，同学们，我们来看看《穷人》一文的写作背景。此时正是俄国历史上阶级矛盾空前激化的时期，阶级矛盾日益激化，贵族生活奢华，道德沦丧，广大底层劳动者生活贫困。

生：桑娜与西蒙两家"穷人"正代表了当时俄国生活悲惨的劳动人民。

师：桑娜一家面对如此贫穷的境地是怎样做的？圈画出来。

生：他们家温暖而舒适。

师："温暖"是指炉火没有熄灭，与外面的寒风呼啸形成对比。那为什么这么穷还很"舒适"呢？

生："舒适"是指小屋被打扫得很干净，孩子们也睡得香甜。

师：一篇写人的文章，在开头加上环境描写，有什么作用？

生：体现桑娜的勤劳能干。

生：表现桑娜一家虽然贫穷，但过得很幸福、温馨。

师：为什么要用这么多笔墨描写桑娜的家，有什么作用？

生：表现出桑娜的勤劳。

生：呼应题目。

生：为后面故事的发展做铺垫，从侧面反映桑娜和渔夫宁愿自己受苦也要帮助他人的精神、品质。

以上教学片段中"一篇写人的文章，在开头加上环境描写，有什么作用"等问题，从教学重难点切入，引导学生品读交流，使学生感受到作者写作上的匠心独具——首段的环境描写表现了桑娜一家的艰难穷困，同时也衬托出了桑娜一家的勤劳、善良，从而为下文中桑娜夫妇宁可自己受苦，也要帮助别人的大爱精神做好了铺垫。在问题的引领下，学生明白了运用环境描写，可以烘托气氛，突出人物形象，打动读者的心。

抓住教学重难点设计问题，串联课堂，可以使学生进一步思考课文的主旨和思想感情，让学生对课文要表达的内容有针对性的理解，同时还渗透了教学难点——环境描写，这样进行课堂提问对提升教学效果非常有效。

二、辨别疑难，因材施"问"

辨别疑难，因材施"问"就是指教师根据学情，针对疑难点创设问题情境，推动学习活动的进行。这种提问切入策略是教师最常用的。

语文学科的学习，不是知识的简单堆砌与重复，而是学习能力、阅读能力、写作能力、表达能力螺旋上升的过程。有的内容是教材中原有的疑难点，这些内容往往是学生凭借现有的知识无法解决的，如课文中含义深刻的语句、古诗中晦涩难懂的文言诗词等；有的内容从编排上看不是疑难点，对一些基础差或学习能力不强的学生来说却成了难点。此时教师便可以就学生的疑难点进行提问。

例如，厦门市翔安区海滨小学李晓玲老师教学部编版一年级上册《雪地里的小画家》一课，导入环节便是在学生的疑难点设问的：

师：孩子们，你们看动物王国下雪啦！树上啊，房顶啊，到处一片雪白。你们喜欢雪吗？

生：喜欢！

师：看到这么美的雪景你们是不是很开心！那我们要把这个好消息告诉大家，一起说，下雪啦，下雪啦！

生：下雪啦，下雪啦！

师：下雪啦，我们可以堆雪人、打雪仗……（出示图片）好玩吗？想去玩吗？快带着小伙伴一起来吧。请同学们齐读标题——

生：雪地里的小画家。

师：什么是画家？

生：画画很厉害的人。

师：你真是我们班的"智多星"。我们把在某方面做得特别好、特别厉害的人叫"家"。比如，舞蹈跳得特别好的叫舞蹈家，钢琴弹得特别好的叫钢琴家，画画特别好的就是——

生：画家。

师：课文里的小画家在哪里呀？

生：雪地里。

师：哦，原来是雪地里的小画家。

师：细心的小朋友肯定发现了，这里的"的"很特别，它是轻声，又轻又短。大家读一读。

案例中，教师抓住标题中的"画家"进行拓展，这可能对大多数学生来说不是难点甚至不是疑点，但教师能抓住"画家"一词对"某某家"进行拓展，而这恰恰是大多数学生的疑惑点。

再如，部编版六年级上册《我的伯父鲁迅先生》中的"碰壁"是有其言外之意的，是与学生原本理解的意思不同的，在"碰壁"处提问能让学生理解作者如何塑造鲁迅的形象。厦门市翔安区海滨小学陈雅如老师的执教片段如下：

课件出示：

"可是到了后来，碰了几次壁，把鼻子碰扁了。"

"你想，四周黑洞洞的，还不容易碰壁吗？"

师："四周黑洞洞"的，还经常"碰壁"，这是什么意思？为什么大家都笑了？

生：这里肯定有特殊的含义。

生："四周黑洞洞"是指当时社会的黑暗，人民没有自由。

师：联系一下课前所说的背景资料，"碰壁"又是什么意思呢？

生："碰壁"也不是指碰到墙壁，应该是指当时黑暗的社会，这是讽刺意味极强的句子。

生："碰壁"指革命人士常常遭到反动派的迫害，鲁迅就是受害者之一。

师：这个句子表现出了鲁迅先生的什么特点呢？

生：鲁迅先生的语言很幽默。

生：鲁迅先生很乐观。

抓住具有特殊意义的"四周黑洞洞""碰壁"进行提问，这无疑是抓住了疑难点。通过这样的提问能引导学生联系上下文、结合时代背景，理解含义深刻的语句，学习抓住语言描写来体会人物品质的方法。如此解读，能够让学生在之后的学习中举一反三，这样的提问是切实有效的。

三、巧抓矛盾，质疑升华

矛盾指的是文本中所出现的语句、事物以及情节之间存在对立关系，也指文本与现实生活之间存在对立关系，构成矛盾。语言是思维的载体，课堂提问应紧扣文本的语言特点。为了增强文章的表达效果，作者在写作时常常会用一些矛盾冲突来深化自己所要表达的中心主旨，这种"矛盾"的语言耐人寻味，抓住矛盾提问，必能激发学生深入探究的意愿，促使学生的思维向纵深处发展，提高学生的阅读理解能力。

下面看看厦门市翔安区海滨小学林育梅老师执教部编版三年级下册《海底世界》一文时，抓住矛盾提问的教学片段：

1. 自由读第2、3自然段，有没有什么疑问？在文中用问号进行标注。

学生汇报、交流，提出问题，教师引导梳理。

2. 运用提问策略，再次提问：为什么海底很宁静，却能听见各种声音？

【教学评析】"宁静"与"声音"看似矛盾，实则是一种反衬，抓住这一矛盾提问，有利于引导学生理解下文的"窃窃私语"。

3. 交流学习第3自然段。

（1）课件出示：海底是否没有一点儿声音呢？不是的。

①明确第3自然段是第2自然段的补充说明。

②相机指导学生了解设问句：像这种自问自答的句子就是设问句。设问句能引起读者的思考，起到承接上文、引出下文的作用。

（2）课件出示：海底的动物常常在窃窃私语。

引导学生理解"窃窃私语"，使学生体会到这句话运用拟人的手法写出了海底宁静的特点。

"宁静"与"声音"从表面上看，似乎自相矛盾，其实隐藏了作者的写作意图——以动衬静，突出海底世界宁静的特点，同时，引人入胜，引导学生探究"窃窃私语"的意思。教师这样紧扣矛盾设问，不仅激发了学生深入探究的欲望，而且能够培养学生揣摩文本的能力。如部编版三年级上册《卖火柴的小女孩》一文中的"幸福"便是文本的矛盾点，同时更是问点——整篇童话中我们看到了小女孩的不幸，为什么又说她曾经是"幸福"的呢？理解这不幸中的"幸福"，是引导学生理解这篇课文的点睛之笔。

抓住矛盾设问，无论是学生自我思考的结果，还是教师引导学生学习的过程，都是一种辩证思考。因此，在教学时，抓住矛盾设问，可以激发学生的求知欲，引导学生深入钻研文本。

四、关注细节，体会表达

语文教学要注重对学生语言品析能力的培养。语文教材中的文章都是编者精心选编的，教学中，教师引导学生品词析句时，应关注文本中的细节，可能是一句话、一个词，甚至是一个标点符号。因为文本的细节往往隐含着作者的匠心，同时也是文本的精华所在。抓住细节提问，引导学生在"曲径通幽处"加以品味和研究，一方面能加深学生对内容的整体把握与理解，另一方面也能培养学生良好的语感，这也是语文新课标的要求。

抓住细节提问，主要可以从关联词、动词及标点符号处设计问题。

1. 关注关联词

复句，即把两个或两个以上在意义上有密切联系的句子组合在一起的句子。复句通常用一些关联词来连接，关联词能使句子变得通顺、完整。关联词一般分转折关系、假设关系、条件关系等。关注关联词提问，能帮助学生理解文本的主要内容，体会其表达的用心。

例如，厦门市翔安区海滨小学李素芬老师执教人教版六年级下册《凡卡》一文时，就巧抓关联词带领学生感命运之"悲"：

师：请同学们找出课文里直接描写凡卡的生活的句子。

生：我的生活没有指望了，连狗都不如！

（板书：连狗都不如。）

师：连狗都不如的生活究竟是种怎样的生活呢？再次浏览课文，圈画出相关语句。

（学生速读，找句子。）

生：我找到了第8自然段，这段写出了老板和老板娘虐待凡卡。

生：我找到了第15自然段中"这儿的人都打我……连狗都不如！"这里写出了凡卡的生活很艰难，过着连狗都不如的生活。

……

师：是的，所以凡卡这样说——

生：我的生活没有指望了，连狗都不如！

师：第8自然段中还有一些关联词，值得我们深究。

生：一……就……。

生：只好。

师：这些关联词说明了什么？

生：凡卡从来都睡不好！

师：在我们眼前仿佛浮现出了凡卡凄惨的生活场景！带着我们的理解读一读吧！

（学生朗读。）

师：是的，所以凡卡这样说——

生：我的生活没有指望了，连狗都不如！

执教《凡卡》时，教师常常会抓住第8自然段的动词来理解凡卡悲惨的学徒生活，但以上案例抓住了"连……都……""一……就……""只好"等关联词进行提问，加深了学生对人物内心的多角度理解，使人物形象更加立体，同时也提高了学生的书面表达能力。

2. 关注动词

除关联词外，课文中的一些动词往往有其深意，教师可通过问题引导学生发现动词的特殊之处，帮助学生理解人物形象，体会文本所要表达的情感。

例如，厦门市翔安区海滨小学沈燕萍老师执教部编版五年级上册《搭石》一课的片段：

师：你还从哪里感受到"搭石，构成了家乡的一道风景"？

生：第4自然段中的"假如遇上老人来走搭石，年轻人总要俯下身子背老人过去，人们把这看成理所当然的事"这句。

师：这些风景让你感受到什么？

生：这里的人十分尊敬老人。

师：是啊，这就是一种敬老美，让我们通过朗读来感受这种美吧！

师：哪个词打动了你呢？

生：理所当然。

生：俯下。

师：同学们各有各的读书体会。

师：请看这个"俯"字（创设情境：请一名学生上来当老人，一名学生当年轻人，表演"俯"和"背"的动作）。

（学生表演。）

师采访生1：老人家，这位小伙子背你过河，如果你忘了跟他道谢，你觉得他会不高兴吗？

生1：不会。

师：为什么？

生1：因为这是理所当然的事。

师采访生2：年轻人，你帮助了老人家，他却没有跟你道谢，你会生气吗？

生2：不会，因为这是理所当然的事。

师小结：赠人玫瑰，手有余香，帮助他人并不是为了回报，而是因为——人们把这看成是理所当然的事。

师：从"俯"字和"理所当然"中，你感受到乡亲们怎样的品质？

生：尊老、敬老。

该案例中教师通过抓动词"俯"进行字理教学，使学生在理解汉字的同时体会到搭石的情感美、人文美。

3. 关注标点

标点符号作为文章的重要语言符号，起到了分清层次、便于理解的作用，有时还能起到强调的作用。故标点符号的教学在语文阅读教学中不容小觑，教师可以抓住标点符号设问：

例如，厦门市翔安区海滨小学林育梅老师执教人教版六年级上册《我的舞台》一课时，巧抓标点悟语言之"趣"：

（一）初步体会诙谐的语言风格

1. 默读课文，找一找课文中的哪些描写体现了"舞台对我有着神奇的吸引力"。
2. 为什么说"我"和舞台结下了不解之缘？
（1）在娘胎时就"登台唱戏"，不过瘾，便"大闹天宫"。
（2）一出世就亮开嗓门，过足了瘾。
3. 第2自然段中的"登台唱戏""大闹天宫"为什么都加上了引号？
4. 读了这段话，你体会到什么？

生：明明是艰辛的经历，却写得诙谐幽默。

生：充满了童趣，虽体现艰辛，但笔下处处流露着乐观。

师总结：将艰辛的过程以轻松的笔调写成，体现出"乐观"。

5. 回顾课文《我的伯父鲁迅先生》中幽默的语言风格。

（二）深入感悟，体会乐观

1. 文章是怎样体现出语言的幽默诙谐的？
2. 四人小组讨论。
3. 全班汇报交流。

（善用标点、巧用修辞、趣借成语。）

教师执教《我的舞台》时，引导学生发现课文中的"登台唱戏""大闹天宫"被加上了引号，在特殊标点符号处引发学生思考，为什么"登台唱戏""大闹天宫"要加上引号，从"登台唱戏""大闹天宫"能体会到什么。经过小组谈论，学生明确了这里明明是艰辛的经历，作者却写得诙谐幽默，从而总结出本文语言幽默风趣的特点，体会到人物积极乐观的性格。

抓住文本中的特殊标点设问，让学生不仅能解锁写作密码，更能提高思维能力。因此，在教学中，教师应从文本的特殊标点入手，帮助学生透过文本的表面直抵文本的核心，引导学生领悟作者所要表达的思想感情。

五、关注题眼，把握中心

文章的题目能点明文章主旨、概括主要事件、交代文章线索等，而题眼是文章题目的中心所在。抓住题眼，才能更好地抓住文章的主要内容。教师在教学时应善于借助题眼，引导学生自主思考，激发学生的思维，唤起学生主动学习的欲望。

例如，厦门市翔安区海滨小学陈小燕老师执教部编版二年级上册《大禹治水》一文时，围绕题眼"治"字进行提问：

师：同学们，猜猜看这是什么字？（出示氵）

生：水。

师：那么"水"在课文中指的是什么呢？

生：洪水。

师：在治理洪水的过程中出现了一位英雄，他是谁？

生：大禹。

师：是啊，就是禹带着人们治理好了洪水，为了赞颂这位大英雄，人们都尊称他为"大禹"。今天，我们一起来学习有关他的传说故事。

（学生齐读标题，教师板书。）

师：读了标题你最想知道什么？

生：大禹为什么要治水？

生：大禹是怎样治水的？

生：大禹治水的结果如何？

师：学贵有疑，会提问的孩子才是会读书的孩子。

以上案例中教师抓住题眼"治"字引导学生提问：大禹为什么要治水？大禹是怎样治水的？大禹治水的结果如何？这些问题能引导学生通读全文，帮助学生梳理文章的行文结构。

又如，部编版五年级上册《"精彩极了"和"糟糕透了"》一文，题目十分引人注目、发人深思：为什么这两句评价要加引号？为什么会有这两种相互矛盾的评价？这样的问题牵一发而动全"文"，能使教师的教与学生的学沿着这条主线延伸开去。随着提问的层层铺垫，学生就会自发地去思考问题。

教材中很多课文的题目都会让学生产生疑问，这时则需要教师加以引导，引导学生质疑题目，提出问题。上课时，教师也可以紧扣题目提问，引导学生带着问题阅读课文。

六、聚焦重复，揣摩用意

重复指阅读的文本中反复出现的关键语句或情节等。在教学中，我们会发现有不少课文中常常有一些语言会反复出现，这往往是作者想着重表达的内容或弦外之音。在这样的地方提问，可以引导学生深入理解文本的深层含义，体会作者的写作意图。

抓住重复出现的关键语句或情节，相当于帮学生抓住重复处暗藏的玄机，能激发学生的思维活动。部编版六年级上册《灯光》一文中，郝副营长的那句"多好啊"便是教师可以引导学生思考的"问点"。

下面看看厦门市翔安区海滨小学方凤莲老师教学《灯光》时，是如何聚焦重复，揣摩用意的：

1. 面对灯光，文中的人们发出了怎样的感叹？（"多好啊！"这是文章的文眼）

2. 自读自悟，认知文本。

课件出示：

"多好啊！"出现了_____次，第_____次是_____（人名）在_____这一情况下说的。他在说这句话时，看到了_____，想到了_____。

3. 小组讨论交流。

4. 全班交流。各小组派代表汇报交流，其他学生或补充，或提出不同的见解。

（1）交流第一处"多好啊！"。

① 指名汇报。

生：第一次出现，是人们在赞叹天安门广场上的灯光。

② 课件出示天安门广场灯光图。

A. 看图片，谈感受。

B. 教师引读：这璀璨的灯光，让人不禁赞叹——多好啊！

C. 延伸含义。除了灯光的美，你从中还感受到了什么？（引导学生通过"千万盏灯"、广场周围的宏伟建筑等，体会祖国的繁荣）让我们自豪地赞叹——多好啊！

（2）交流第二处"多好啊！"。

① 指名汇报。

生：第二次是郝副营长说的，他看到书上的插图中一个孩子在灯下读书，十分羡慕地说"多好啊！"。

② 课件出示语句："多好啊！"他在自言自语。

A. 走进内心。观察课文的插图，引导学生想象郝副营长可能在想什么。（将来孩子们也能在电灯底下读书、学习；有电灯的生活多么美好啊……）

B. 读出情感。如果用一个词来形容郝副营长此时的心情，那就是"羡慕"。教师引读，学生读出羡慕的语气。

C. 探究原因。不就是一盏普通的电灯吗？郝副营长为什么会如此羡慕呢？

（结合战争时期艰苦的条件说原因。）

D. 再读悟情。正因为如此，郝副营长才会这么羡慕，再来读读这个"多好啊！"，一定会有更深的体会。

（3）交流第三处"多好啊！"。

① 第三处"多好啊！"是谁在什么情况下说的？指名回答。

② 课件出示：

他又划着一根火柴，点燃了烟，又望了一眼图画，深情地说："赶明儿胜利了，咱们也能用上电灯，让孩子们都在那样亮的灯光底下学习，该多好啊！"他把头靠在胸墙上，望着漆黑的夜空，完全陷入了对未来的憧憬里。

引导学生体会郝副营长说这句话时的神态，想象一下他可能看到了什么画面。

5. 引读，体会反复，加深理解。

（1）郝副营长眯着眼睛，望着远方说——"赶明儿胜利了，咱们也能用上电灯，让孩子们都在那样亮的灯光底下学习，该多好啊！"

（2）郝副营长深深地吸了一口烟，兴奋地说——"赶明儿胜利了，咱们也能用上电灯，让孩子们都在那样亮的灯光底下学习，该多好啊！"

（3）郝副营长头靠在胸墙上，望着漆黑的夜空，深情地说——"赶明儿胜利了，咱们也能用上电灯，让孩子们都在那样亮的灯光底下学习，该多好啊！"

"多好啊！"在文中出现了三次，这样的反复是值得细究的，案例中教师放手让学生自寻重复处，想象此时人们可能看到了什么、想到了什么，围绕三次"多好啊！"逐步体会郝副营长对未来美好生活的憧憬与向往。

再如，部编版六年级下册《十六年前的回忆》中多次出现"4月28日"，这无疑是作者的有意重复。

情到深处才重复，这就是重复的魅力。教师在课文重复处提问，引导学生在重复处品读语言、体会情感，帮助学生理解了重复，在这样的教学引导下学生才能真正活学、学活。

总而言之，在重难点处、疑难处、矛盾处、细节处、题眼处以及重复处设问，架构课堂，能启发学生的深度思考，培养学生的综合阅读素养。课文只是教学的媒介，目的是让学生提高思维水平，提高生活能力，从而坦然面对生活中的难题。

第四节　阅读课堂教学提问类型

课堂提问是课堂教学的重要组成部分，是启发思维、传授知识、把握教学进程、获取课堂反馈的重要手段。学生可以通过教师的提问了解课文的重难点以及主要内容，加深对文本的理解与感悟。教师可以通过提问，更直观地了解学情，适时调整教学进度与内容，做到一课一得。

课堂提问只有具有一定的思维层级，才能撬动学生的思考之"杆"，提高学生的学习能力。接下来我们通过课例来探讨关于课堂提问的类型。

以一节课为节点，根据上课的环节与提问时机，课堂上大致会出现以下八种提问类型：

一、源起式提问

源起式提问，指教师在正式引导学生进入文本学习之前的导入式提问。这种提问既要能调动学生听课的积极性，又要为下一步教学埋下"伏笔"。孔子有云"疑是思之始，学之端"，又曰"知之者不如好之者，好之者不如乐之者"，在一项新的教学内容或活动开展之前宜进行导入式提问，其作用为设疑激趣。疑、趣是学习的起点，有疑才有思，有思才有得。在课堂教学中，源起式提问能起到引人入胜、引出下文的作用。

源起式提问其实就是课堂伊始的问题，是一节课的起点，同时也是语文课堂教学过程中非常重要的一步。叶圣陶曾教导我们："教师之为教，不在全盘授予，而在相机诱导。"一节课如同一篇文章，如果一开头便引人入胜，将能极大地激发学生学习的积极性，使课堂气氛变得轻松活泼，课堂效率得以提高。因此，教师应运用多种导入手段，激发学生学习的兴趣，使学生主动参与教学活动。

下面来看厦门市翔安区海滨小学陈小燕老师执教部编版六年级下册《真理诞生于一百个问号之后》的片段：

（板书：?）

师：这是一个什么符号？

生：问号。

师：如果把问号拉直进行变形重组，会变成什么符号？

（板书：? →！）

师小结：将问号拉直变成感叹号，其实是叶永烈先生在课文中表明的一个观点，那就是"真理诞生于一百个问号之后"。这是怎么回事呢？让我们跟随着科学家的脚步去一探究竟吧！

教师通过源起式提问，营造了轻松愉快的氛围，使学生带着浓浓的学习兴趣与积极的思考进入新课的学习中。有效的源起式提问，可以引导学生入课文之"胜"，理课文之"事"，思课文之"情理"。

源起式提问，虽然属于低层次的思维阶级，但对于理解课文有着不可替代的作用，从某种意义上说，源起式提问直接影响着整节课的进程。课堂伊始，恰当巧妙的提问，能让学生产生积极的学习态度，进入饶有趣味的学习状态，从而使课堂教学事半功倍，同时，在潜移默化中锻炼学生的专注力、阅读能力。

二、概览式提问

概览既概略地观览。概览式提问，顾名思义就是能引导学生概括地阅览文本的提问。概览式提问具有提纲挈领的作用，往往隐藏着文章的线索，可能是明线，也可能是暗线。概览式提问能让学生有目的地通读全文，从而划分段落结构，厘清文章脉络，锻炼学生的概括能力。

下面来看看厦门市翔安区海滨小学陈小燕老师在执教部编版六年级下册《真理诞生于一百个问号之后》时，是如何进行概览式提问的：

1.概括段意。

师：下面我们来看看第一个事例，借助表格，想想这个事例中，波义耳提出的问题是什么？由此发现的真理是什么？

指导朗读：读好问句与陈述句。（关注语气）

《真理诞生于一百个问号之后》学习单

人物	"问号"	过程	"真理"
波义耳	紫罗兰溅上盐酸后为什么会变红？	反复实验	大部分花草受酸或碱的作用都会改变颜色。

2.如何诞生。

师：这个真理是怎么诞生的呢？再次浏览课文，找出相关语句。

（学生汇报。教师指导朗读。）

3.梳理过程。

师：同学们，发现真理有时只是一瞬间的事，却要花很长的时间去验证，请你再读一读第3自然段，概括真理发现的过程。

（发现问题—反复研究—找到真理。）

师：能不能借用文章中的符号来进行概括呢？（？<u>拉直</u>→！）

回扣标题：真理诞生于一百个问号之后。

小结：同学们，围绕一个观点进行论证，这就是议论文最大的特点（板书：围绕观点）。接下来请你们按照刚才的方法，找出其他两个事例中将"？"拉直变成"！"的句子，并结合表格说一说发现的过程。

4. 扩展迁移。

师：三个事例都是"发现问题—反复研究—找到真理"，也就是我们所概括的把"？"拉直变成"！"的过程，也说明了"真理诞生于一百个问号之后"。

教师借助表格提出："这个事例中，波义耳提出的问题是什么？由此发现的真理是什么？"以此引导学生思考发现真理的过程，通过梳理"问题"与"真理"之间的关系概览全文，帮助学生梳理文章的结构，引导学生发现议论文的特点——围绕观点论述，在这样的问题引导下，学生是在学习而非单纯地输入知识。

在教学中，除结构上的概览外，还有内容上的概览，需要教师通过问题引导学生把教材中不同部分的内容进行概括和总结，使之成为有意义的连贯的整体。有时，作者的情感变化便是文章的线索，通过厘清线索，能更好地让学生概览全文。

综上所述，概览式提问有助于引导学生通读全文，让学生的思维从零散走向整合，有利于培养学生的语文素养与思维能力。

三、聚焦式提问

聚焦式提问，就是在问题的指示下，引导学生聚焦到课文中的某一关键处，对其进行品析，多出现于通读环节之后的品词析句中。聚焦式提问能引导学生对课文内涵进行深入思考，其思维层级较高、较深，是课堂中的关键提问部分。聚焦式提问是引导学生思考的起始点，能启发学生深究文本的深层意义，挖掘文本的情感表达，把学生的思考导向多维发散，使学生掌握阅读方法，提高阅读能力。

下面来看看厦门市翔安区海滨小学陈小燕老师在执教部编版六年级下册《真理诞生于一百个问号之后》一文时，是如何进行聚焦式提问的：

师：下面请同学们默读文中的三个事例，根据学习单进行批注，边读边想，从这三个事例中你发现了哪些相同点？

（学生读课文，在四人小组里说一说。）

（1）三个事例都是围绕着作者提出的观点来行文的。

（2）三个事例讲的都是在日常生活中偶然发现的现象，产生的疑问。

（3）三个事例都是生活中"司空见惯"的现象。

①"司空见惯"的来历。

师："司空见惯"出自刘禹锡的一首诗："高髻云鬟宫样妆，春风一曲杜韦娘。司空见惯浑闲事，断尽江南刺史肠。"

② 你还知道哪些科学家从司空见惯的现象中发现真理的例子呢？

（牛顿的万有引力定律、雷达的发明、风车的发明……）

③ 科学家是怎么从司空见惯的现象中发现真理的呢？找一找能说明问题的句子。

④ 反复研读这几句话，你体会到了什么？

（真理是在许多问题的基础上形成的。体会到了科学家们孜孜不倦追求真理的精神；体会到了真理诞生于许多平常的小事中。）

⑤ 追问：真理诞生于平常小事中，用文中的一个成语来说就是——见微知著。

"从这三个事例中你发现了哪些相同点？"这一问题让学生通过比较来思考三个事例的异同，从段聚焦到词、句以及内在联系，问题有深度，有力度。这类聚焦式提问，要求学生通读文章，并在通读过程中检索相关信息，聚焦关键语句，进行理解、归因，最后解决问题。

聚焦式提问使学生的思维在短时间内经历检索、概括、归纳、判断、比较等过程，进行多层次的思维活动。需要注意的是，在提出聚焦式问题时，应根据学生的理解能力进行适当的补充与追问，防止过难的问题让学生产生畏难情绪，挫伤其积极性。另外，还要注意引导与鼓励，这样，学生就不会因为回答不出问题而心生畏学、畏答情绪。

四、直接式提问

直接式提问是教师在教学时直接提取课文中的一些关键词和关键句进行提问，与聚焦式提问是相辅相成的。如果说聚焦式提问是让学生围绕一个问题在理解文本的过程中进行检索，那么直接式提问就是教师提取出理解文本的关键信息，然后围绕这个关键信息进行提问，让学生在检索中归纳、概括并加以理解。

下面再以厦门市翔安区海滨小学陈小燕老师执教的部编版六年级下册《真理诞生于一百个问号之后》为例，看看如何进行直接式提问：

师：从发现问题到得出真理是一个漫长的过程，科学家找到真理，凭借的是什么？结合文中的语句谈一谈你的理解。

（教师板书：？→！，学生汇报。）

（1）见微知著。

生：我从"敏感"一词体会到波义耳善于发现，有着敏锐的观察力。

师：在实验室，不小心将盐酸溅到物品上后，很多人会忽视可能发生的现象，波义耳却敏感地意识到问题，从而明确了研究的方向，这就叫——见微知著。

师：魏格纳和阿瑟林斯基身上是否也有这种见微知著的本领？

（学生讨论、交流。）

师：看来要想发现真理，首先得善于观察，能见微知著。

（2）追根求源。

师：请同学们再次浏览课文，用横线画出他们发现问题、提出问题的语句。

（学生汇报。）

师：这一连串的问题体现了科学家的科学精神——打破砂锅问到底，用文中的词进行概括就是——追根求源（板书：追根求源）。

师：让我们跟着科学家一起去追根求源吧！请齐读这些语句（大屏幕出示语句）。

（学生读。）

师：生活中微小的疑问，在科学家那里就是一个撬起真理的"支点"，当他们触及真理时，该是多么激动不已啊！

师：如果你是波义耳，你会怎么追问自己？

师：如果你是魏格纳，你会怎样提出自己的疑问？

（3）锲而不舍（坚持不懈）。

师：发现问题后，他们是怎样做的？先来看看波义耳是怎样做的。

生：我从书上找到了这句话："这一奇怪的现象以及一连串的问题，促使波义耳进行了许多实验。"

师：老师听出来了，你重读了"许多"这个词，为什么要这样读？

生：这个词突出了他锲而不舍的科学精神。

师：很好！同学们一起跟着读一读。

师：那么谁来读关于魏格纳的句子？

生：我找到了这句话，"病愈之后，魏格纳开始认真地研究这个有趣的现象。他阅读了大量的相关文献，同时搜集古生物学方面的证据。"我会强调"认真""大量"这两个词，说明他具有严谨的科学态度。

师：你也有自己的体会。

师：谁来说说阿瑟林斯基是怎么做的？

生：我找到了这句："阿瑟林斯基带着一连串的疑问，对自己八岁的儿子进行了实验……接着，他又对二十名成年人进行了反复的观察实验。"

师：他不仅对自己八岁的儿子进行了实验，还——

生：对二十名成年人进行了反复的观察实验。

师："反复"说明了什么？

生：说明进行了很多次观察实验，表明阿瑟林斯基锲而不舍的探究精神。

生：突出了阿瑟林斯基严谨的科学态度。

师：追求真理的过程就是要——

生：追根求源。

生：坚持不懈。

生：打破砂锅问到底。

师：其实，科学并没有我们想象中那么高深莫测，真理有时候就在我们身边。

该案例中教师就"科学家找到真理，凭借的是什么？结合文中的语句谈一谈你的理解"直接进行提问，引导学生抓住"敏感""许多""认真""大量"等词语，结合文本理解了科学家见微知著、锲而不舍的科学精神。在进行直接式提问时应把握文本的中心思想以及语用的训练点，在线性教学中突出"点"的教学，引导学生理解文字背后的深意，锻炼学生赏析文本的能力。

五、验证式提问

验证式提问，即在教学进行到某一程度时针对学生的已学知识进行整合提问，目的在于检验学生对知识的掌握情况。换言之，验证式提问就是在具体的教学情境中以教学目标为中心，由浅入深、由表及里地进行验证性提问。验证式提问能够有效地整合已学的知识要点，帮助学生巩固知识点，启发学生的学习思维。孔子云："举一隅不以三隅反，则不复也。"验证式提问就是以提问为驱动，引导学生举一反三。

下面再以厦门市翔安区海滨小学陈小燕老师执教的部编版六年级下册《真理诞生于一百个问号之后》为例，看看如何进行验证式提问：

师：文中选取的三个事例都是比较细微的、常见的现象，用我们书上的一个词语来形容，就是——

生：司空见惯。

师：科学家们善于观察生活——

生：善于从细微的、司空见惯的现象中发现问题，不断发问，不断解决疑问，追根求源，最后把"？"拉直变成"！"，找到真理。

师：你们怎么理解"司空见惯"这个词呢？

生：习以为常的事。

生：见怪不怪的事。

师：看样子同学们对"司空见惯"已经有了一定的了解。但有同学思考过"司空见惯"这个成语是怎么来的吗？背后又有怎样的故事呢？

生：（惊异）没有！不知道！

师：你看，同学们，有时候多问一个为什么，你可能就离科学家更近一步。

（出示资料）"司空"是古代的一个官职，相传刘禹锡因为政治革新被贬职回京，司空李绅设宴款待他，席间命歌妓以歌舞劝酒。刘禹锡感慨万分，当场写诗一首："高髻云鬟宫样妆，春风一曲杜韦娘。司空见惯浑闲事，断尽江南刺史肠。"从刘禹锡的诗来看，"司空见惯"就是指李司空已经见惯了这样的事情，不觉得奇怪了。

生：（恍然大悟）哦！

师：同学们，还有哪些例子也是从司空见惯的现象中发现真理的？

生：牛顿从苹果掉下来这件司空见惯的小事中发现了万有引力。

案例中，教师带领学生理解"司空见惯"一词时，先让学生解释意思，再引入其典故，巩固成语的意思，紧接着再提问有没有类似的事例，这就考查了学生的习得，验证了学生对这一成语的掌握情况。

总之，验证式提问不是咄咄逼人的质疑，而是建立在激发学生学习激情、引导学生自主思考基础上的提问；验证式提问不是随性而发的提问，它的目标是瞄准形成良好教学效果的箭矢；验证式提问不是唠唠叨叨的追问，它是体现教师教学机智，促进学生思维活动，培养学生发散思维的利器。此外，课堂的练习及课后的练习也不失为一种验证式提问。

六、转嫁式提问

转嫁式提问，就是教师以主问题作为"源问题"，找准切入点，将主问题嫁接到其他的"子问题"上。在具体的教学中，转嫁式提问就是当学生基本回答了主问题后，教师将问法进行转换，帮助学生打开思路，推进课堂教学。

再通过厦门市翔安区海滨小学陈小燕老师执教的部编版六年级下册《真理诞生于一百个问号之后》来看一看如何进行转嫁式提问：

师：课文还写了两个事例，刚才我们对第一个事例已经分析得很透彻了，现在请同学们自由读一读另外两个事例，然后对比第一个事例，看看这三段话在写法和内容上有什么相同点。

（学生一脸茫然。）

师：这三个事例有什么共同点？

生：写的都是偶然发现的小事。

生：都和科学家有关。

师：大家慧眼如炬，这么快就找到了共同点，接下来请同学们划分一下每段话的层次，再读一读，看看还有没有新的发现。

（学生默读课文，划分层次。）

生：都讲了从提出问题到发现真理的过程。

生：这三个事例中，科学家发现真理的过程是相似的，都是先偶然间发现问题，然后不断追问，再进行反复的研究和实验，最后解决问题，得出结论。

生：通过划分层次，我发现这三段话的写法是相同的，都是先写发现问题，再写研究问题，最后写解决问题。

师：你很会发现，有小小科学家的品质呢！

该案例中，教师最开始设置的问题是："这三段话在写法和内容上有什么相同点？"当教师提出这个问题后，并无学生举手发言，教师意识到这样的问法令学生毫无头绪，灵机一动，转嫁问道："这三个事例有什么共同点？"这一转嫁式提问成功地激发了学生的思维，使学生发散式地思考了事例的共同之处，而不是纠结于写法和内容。教师在学生交流的基础上引导学生进行总结式回答，引领学生将思维聚拢，对写法和内容进行了概括，从而巧妙地达成了教学目标。转嫁式提问有利于围绕文本的中心，实现思维的延伸和拓展，从而实现有效教学。

当遇到有一定难度的问题，学生一时"卡壳"时，教师可补充提问、转嫁提问，为学生指明思考的方向，深化学生的思维层级，然后引导学生由此及彼，展开丰富的联想，从而帮助学生理顺解答的思路。

转嫁式提问一般从提问的形式和内容上进行转嫁，要求教师能适时捕捉学情，运用教学机智。转嫁式提问还讲究时机，找准突破口才能"一石激起千层浪"，恰如其分地点拨学生，使提问的效能实现最大化。

七、迁移式提问

迁移式提问，指教师在学生掌握一定的学习方法后，通过提问，让学生运用学到的方法理解同类文本，从而巩固、运用已掌握的学习方法。德国哲学家雅斯贝尔斯说："教育意味着一棵树摇动另一棵树，一朵云推动另一朵云，一个灵魂唤醒另一个灵魂。"有效的课堂提问，需要教师进行精心的设计与准备，也需要教师具有课堂机智与深厚的理论功底，更需要教师学会倾听，及时小结，捕捉契机，以迁移式提问深化学生的思维，以智慧开启学生的智慧。迁移式提问主要分为写法（知识）的迁移和学法的迁移。

下面通过厦门市翔安区海滨小学林育梅老师教学部编版三年级下册《海底世界》的片段来看看迁移式提问：

片段一：围绕活动，"读"出趣味

1.（过渡）海底动物发出的声音奇妙无比，那么它们又是怎样活动的呢？

第三章　指向课堂：基于学习活动的提问策略

播放有关海底世界的视频。

2. 请同学们动笔写一写海底动物们的活动吧！

（学生展示，其他人评价。）

3. 快打开书，看看作者是怎么写海底动物的活动的。默读第4自然段，把海底动物的活动用"＿＿＿＿＿"画出来。

4. 你认为作者的哪些描写比较好？好在哪儿？

5. 指名说，相机出示：列数字、作比较、拟人等写作方法。

（1）"海参靠肌肉伸缩爬行，每小时只能前进四米。"

① 海参是怎样活动的？（靠肌肉伸缩爬行）通过做动作帮助学生理解"伸缩"一词的含义。什么动物也是这样前进的？（毛毛虫等）

② 它们的活动有什么特点？你是从哪里看出来的？（速度很慢，每小时只能前进四米）

③ 指导朗读：谁能通过朗读把海参活动的慢表现出来？

（2）"有一种鱼身体像梭子，每小时能游几十千米，攻击其他动物的时候，比普通的火车还快。"

① 你从哪里看出了身体像梭子的鱼的活动特点？（从"每小时能游几十千米""比普通的火车还快"可以看出梭子鱼的速度快）

② 同样一小时的时间，身体像梭子的鱼能游几十千米，而海参只能前进四米！你能通过朗读把身体像梭子的鱼的快表现出来吗？

③ 对比朗读。（男女生对读，把握语速变化）

（3）"乌贼和章鱼能突然向前方喷水，利用水的反推力迅速后退。"

① 什么是反推力？（同桌两人轻轻碰一碰，感受反作用力）

② 还有哪些动物也是这样活动的？（虾）

③ 乌贼和章鱼聪明又敏捷，懂得利用水的反推力迅速后退。你能读好这个句子吗？

（4）"还有些贝类自己不动，却能巴在轮船底下做免费的长途旅行。"

① 贝类的活动方法说明了什么？（贝类很聪明，懂得巴在轮船底下前进，这样很省力）

② 什么是"巴"？（紧紧地贴住）

③ 对比句子：

A. 贴在轮船底下随船移动。

B. 巴在轮船底下做免费的长途旅行。

（虽然表达的意思差不多，但第二个句子写出贝类是紧紧吸住船底的，把贝类当作人来写，语言更生动形象。）

④指导朗读：这些贝类可真悠闲哪，自己不动，轮船航行到哪儿，它们就旅行到哪儿。谁愿意来读一读？（全班读，语气舒缓、轻松）

6. 你想把哪些描写添加进你的小练笔中？（学生修改小练笔）

7. 指导学生朗读第4自然段。

8. 总结围绕一句话把事物写具体的方法。（有总有分，围绕中心，从多个角度写具体）

片段二：对比差异，讨论"趣"味

1. 请同学们自学第5自然段。

（1）这个自然段是围绕哪句话来写的？

学生学习、汇报：本段围绕"海底的植物差异也很大"这句话来写的。

师："差异"是什么？

生：就是"不同"的意思。

（2）这个自然段又是从哪几个方面来写海底植物的差异的？依据是什么？

①从颜色方面，依据：它们的色彩多种多样，有褐色的，有紫色的，还有红色的。

师：是不是只有这些颜色？其实不是的，用一个词形容就是——

生：色彩多种多样。

②从大小方面，依据：最小的单细胞海藻，要用显微镜才能看清楚。最大的海藻长达二三百米，是地球上最长的生物。

（3）观看海底植物的图片，引导学生说一说海底植物还有哪些差异。设问：如果你是作者，你还会从哪些方面来写海底植物的差异？

2. 指导朗读：是呀，这么多颜色，真是五彩缤纷。你能通过朗读把这种奇异的景象展现出来吗？

3. 普及关于海底植物的知识，小结文章的写法——先总说后分说，围绕一个中心点把一段话写清楚。

该案例中，教师先布置以"海底动物活动"为主题的小练笔，紧接着通过提问"你认为作者的哪些描写比较好？好在哪儿？"，引导学生品析课文第4自然段，进而总结出列数字、作比较、拟人等写作方法，再让学生将这些方法迁移运用到小练笔中，这是针对写法的迁移式提问。

紧接着教师总结了第4自然段的学法，先找到段落的中心句"海里的动物，各有各的活动方法"，然后围绕中心多角度分析各种动物的特点。顺承而下，请学生自学第5自然段，迁移提问："这个自然段是围绕哪句话来写的？这个自然段又是从哪几个方面来写海底植物的差异的？依据是什么？"第4自然段为详教的段落，在学习第5自然段时便放手让学生自学，使学生迁移学法，学以致用，这是针对学法的迁移式提问。

语文知识之间往往有着密切联系，抑或是相似之处。教师在提问时，可在引导学生总结学法、回顾旧知的基础上，过渡到对新知识的提问，使学生将已掌握的知识或思维方法迁移到新知学习中去。

八、创生式提问

创生式提问，即教师在学生理解文本的基础上，提出超越文本的问题，从而让学生生成新见解，培养新能力，具有创新性。创新思维是较高层级的思维活动。赞可夫曾说："教会学生思考，这对学生来说，是一生中最有价值的本钱。"如何在课堂教学中，通过提问培养学生的创新思维呢？

在课堂教学中，引发学生思考的课堂提问，是启发式教学的核心。然而，在目前的语文课堂教学中，提问存在一定的局限性，不能确保学生思维潜能的发挥，更谈不上对学生创新思维的培养。优化课堂提问，进行创生式提问，能有效培养学生的创新思维。

来看看厦门市翔安区海滨小学陈小燕老师在部编版六年级下册《真理诞生于一百个问号之后》教学中关于创生式提问的具体片段：

1. 同学们，现在让我们来总结一下这篇课文的写作思路。首先作者提出观点，接着引用三个事例佐证观点，最后总结观点，呼应开头。这是写议论文常用的一种写作方法。（举例论证）

2. 请你以"志当存高远"为观点，模仿本文的写作方法，写一篇小议论文，可以结合生活中的例子或名人的例子来写。

要重点写的地方：梳理远大的志向，怎样实现这一志向……

3. 学生练笔，教师巡视指导。

4. 班级展评。

从读到写，这样的创生式提问激发了学生的想象，引导学生进行了创造。爱因斯坦说过："想象比知识更重要。因为知识是有限的，而想象力概括着世界上的一切，推动着进步，并且是知识进化的源泉。"从教学目标来看，创生式提问关注把知识转化为能力；从思维训练来看，创生式提问激发学生从探究理解升华到创造评鉴。创生式提问可以激发学生从阅读文字发展到用文字创造，这是一个质的飞跃。

创生式提问能使学生得出不同的答案。如教学部编版六年级下册《汤姆·索亚历险记（节选）》，分析人物形象时，提问："如果汤姆·索亚就是我们的同学，你会和他说什么呢？"面对这一问题，性格迥异的学生会给出截然不同的答案，这是由每个学生的生活阅历、思想、性格的差异所决定的，教师应当接受求异思维的存在。创生式提问能帮助学生辩证地思考问题，使学生兴趣盎然，这类提问适用于讲解完课文之后。

我国著名教育家陶行知说过："行是知之始，学非问不明。"他还说："发明千千万，起点是一问。"思维是从问题开始的。课堂提问能使学生在好奇心的驱使下，扩大思维广度，提高思考层次。提问能"撕开"学生思维的界限，教师每提问一次，就给学生带来一次思考的机会。

提问是解锁思维大门的密码，提问是培养语文能力的沃土，提问是语文课堂海洋中的船桨。富有智慧的提问就像是雨点儿滴落在平静无波的湖面上，能激起学生思维的涟漪，搅动一池思考的盛宴。源"疑"而发问，遵"策"而提问，就能提高学生的语文综合素养，提高阅读课堂的效率。问而有得，答而有获，就能切实提高学生的综合阅读素养。

第四章　指向素养：基于阅读素养发展的理答策略

理答是教师对学生回答问题后的反应和处理，是课堂问答的重要组成部分。智慧的理答，不仅能使学生对问题有准确的掌握，还能进一步引导学生思考，拓展学生的思维。深度的理答应指向培养和发展学生的阅读素养。缘此，本章将围绕如何通过理答培养学生提取信息、直接推论、解释整合、评价鉴赏和迁移创生五个方面的素养展开讨论，以期提高学生的阅读素养。

第一节　导向阅读素养的理答策略旨要

语文新课标强调："语文教学应在师生平等对话的过程中进行。"在教学中，教师的理答是师生实现平等对话的重要环节，是规范学生回答的重要举措，是实现课堂教学和考试答题对接的重要桥梁。

一、导向阅读素养发展的理答策略构建依据

如果理答脱离了理论依据，无异于"空中楼阁"。从理答服务于师生课堂活动的层面来说，其策略的构建要以我国现行的语文新课标及国际阅读素养进展研究（PIRLS）作为重要依据，去寻找课堂活动中理答的最佳途径。

（一）语文新课程标为理答策略构建提供直接依据

通过阅读语文新课标，我们能够找到许多支撑发展学生阅读素养的理论表达。

例如，导向"提取信息"的相关表述："结合上下文和生活实际了解课文中词句的意思，在阅读中积累词语。"

导向"直接推论"的相关表述："能联系上下文和自己的积累，推想课文中有关词句的意思，辨别词语的感情色彩。"

导向"解释整合"的相关表述："能联系上下文，理解词句的意思，体会课文中关键词句表达情意的作用。""能初步把握文章的主要内容，体会文章表达的思想感情。""在阅读中了解文章的表达顺序，体会作者的思想感情，初步领悟文章的基本表达方法。"

导向"评价鉴赏"的相关表述："阅读叙事性作品，了解事件梗概，能简单描述自己印象最深的场景、人物、细节，说出自己的喜爱、憎恶、崇敬、向往、同情等感受。阅读诗歌，大体把握诗意，想象诗歌描述的情境，体会作品的情感。"

导向"迁移创生"的相关表述："能对课文中不理解的地方提出疑问。""在交流和讨论中，敢于提出看法，作出自己的判断。"

可见语文新课标对培养阅读素养的要求非常明确，教师要依据语文新课标中的要求，提出问题，做出规范、完整的理答，以帮助学生梳理知识，培养阅读素养。

（二）PIRLS 为理答策略构建提供直接依据

虽然现行的几种阅读素养研究成果，对学生的阅读素养做出了不同的划分，但均与阅读教学目标和学生的阅读素养提升紧密相关。

"五层次阅读能力"与 PISA、PIRLS 等研究成果对比表

PISA	PIRLS	五层次阅读能力 （省教研室）
访问和检索	第一层：能寻找明确的数据 第二层：直接推论	检索
整合和阐释	第三层：解释篇章及发表意见	理解、运用
反思和评价	第四层：评价篇章内容及语言形式	评鉴、质疑创新

注：PISA 即国际学生评估项目。PIRLS 即国际阅读素养进步研究。

PIRLS 四个层级的阅读素养要求与语文新课标所提出的教学目标具有一定的联系性。PIRLS 将阅读素养清晰地分成四个层级，为语文阅读教学提供了方向。

二、导向阅读素养的理答策略分析

课堂活动中的理答，主要是师生的交往和对话，通过理答，使学生理解和掌握教学内容，从而完成教学目标。在课堂中，理答策略会对阅读素养产生一定的影响，好的理答策略能促进学生思维的发展。教师理答时要注意以下几点。

（一）聚焦学生学习的主体性

学生是学习的主体，在实际教学中，在尊重学生、发展学生的前提下，教师要鼓励学生联系实际、结合自身的知识经验，对文本进行多元化的解读，引导学生自主解读文本，并形成自己的观点。在课堂教学中，教师是学生理解文本的"引路人"，要引导学生找到"点金术"，以强化对文本的理解和感悟。理答是教师引导学生思考的重要方式，是主要的课堂评价行为。教师只有树立以学生为主体、师生平等的理答意识，才能和学生平等地交流，从而了解学生对知识的掌握情况，即课文"写什么""怎么写"，关注学生情感、态度、价值观的变化，即人生观、世界观、价值观。

（二）聚焦理答设计的整体性

语文新课标指出："语言文字是人类最重要的交际工具和信息载体，是人类文化的重要组成部分。"在课堂教学中，理答应体现整体性，面对学生丰富多彩的回答，教师要进行整合，全面考虑后做出合理的理答，以激发学生语文学习的兴趣，提高学生语文学习的效率。这与教师个人的文学素养是密不可分的，并受教师教学经验和社会阅历的影响。教师应根据课堂提问，事先做好理答的预设。在课堂上关注学情，通过理答引导学生在回答问题的过程中掌握新的知识点，使学生掌握答题的技巧，延伸思维的长度。

（三）聚焦理答类型的多样性

丰富课堂教学内容，提高学生学习兴趣，提升课堂教学效率是课堂理答的重要目标。要想达成这一目标就要采用多样化的理答类型，即教师在课堂上进行理答时要基于学生的认知发展规律，因材施教。有研究者将理答分为

"激励性理答、发展性理答、诊断性理答和再组织"[①]。激励性理答是以表扬的方式肯定学生的回答,发展性理答指教师为引导学生全方位回答而进行的追问和转问,诊断性理答指教师判断学生的回答是否正确,再组织指教师通过理答的方式归纳或重组学生合理的答案。不管什么类型的理答都旨在提高学生的学习效率。教师教学时要灵活运用不同的理答类型,因时、因人、因课、因法而异。在长期的实践中,不断调整、不断积累、不断反思,从而实现理答的教育价值。

(四)聚焦理答行为的准确性

理答行为的准确性表现为教师教的准确性、学生答的准确性、理答过程的准确性等。这不只存在于教学中的某一个环节,而是贯穿教师的问、学生的答的整个过程。教师不断强化理答意识,通过多样化的理答实现个性化的教学,促使学生在教师的提问中不断追寻正确的答案,或者不断更新答案。在学生出现失误时,教师能及时通过理答对错误进行纠正,以确保学生思维方向的正确,保证学生思维的持续发展,从而使学生在原有知识的基础上生出新的知识。

总之,良好理答行为的形成不是一蹴而就的,离不开长期的反复练习。只有在课内外不断地操练和锤炼,再加上必要的肢体语言,理答才能促进学生思维的发展。

三、导向阅读素养的理答策略的重要意义

理答的要旨不是伸手向课堂40分钟要答案,而是力求在这40分钟内,使学生生出新智慧,延展课内40分钟的教学价值,让学生提升阅读素养。

(一)发展教师的教学智慧

马克斯·范梅南说:"教育工作者越仔细考虑和学生们相处时可能发生的相互作用,就越能按照准备好的讲稿即席发挥,以便对某一偶然情况做出更敏捷的反应。"理答预设考验的是教师的功力,得益于课堂教学的效力。在实际的教学过程中,会存在这样的错误理解:在精心设计了课堂提问之后,通过对

---

① 李珠.小学语文课堂教师有效理答的策略研究[J].读与写(教育教学刊),2018(11):132.

学情的解析，尽可能多地预设学生对问题的回答，就能完成课堂理答的预设。这是不全面的理答预设。好的理答预设，一方面需要教师"备教材"，即在精准解读教材的基础上设置适合学情的问题；另一方面需要教师"备学生"，即了解学生的知识储备、已有的思维方式、年龄特征和认知发展规律。教师不仅要预设学生的回答，更要针对学生的回答预设相应的理答方式和理答内容，如此才能在真实的理答情境中应对自如、得心应手，进而发展教学智慧。

（二）激发学生的思维

在课堂上，经常可以看到学生回答问题时丢三落四、东拼西凑的现象，这是学生思维混乱导致的。教师要通过理答，使学生紧扣问题，厘清回答问题所需要的阅读思维。如学生看到"是什么"就懂得运用提取信息思维；看到"为什么"就懂得运用解释整合思维；看到"什么想法"就懂得运用评价鉴赏思维……这样，在教师的带领下，学生的思维就由混乱走向了清晰，并逐渐趋向层次性、逻辑性。

（三）驱动阅读行为

课堂教学具有即时性和生成性，理答也不例外。有时课堂生成看上去似乎杂乱无章，但仔细思考就会发现还是有规律可循的。一些突发的、意料之外的生成，往往是课堂理答的"引爆点"。如果教师能抓住这些课堂生成进行理答，就能引导学生深入思考，促使学生产生学习的满足感。在这种满足感的驱动下，学生会自发总结和衍生出有效的阅读经验。

第二节 导向提取信息素养发展的理答策略

提取信息是阅读素养模型的第一层级，是其他阅读素养得以发展的根基。

一、导向提取信息素养发展的理答策略要义

语文新课标指出："阅读是运用语言文字获取信息、认识世界、发展思维、获得审美体验的重要途径。"提取信息是指在文本阅读中，带着阅读目标，将阅读的焦点集中在明确的信息中，从而提取出直接、直观的简单信息，如浅表的文字信息或者直接的图表信息等。在此过程中获取的一条或多条与

阅读目标相关的信息或观点，几乎不用再进行推断或信息加工。具体表现为能够根据要求从文中找出明确陈述的一个或多个信息，并能通过简单的推论，找出文章中隐含的信息等。

小学语文教材以白话文为主，学生容易理解文字表面的意思，对于文本"说什么"大多能了然于心，但是要让学生把这些显性的信息通过语言表述出来时，他们往往不知如何表达。如何避免学生出现这种情况？这就需要学生掌握简洁快速的提取信息的方法，即让学生通过阅读文本，提取关键信息，既能"入乎其内"又能"出乎其外"。提取信息虽然思维层级较低，但其重要性不可忽视，师生必须清楚其包含的几个维度：

（一）表层性

提取信息处于阅读素养模型的第一层级，是最浅层的阅读思维，所提取的关键信息就在文章的表层，即关键词语或关键句子。培养学生提取信息的素养，有助于提高他们的阅读速度。

语文是门综合学科，包罗万象，兼容并蓄。它是文字，文化，文章，文学的"集成板"，但语文教材不能单纯地按照学科的知识系统分门别类地进行编排，而要兼顾学情、课情等，以单元组块的形式合理布局知识点。因此，语文单元教学涉及各种各样的知识，如语言文字的由来与书写、文章的谋篇布局、文化的历史缘由、文学的起源等知识。文章之所以美，原因之一是这些显性的知识被掩藏于文字之中。提取信息关注的焦点就在这些纷杂信息的表面，如理解人物关系、故事要素、事件内容、特定观点等。这些内容可以通过阅读文字提取出来，或联系上下文、生活实际找到答案。

那么，在阅读时，首先，要让学生注意以全局的眼光整体地认知和理解课文内容，体会课文要传递的情感，其次，要让学生通过提取信息，理解课文。如部编版一年级上册《项链》的课后练习中有这样一个问题——"说一说：大海的项链是什么？"学生通过提取"快活的脚印落在沙滩上，穿成金色的项链，挂在大海胸前"这个句子，就能准确找到答案。

（二）快捷性

因为提取的信息存在于文本的表层，是学生较容易理解和接受的，所以提取信息具有快捷性。在文本阅读中，学生带着简单的阅读任务到文本中提取信息时，会重点关注与阅读任务息息相关的有价值的信息。在此过程中，学生能很快找到一条或多条直接信息，因为这些信息没有隐藏，极易被找出来。学生可以通过快速检索词语，或理解关键句解决问题。此外，运用联系上下文、寻找语文要素等方法，也可以很快提取出信息。

（三）完整性

虽然提取信息比较简单，但经常会出现提取的信息不完整的情况，因此，教师要重视提取信息的完整性。要保证提取信息的完整性，就要在众多的干扰信息中，提取各方面的有用信息，摒弃无用信息。另外，语文教学"牵一发而动全身"，极具关联性，但是这些知识在教材中不会直接呈现，而是隐含在文字中，因此，教师在进行阅读教学的过程中，面临引导学生提取关键信息的问题时，就需要引导学生联系上下文、联系自己的生活实际，把课内知识和课外经验联系起来，删繁就简，排除干扰信息，辨析出有用信息，使提取的信息完整，无遗漏。

语文教学的第一落脚点在"提取信息"，这既与语文的学科特点和教材特点有关，也与语文教学的目标、任务有关。学生在阅读文本时，显性的信息就渗透在字里行间。辨析有效信息，就是在考查学生联系上下文理解文本及整体把握文本的阅读能力。如果学生只关注重点语段或个别语段，没有整体把握文本，没有进行关联和联系，就可能会断章取义，所获取的信息就会不全面甚至是错误的。

教学时，通过理答引导，不断让学生对上下文进行创新性联结，有助于学生抽丝剥茧，从中创造性地提取出关键信息，从而提高提取信息的能力。

二、导向提取信息素养发展的理答策略实践

在教学中，学生会根据教师抛出的问题及理答，带着一定的目的，将注意力放在文本的显性信息中，从文字中直接提取出最直接、最直观的信息，主要包括特定的观点、字词的意思、文章的中心句等。有能力的学生能够借助已有的知识经验迅速提取信息，从而感受文章所要表达的感情。在教学中，教师应努力掌握一定的理答策略，以引导学生准确、快速地提取信息。

（一）以梳理促提取，提高清晰度

在学生快速通读全文，整体感知文本内容时，教师应通过理答帮助学生进一步梳理信息，引导学生对信息内容进行取舍、删减，即对所扫描到的信息做全面的分析和加工。很多时候，文本的主线并不特别清晰，学生提取信息时往往无从下手，这就需要教师以问题帮助学生打开思路，通过理答帮助学生抓住"文眼"或作者表达的"心眼"，窥见中心思想、厘清文章脉络、体验作者情感。

1.认真阅读，圈画关键词

部编版一年级下册《树和喜鹊》是一则童话故事，文章讲述的是一棵树和一只喜鹊原本孤单地生活着，后来有了许多树、许多喜鹊，他们生活在一起变得开心、快乐。课文选材贴近学生的生活，学生爱学、乐学。下面以厦门市翔安区海滨小学黄丝雨老师执教的《树和喜鹊》为例，看看如何通过理答引领学生学习：

师：读了课文之后，你认为喜鹊和树一开始的心情是怎样的？

生：孤单。

生：这里只有一棵树，树上只有一个鸟窝，鸟窝里只有一只喜鹊。

师：刚才你用了"孤单"这个词，你是想把这个词给树还是喜鹊呢？

生：给他们两个。

教学时，让学生带着"喜鹊和树一开始的心情是怎样的"的问题走进文本，在原文中进行检索，提取关键词语。然后通过理答指导学生检索出"树很孤单，喜鹊也很孤单"，圈画出这句话的中心词——"孤单"，使学生初步理解了树和喜鹊"孤单"的心情。

2.前后联系，理解关键词

提取信息时，构建前后文之间的联系十分关键，语文新课标中提到的方法之一就是"联系上下文"，所以教师在教学时要通过理答引导学生联系上下文，从而正确、快速地提取信息。

师："孤单"是什么意思？

生：孤单就是一个人。

师：谁来用"孤单"说一句话？

生：这是一棵孤单的大树。

生：这是一只孤单的喜鹊。

师：现在再读一读课文，你从哪里感受到树和喜鹊的孤单？

生：我从"一棵树""一个鸟窝""一只喜鹊"知道了他们只能和自己玩，没有朋友。

师：看来大家都理解了"孤单"这个词，就是一棵、一个、一只，如果是两只喜鹊，就不孤单了。

生：我从"只有"一词知道除了他们三个之外，没其他的事物了。

师：只有这三个事物，并且他们还不是好朋友，只有自己一个，多么孤单、多么孤寂啊，你还从哪里体会到树和喜鹊的孤单？

生：我看到课本中的插图，知道树和喜鹊很孤单，很不开心。

师：同学们，请把你的理解带进课文中读一读。

教师在教学中通过理答引导学生从四个关键词"一棵树""一个鸟窝""一只喜鹊""只有"多角度理解"孤单"，并借助插图帮助学生理解，最后引导学生通过朗读体会"孤单"的意思和意境。

3. 联系生活，意会关键词

前面的教学，针对"孤单"的理解只停留在书面上，接着黄丝雨老师通过理答引导学生联系生活实际深入理解"孤单"。

师：在生活中，你有没有感到孤单的时候？

生：爸爸妈妈都去上班了，我一个人在家很孤单。

生：我和好朋友闹别扭了，自己一个人很孤单。

"孤单"一词的教学"牵一发而动全身"。教师教学时，层层深入，通过理答先引导学生抓住"孤单"这一文眼，然后让学生说说"孤单"一词的意思，接着回归文本，让学生从文中找出哪些词体现了"孤单"，最后，让学生联系生活实际去体会其含义。这样连贯的教学是建立在关注文本内容，围绕问题提取关键词这一基础之上的。每篇课文都会有关键的字词句，这是理解课文的重要基石，只要牵住这一"牛鼻子"就相当于掌握了解读文章的一个重要"密码"。

（二）以提炼促提取，提高完整度

在阅读教学中，有的文本主线清晰、问题明确；有的文本问题清楚、中心词突出；有的文本主线不清、关键词不明。面对纷繁冗杂的信息，教师要通过理答引导学生从已有的"大数据"中将所需的"小数据"提炼出来，进行二次加工与取舍。

1. 检索信息，初步小删减

"我怎么没想到这样回答？""这些答案为什么我没有找到？"这些语文课堂上经常出现的疑惑，是学生学习课文的"拦路虎"，是教师教学时最大的"绊脚石"。学生学习一篇新的课文时，对文本是陌生的，对文中纷繁冗杂的信息也是陌生的，仅有的认识来源于课前的预习。教师在教授新课时，需要通过问题及合适的理答，引导学生快速检索相关信息，并进行相应的取舍，以找到正确答案。

例如，厦门市翔安区海滨小学陈小燕老师在教学部编版六年级上册《穷人》一文时，是这样通过理答引导学生检索的：

师：请同学们仔细读课文，想想你从哪些地方感受到渔夫一家的"穷"？

生：这一段——"桑娜沉思：丈夫不顾惜身体，冒着寒冷和风暴出去打鱼，她自己也从早到晚地干活，还只能勉强填饱肚子。孩子们没有鞋穿，不论冬夏都光着脚跑来跑去；吃的是黑面包，菜只有鱼。"

生：这一句"渔夫的妻子桑娜坐在火炉旁补一张破帆。"

生：还有一句"地扫得干干净净，炉子里的火还没有熄，食具在搁板上闪闪发亮。"

师：是不是文中所有的语言都可以表现渔夫一家的"穷"？地很干净、燃着炉火、食具闪闪发亮，这里的环境描写更能体现什么？

生：体现桑娜很勤劳。

师：大家看一看，哪处的环境描写更能体现"穷"？

……

要解答"你从哪些地方感受到渔夫一家的'穷'"这一问题，学生需要抓住"穷"提取信息。学生找到了三个具体语句，然后教师对学生的回答进行理答并引导学生明白前两句话写出了渔夫一家的"穷"，而后一句话则是从家庭布置的干净整洁写了桑娜的勤劳。经过这样的检索和梳理，学生初步梳理出了正确答案。

2. 提炼信息，明晰问与答

在学生经历了一次小删减后，正确答案呼之欲出。这时教师不能只满足于对前一阶段的答案的梳理，而应再接再厉，带领学生进一步提炼信息，让学生把文本信息读透，从而理解作者写作的目的。

（课件出示句子——桑娜沉思：丈夫不顾惜身体，冒着寒冷和风暴出去打鱼，她自己也从早到晚地干活，还只能勉强填饱肚子。孩子们没有鞋穿，不论冬夏都光着脚跑来跑去；吃的是黑面包，菜只有鱼。）

师：读一读这段话，你从哪个词中读到了渔夫一家的"穷"？
生：从"勉强"一词看出他们很穷。
生：从"光着脚"这个词知道他们连日常所需都无法满足。
师：体会得多准确呀！
生：从"吃的是黑面包"中体会到渔夫一家很穷。
师：综合刚才同学们说的，这是从什么方面来写渔夫一家的"穷"？
生：吃的。
生：喝的。

要解决这个问题，学生需要将找到的信息进行分类，找出共同点，以提取关键信息：丈夫早出晚归地打鱼，起风暴了也不休息，桑娜也是从早到晚地干活，但一家人吃的、穿的、用的还是很欠缺，这体现了渔夫一家的"穷"。

3. 验证信息，确定无遗落

语文教学在学生品读课文、检索信息、提炼信息、明确答案之后，好像应该回归静寂，或者以一个新的问题开启下一个课堂热潮。其实"事不厌精"，找出答案后，可通过理答引导学生进行验证，如同数学的验算一样，验证语文的答案，这样不但可以保证答案的准确性，还可以确保其完整性。

师：菜只有鱼的生活还穷吗？我家的餐桌上可经常见不到鱼呀！
生：菜只有鱼，不是说他们吃得好，他们吃的是卖不出去的鱼。
师：这样的生活穷不穷？这样的生活真的很穷！（板书：真穷）
师：同学们，通过阅读我们发现作者把"穷"字藏在了这些词语中，（课件出示：勉强、光着脚、黑面包、只有鱼）而这些话都来自桑娜的"沉思"这一心理活动。原来作者把"穷"藏在了对桑娜的心理描写中。（板书：心理描写）

师：文中还有哪段心理描写也体现了渔夫一家的"穷"？

生："桑娜脸色苍白，神情激动。她忐忑不安地想：'他会说什么呢？这是闹着玩的吗？自己的五个孩子已经够他受的了……是他来啦？……不，还没来！……为什么把他们抱过来啊？……他会揍我的！那也活该，我自作自受……嗯，揍我一顿也好！'"

在我们的现实生活中，能吃到鱼说明生活并不贫困，对于此处，学生心里肯定是有疑问的。于是，教师抓住这一点引导学生体会：渔夫以打鱼为生，他们吃鱼，说明鱼没有卖出去，那就没有收入，这更体现了渔夫一家的"穷"。接着引导学生发现这一段是心理描写，从而再找出文中其他能表现渔夫一家"穷"的心理描写。如此一来，确保了提取的信息没有遗漏。

（三）以盘活促提取，提高灵活度

语文新课标中强调："在理解课文的基础上，提倡多角度、有创意的阅读，利用阅读期待、阅读反思和批判等环节，拓展思维空间，提高阅读质量。"因此，盘活信息对于语文阅读教学有一定的促进作用。思维导图是盘活信息的一种重要方式，具有有效、直观的特点，有助于学生记忆和语文水平的提升。所以教师在教学过程中，应通过理答引导学生以思维导图盘活信息，掌握知识。

1. 收集信息，梳理主线索

思维导图可以帮助学生构建清晰的知识网络，梳理纷乱的思维。小学生的思维停留在浅层次，并以形象思维为主。当学生面对内容较复杂的课文时，较难找到突破点，而思维导图可以帮助学生轻松解决这一问题。教师可通过理答引导学生以思维导图的形式把文中的信息进行梳理。在此之前，要先对文中的信息进行检索和收集，并将信息分类。

例如，厦门市翔安区海滨小学陈雅如老师教学部编版六年级下册《鲁滨逊漂流记（节选）》一文时，是这样通过理答引导学生分类的：

师："梗概"部分高度概括了鲁滨逊在荒岛上度过二十八年所做的事情，请同学们认真阅读，圈画出他所做的事情。

鲁滨逊从遇险上岛到回到英国,二十八年的时间在岛上发生了很多事情,学生需要将这些事情找出来,并进行归纳和概括,整理出一条主线,即"鲁滨逊在荒岛上做了哪些事"。

2. 定义线索,延伸内容线

思维导图是按照人脑的思维方式展开发散的,由一个点引出无数个分散点,以联想做支撑,以内容做主架,不断进行发散和扩展。把思维导图引进课堂,可以引导学生发现问题、解决问题,由此产生问题意识,从而培养创新思维能力。《鲁滨逊漂流记(节选)》中,学生根据课文推断出小说是按照鲁滨逊的历险经历来写的,这样便确定了思维导图的主线;紧接着,从这条主线引发开去:

鲁滨逊遇到了哪些困难?

这些困难是怎么解决的?

你从中看到一个怎样的鲁滨逊?

……

学生在头脑风暴中不断思考、延展,把思维如网络状铺展开来。

3. 形成体系,绘思维导图

思维导图可以使人直观地看出课文的主要结构和内容层次,能帮助学生从宏观的角度分析一篇课文的结构、内容、写法等,帮助学生理解情节设计、重点段落、关键语句等,加强学生对课文的认同感与熟悉度,最终让学生的思维发展落地生根。学生把主线找出来之后,教师就可以通过理答引导学生动手绘制思维导图。以鲁滨逊历险记为中心,引发出主要内容、经过、遇到的困难、解决的方法等支线。

第三节 导向直接推论素养发展的理答策略

直接推论是阅读素养模型的第二层级,建立在提取信息的基础之上。学生有意识地提取信息,并正确理解提取到的信息后,根据已有的知识和经验,进行信息加工和合理推断,是思维逐步向解释整合素养过渡的必经过程。

一、导向直接推论素养发展的理答策略要义

直接推论是指学生阅读文本时，能根据既有信息推论出文本中没有明确陈述或尚未陈述的信息或观点，并加以概括得出结论。这一素养是在直接提取信息的基础上继续对信息做的推导。学生需要串联多个信息，打通信息之间的联系，从而推导出事件的归因、人物的形象、文章的中心等。

只会简单地提取直接、显性信息，显然是不符合当今学生阅读素养发展要求的。提取信息和直接推论具有明显的区别，前者要求提取多个信息，并能做简单的整理，一般为摘录文章的某一个词或某一句话；后者要求不仅要找出隐含的信息，还要进行合理推断，整合文中分散的关键句后，再进行推导，灵活变换答题的角度。

（一）关注直接推论的联结感

直接推论不是直接产生的，需要借助相关知识联结推论而成。这种联结包括以下几种类型：（1）要推论出文章某个词语或者句子的意思，将词语、文本结构、修辞等知识相联结；（2）要推论出文章的某种情感、态度等，需要调动已有的知识储备、生活经验等进行联结；（3）要推论故事情节的发展趋势等，需要联结已知的情节，去猜测、想象、判断未知，这又需要将推论和想象、猜测、判断等联结起来。直接推论不是单独存在的，需要联系上下文，需要在提取信息的基础上，对信息间的关系进行梳理，并以此作为推论的依据。

（二）关注直接推论的层次感

推论思维的发展上，存在明显的层次性。首先，推论是由浅入深逐级发展的，从字入手，过渡到词语，最后到句子，循序渐进。其次，推论是由具象到抽象发展的，低年级学生是形象思维占主导，随着年龄的增长逐渐向抽象思维过渡，进行推论时更强调个人的感受和体验。最后，推论是由共性到个性发展的，更强调思维的深度、广度。

二、导向直接推论素养发展的理答策略实践

直接推论是培养阅读思维能力的主要方式。语文新课标中，针对每个学段，对直接推论提出了具体的培养目标：第一学段要求学生"结合上下文和

第四章　指向素养：基于阅读素养发展的理答策略

生活实际了解课文中词句的意思，在阅读中积累词语"；第二学段要求学生"能联系上下文，理解词句的意思，体会课文中关键词句表达情意的作用"；第三学段要求学生"联系上下文和自己的积累，推想课文中有关词句的意思，辨别词语的感情色彩，体会其表达效果"。由此可见，几个表述都将学生的阅读思维发展目标指向直接推论。因此教师在教学中，要根据不同学段学生的思维特点，有层次地引导学生掌握科学有效的推论方法，促进学生阅读素养的发展。

（一）由抽象向具象推论

苏霍姆林斯基在《给教师的建议》中提到："你们一定经常遇到这样的现象：学生很好地记住（背会）了规则、定理、公式、结论，但是却不会实际运用自己的知识，有时候还简直并不理解他背会的东西的内容实质是什么。"[①]在语文学习中，学生会遇见难以理解的抽象知识，这些抽象知识生拗、难懂，往往会消磨掉学生学习的积极性。此时，教师可以适当地引入具象内容，填补学生抽象思维的漏洞，从而大大提高学生的直接推论能力。

1. 推论语言的具象化

在语文课堂上，语言的具象化，可以使课堂变成生动的"故事场"，将深奥、难懂的知识转为浅显的、简单的知识。

教师良好的语言引导有助于调动学生的学习兴趣，加强师生之间的思维碰撞，从而使学生推论出正确答案。下面以教学部编版六年级下册《匆匆》为例介绍。六年级的学生只有十一二岁，对《匆匆》一文表达的中心思想还不能产生极大的共鸣。这时，如果教师在创设情境及理答时，注意语言的具象化，学生的推论将会有"抓手"。

例如，厦门市翔安区海滨小学方凤莲老师执教《匆匆》一文时，是这样引导学生进行推论的：

师：同学们知道吗？王冕，白天放牛时坐在树下看书；晚上借着寺庙佛殿的长明灯看书，充分利用点滴时间，最终成为一代画家；司马光读书困倦时便枕着圆木入睡，只要他稍动一下，原木就会滚走，人就会被惊醒，他便

---

① ［苏］B. A. 苏霍姆林斯基. 给教师的建议［M］. 杜殿坤，编译. 北京：教育科学出版社，1984：28.

爬起来读书,最终写成了《资治通鉴》。陶渊明有云:"盛年不重来,一日难再晨。"颜真卿有云:"黑发不知勤学早,白首方悔读书迟。"你们想想,古人在诉说着什么?

生:珍惜时间。

生:时间流逝。

师:是啊,带着你们现在的体会,听听老师的朗读,想一想,作者要传达什么样的感情?(朗读课文)

生:时间过得很快,作者感到无奈和惋惜,告诉我们要珍惜时间。

教师导入时借助古人珍惜时间的例子,动情讲述时光飞逝,要珍惜时间,唤起学生对该课中心思想的思考,为学生体会"作者要传达什么样的感情"做铺垫。紧接着通过教师示范朗读传递情感,让学生在书声中沉思、体会。

2. 推论媒介的生活化

美国教育家杜威指出:"总有一种危机,正规教学的材料仅仅是学校中的教材,和生活经验的教材脱节。"杜威强调要将儿童的学习和生活紧密联系起来,引导他们在做中学。语文新课标中也指出:"结合上下文和生活实际了解课文中词句的意思。"教学资源取之于生活,最终也服务于生活。根据学生思维发展的特点,调动学生的生活经验,并将其与语文推论紧密结合起来,那么,学生的推论能力将有所提高。再以方凤莲老师执教的《匆匆》为例来介绍。本文作者意在通过文本表达对时间飞逝的惋惜,但六年级学生初阅读时一般会停留在文字表面,并不能深刻理解,这就需要引入具有生活化的推论媒介:

师:同学们,一起看看PPT上的图片,这是老师和家人每年在同一个地点拍摄的十组照片,仔细看看,从中你发现了什么?

生:我发现有的人变老了。

生:我发现多了一些人,又少了一些人。

生:可以从这些图片上看到时间的影子。

师:是啊,十年,十张照片,见证的是时间的流逝,光阴的匆匆。

教师引导学生理解朱自清先生对时间飞逝的惋惜时,借助了推论媒介——图片,联系图片中的生活情境,把抽象的中心思想转化为日常的生活场景,使学生对文字产生亲近感,从而理解作者对时间飞逝的惋惜。值得注意的是，推论的媒介还有很多，如客观存在的事物、优美动听的音乐、引人入胜的生活视频等，都是很好的推论媒介，能大大提高学生的推论效率。

3. 推论过程的活动化

推论过程强调的是学生的参与，学生是推论的主体。传统教学更多的是教师单方面的灌输，强调教师的绝对话语权。这种课堂忽视了学生的主观能动性，忽视了学生积极参与活动带来的直观体验。在教学中，将推论过程活动化，有助于学生积累经验，产生更直观的体验，能促进学生推论能力的发展。再以方凤莲老师执教的《匆匆》一课为例，为了让学生深入体会作者的惋惜与无奈，方老师设计了这样的活动：

师：通过刚才的学习，我们知道朱自清先生对时间的飞逝充满了惋惜与无奈。现在请同学们闭上眼睛，沉思一分钟。告诉老师在这一分钟时间里，你想到了什么。

生：我想陪伴我的外婆，外婆已经头发花白了，我有点害怕时间的流逝了。

生：我感觉到浪费时间的可怕。人生其实是由很多一分钟组成的，我们浪费的这一分钟再也回不来了。

对于六年级的学生来说，时间的飞逝、作者的惋惜都是他们可以联系上下文推论出来的，但是这种惋惜与无奈究竟是怎样的情绪，他们却说不清道不明。课堂上，设计"沉思"这一活动，让学生亲历时间的流逝，再加上之前的学习铺垫，这时的情绪体验活动能调动学生的感受，使学生对时间有更深的认识，懂得珍惜时间。

（二）由共性到个性推论

共性展现了不同事物的普遍性质，个性体现的是事物区别于其他事物的特殊性质。简单地说，共性趋向的是普遍的、大众的，个性趋向的是独特的、个体的。在语文教学的推论中，共性指向大部分学生认同的固定答案，俗称正确答案，而个性指向个人对答案独特的、唯一的见解。

根据学生日益增长的素养提升需要，共性的答案不能全部满足学生的思维发展需要。课堂上，教师抛出一个问题，学生往往会立即争先恐后地回答出同一个答案，这种共性现象的发生，暴露出课堂问题的浅表化。一味地追求答案的共性，会逐渐将学生的思维固化，而打开学生思维，鼓励学生个体构建知识体系，引导学生逐渐走向多元化、多维化的推论，能极大地提高学生的阅读素养。

1. 在已知中推论

已知，一般指学生已经掌握的知识、方法；未知，一般指学生不知道的知识、方法；新知，一般指现在要学习掌握的知识、方法。已知和新知是相互联系、相互作用的。学生习得新知是以已知为基础的，即将已知延伸扩展成新知，或者将已知重组成新知。学生在这一次学习中掌握的新知，在下一次的学习中，则会成为已知，并被延伸、拓展、重组，再产生新知，从而不断引导学生去探索。因为每个学生的已知都不相同，因此，新旧知识间的联结所产生的效果也具有个人色彩。

在课堂导入环节，教师要努力调动学生的已知进行推论。

例如，教学部编版四年级上册《女娲补天》一文时，厦门市翔安区海滨小学陈小燕老师是这样引导的：

师：同学们，今天我们要一起学习一个神话故事，下面先回忆一下你读过的神话故事，一起交流交流。

生：大禹治水……

生：后羿射日……

生：嫦娥奔月……

师：这些神话故事和我们今天学习的《女娲补天》有什么共同点呢？

生：主人公都有神奇的力量。

生：他们都做了一件神奇的事情。

师：同学们真厉害，从自己读过的神话故事中，掌握了神话最吸引人的特点——神奇。

在该教学片段中，教师调动学生已有的知识储备，引导学生各抒己见，交流了不同的神话故事。接着，教师引导学生在已知中找共性，让学生探究这些神话故事有什么共同点。学生根据自己的观察、理解，结合自己以前了解到的神话故事，推论出神话故事的特点——神奇的人、神奇的事。这个过程，已知是新知的生长点，为学生的有效学习提供了有力支撑。

教师引导学生根据已知进行推论时，要注意关注学生已知中的矛盾点和

第四章　指向素养：基于阅读素养发展的理答策略

易错点，使学生真正厘清已知、未知、新知之间的逻辑关系，让学生在和谐统一的新旧知识间，触类旁通，正确推论，温故而知新。

2. 在繁杂中推论

随着年龄的增长，学生学习的知识在逐渐增加，这就需要学生懂得在繁杂的信息中推论出简单、正确的结论，达到由繁化简的效果。学生在阅读过程中，会提取到大量的信息，这些信息杂乱无章、烦琐杂糅，教师需要通过理答引导学生深刻理解文本信息，进行合理的判断与删减，进而从繁杂的信息中做出正确、合理的推断。

删繁就简，与学生认知发展能力相关。面对烦琐、深奥的问题，学生容易产生畏难情绪。教师教学时要化烦琐为简易，训练学生的求同存异思维，让学生能够在繁多的信息中寻求共性的信息，并进行推论。

例如，执教部编版六年级上册《我的伯父鲁迅先生》一文时，厦门市翔安区海滨小学林育梅老师是这样通过理答引导学生推论的：

师：作者回忆了几件与伯父相关的事情？

生：五件。

师：你是怎么迅速地找出这五件事的？

生：我发现本文的描写像豆腐块一样，一块就是一件事。

师：请同学们仔细读一读每件事，想一想写的是哪五件事呢？

生：第一件事是鲁迅和"我"谈论《水浒传》。

师：你能用小标题的形式概括吗？

生：谈《水浒传》。

……

师：你能把这五件事串联起来，说一说文章写了什么内容吗？

《我的伯父鲁迅先生》篇幅比较长，且是略读课文，教师通过主问题"作者回忆了几件与伯父相关的事情"引导学生进行多层简化。首先，教师让学生通过观察文章排版，发现每一件事独立成块，实现了分段简化，学生概括每一件事时读相应模块即可。接着，让学生给每件事概括一个小标题，实现了内容简化。这一过程，引导学生把书读薄了，同时使学生的思维不断地聚焦在越来越精练的信息上。

根据繁杂的信息进行推论时，教师应注意把握度。有的学生为了追求简洁，大刀阔斧地对信息进行删减，导致信息空泛。要想避免这种情况：一是再回到文本中读文，重新提取信息；二是一定要注意紧紧围绕问题去取舍信息。

3. 在批判中推论

批判，借助洞察力、辨别力、判断力等思维能力，对他人的意见提出新见解。学生是具有独立思维能力的个体，具有强烈的主观能动性。因为生活经验、知识储备等方面的不同，每个学生所呈现出的批判思维便不同，对事物的看法也不同。教师要尊重学生的批判思维，放手让学生独立思考，自主推论。

在批判中推论，重点在于发展学生的独立思维能力。教学中，教师要通过理答引导学生根据已有知识和生活经验，就某些问题进行独立思考和研究，发表个人独特的见解，促进学生批判思维能力的发展，促使学生"以审慎的态度、质疑的精神、客观的立场对待语文学习，独立判断，善于追问，勇于反思，理性立言"[①]。

例如，执教部编版二年级上册《大禹治水》时，厦门市翔安区海滨小学陈小燕老师是这样通过理答引导学生在批判中进行推论的：

师：同学们，我们学完了《大禹治水》，想一想，你更喜欢哪一种治水的方法呢？

生：喜欢大禹治水的方法，因为他用疏通河道的办法，顺利地把水灾"治"好了。

生：喜欢大禹治水的方法，他用疏导的办法治水，比鲧筑坝挡水的方法好。

师：都喜欢大禹治水的方法，鲧的治水方法没有可取之处吗？

生：鲧筑坝挡水的方法也有值得肯定的地方，大禹也从中吸取了经验教训。

生：鲧筑坝挡水维持了9年，说明有可取的地方。

师：除了这两种方法，你还有什么治水的好方法？

生：可以多种植物，保护水土。

[①] 胡海舟.让批判性思维在小学语文教学中落地生根[J].语文建设，2019（16）：27-30.

生：多修建水坝，洪水来的时候就可以储水了。

……

在该教学片段中，教师通过理答引导学生历经了几次批判推论。先是让学生就大禹和鲧的两种治水方法进行评判、鉴赏，说出自己喜欢哪一种治水方法，并说明理由。这是对方法优劣进行的批判推论。紧接着，引导学生判断鲧的治水方法是不是真的一无是处，这是第二次批判推论。最后追问"你还有什么治水的好方法"，使学生在批判中进行独立创造，发展了学生的创造思维。

随着学生批判推论能力的发展，教师的主导作用也在不断地发生变化。低年级的学生，批判能力弱，需要教师在教学中进行帮扶与指导。随着学生批判能力由弱到强、由依赖到独立，教师要从"帮""扶"逐渐向放手过渡，最后让学生独立进行批判推论。在教学中，教师理答时要尊重学生的独立性，尊重学生的批判思维，这有利于培养学生的独立思维能力。

第四节 导向解释整合素养发展的理答策略

解释整合，是阅读素养模型的第三层级，在阅读素养发展过程中，具有过渡作用，它既是"直接推论"的提升和发展，又是"评价鉴赏"的基础，可见，解释整合在阅读素养中的重要性。解释整合是指充分运用文本信息，并结合自身实际，对文本进行合理、全面的解读，是对提取后的各种显性信息进行的综合判断和理解，在阅读素养中具有重要的意义。

一、导向解释整合素养发展的理答策略要义

语文新课标中指出："阅读的评价，要综合考察学生阅读过程中的感受、体验和理解。"解释整合，是指能充分使用文本信息，并联系自身经验（包括生活、阅读经验），对文本相关问题进行准确、合理、全面、充分、有序的阐释，是基于对各种信息提取并初步判断后进入深层理解的关键一步。具体表现为能联系自身经验，充分使用文本中的信息，对文本中的关键词语、关键细节、人物行为、事件、写作手法及作者的情感和观点等进行充分、合理的解释，从而形成对文本更为具体和完整的理解。教师在理答时，应注意培养

学生的解释整合素养，理答要做到以下几点。

（一）导向解释整合的关联性

文本阅读中的解释观察，是对事物的各个方面进行思考，厘清事物之间的变化、关系或规律等，是建立在发现关联的基础上的。整合是对信息进行整理与二次加工，需要对信息之间的关联做出解释。梳理信息之间的关联性，有助于快速将信息抽丝剥茧，实现高效阅读。这种关联性不仅仅存在于文本信息中，也存在于实际生活中。当文本与现实生活相去甚远时，学生容易产生阅读障碍，教师需要通过理答打通文本与现实生活之间的联系，唤醒学生的生活经验，使之与文本产生共鸣，如此一来，学生便理解了文本，积累了生活经验，提高了解释整合素养。

（二）导向解释整合的全面性

语文学科兼容并包，在文字之间，在表述之间，往往蕴含着其他学科的知识。传统教学中，教师只依文定教，只教学文本中的内容，导致学生的认识面狭窄。如果教师能依靠已有的经验，破译这些跨学科的密码，在解释整合时则会有质的飞跃。当教师理答时融入其他学科知识，不仅能丰富教学内容，也能促进学生阅读能力的提升，更能加强学生解释整合的能力。如将信息技术渗透到语文教学中，通过多媒体呈现全方位的教学内容，这不仅有传统的语文教学，还有丰富的音频或视频教学，使学生对文本信息的认识更加全面，解释整合能力也随之提高。如教学部编版三年级下册《海底世界》时，可以在理答时通过多媒体对海底世界进行补充介绍，大大提升课堂信息的承载量，从各个方面和角度对教学内容进行覆盖，使学生理解文本内容时更加轻便快捷。

（三）导向解释整合的思辨性

发展学生的阅读能力，是课堂活动的最终目标。培养学生解释整合的思辨能力，是落实学生阅读能力的重中之重。思辨，指用逻辑推导进行理论和概念的思考。一般来说，思辨指思考和辨析的能力，即分析、推理、解释等思维活动和辨别分析事物的能力。"语文学科的内容决定它往往是感性特质的，因此在语文学科内强调批判性思维主要就是让学生能够形成对于知识生成过程诸环节要素的敏感性和反思习惯，在面对某种知识或意见时，能对其

第四章　指向素养：基于阅读素养发展的理答策略

本身的可靠性进行独立的、有条理的分析与考察。"①

解释整合的内容复杂，导致训练的方法也存在复杂性。教师理答时，应充分考虑这一特性，以便课堂上灵活引导学生对所学内容进行解释整合。解释整合，不是一词一句的分析和体会，而是依文定教，引导学生发现矛盾，发现解释整合的不同要点，如此才能满足学生阅读发展的需要。

二、导向解释整合素养发展的理答策略实践

导向解释整合素养发展的理答策略要求学生能根据教师的提问或提示，对文本进行宏观的、整体的整合和解释，能根据文本的内容、观点，找到文段之间的关联性，对文章内容进行建构。解释整合素养主要解决解释词语、感悟语言、捕捉文本隐性信息、概括主要内容等问题，指向提升学生的思维能力，确实发展学生的语文素养，为培养评价鉴赏素养打下基础。

（一）集中突破，整合关键句

集中突破，就是把主要精力聚焦到某一个问题上，集中所有精力、调动已有经验、联系生活实际解决问题。整合，指对文本信息进行整理与组合。文本信息繁杂多样，要回答某一个问题单纯靠摘抄原句是不够的，需要学生学会在提取信息的基础上，对关键的词句进行解释整合，以完整、全面地回答问题。

1. 从旧知到新知，打破壁垒

在教材编排上，每一单元的主题都不相同，学生的认知能力和接受能力存在差异，解释和整合的能力也存在差异。教师可通过理答，帮助学生打破认知差异的壁垒，建立新旧知识之间的联系、课内知识和课外经验之间的联系，使学生的解释整合能力得到锻炼和提高。

例如，厦门市翔安区海滨小学朱文怡老师执教部编版二年级上册《小蝌蚪找妈妈》一文时，设计了主问题——小蝌蚪是怎么找妈妈的？根据这一主问题，先帮助学生建立小蝌蚪和妈妈之间的联系：

师：谁能用自己的话说说小蝌蚪是什么样子的？

---

① 黄玉峰.如何看待经典及如何看待思辨——由余党绪教《英雄和好汉的边界》所想到的[J].语文学习，2015（1）：4-8.

生：小蝌蚪大大的脑袋，黑黑的，长着长尾巴。

师：总结得很不错，把小蝌蚪的特点都说出来了。那我们来看看，课文里是怎么描写的呢？和你总结的又有什么不同呢？

生：池塘里有一群小蝌蚪，大大的脑袋，黑灰色的身子，甩着长长的尾巴。

师：青蛙妈妈长什么样子？

……

在教师的理答引导下，学生对小蝌蚪和青蛙妈妈的外形有了初步的认识，为理解"小蝌蚪是怎么找妈妈的"做好了铺垫。要回答"小蝌蚪是怎么找妈妈的"，学生需要在阅读文本时关注小蝌蚪找妈妈时身体的变化，变化之后的身体与青蛙妈妈有什么相似之处，从而建立起段与段之间的联系。这样，学生就能边阅读边整合信息：遇到鲤鱼阿姨后，知道了"妈妈四条腿，宽嘴巴"，遇到乌龟后，知道了妈妈"有两只大眼睛，披着绿衣裳"。就这样，小蝌蚪找到了自己的妈妈。通过整合解决了教学最难突破的主问题，学生在这一过程中不但熟悉了文本，也发展了思维能力。

2. 从部分到整体，解决困惑

随着学习内容的增多，学习形式的变化，学生在理解一些课文内容时会存在困惑。基于这一现状，教师可通过理答帮助学生跨越段与段之间的鸿沟，引导学生对文本进行艺术化的处理，概括每一段的内容，把文本读薄；整合文本的主要内容、写作方法、作者情感等，把文本读厚。学生在"读薄"与"读厚"的切换间整合问题的答案，理解文本内容。如部编版一年级上册《乌鸦喝水》一文的内容对于一年级学生来说较为紊乱，学生整合信息时存在一定困难。这就需要教师通过理答引导学生仔细阅读每一段的内容，通过找一找、画一画，找出每一段的关键信息，最后再对主要内容进行整合。

厦门市翔安区海滨小学洪黎明老师教学《乌鸦喝水》时，是这样引导学生从部分到整体理解文本的：

师：刚才听同学们读课文时，我发现这个字在文中出现了好几次，（板书：喝）你能把文中带有"喝"的词语找出来吗？边读课文边找，找到后在词语下面画一条横线，比一比谁最快。

（学生说，教师板书：找水喝→喝不着→喝着水。）

师：同学们真会读书呀！这篇课文就是向大家讲述了——乌鸦先找水喝，

可是喝不着，最后喝着水的故事。那么，乌鸦是怎么喝着水的呢？请你自己读读第3自然段，再告诉老师。

生：乌鸦把小石子一颗一颗地放进瓶子里，就喝着水了。

师：孩子们，你们真了不起，太会思考了。老师带来了一些石子，谁来演示一下一颗一颗是怎么放的？

（学生一边读一边演示。）

师："乌鸦把小石子一颗一颗地放进瓶子里。"同学们，水发生了什么变化？（打升高的手势）是一下子就升高了吗？（不是）那是怎样升高的？（请一个同学接着演示）同学们再看。（学生放石子，教师在一边解说）所以，文中用了"渐渐"这个词。

教师通过理答，引导学生把事情的起因和结果进行关联，使学生理解了乌鸦喝水的原因，也明白了乌鸦喝着水所用的方法。在课堂中，学生带着问题去思考，并对信息进行整合和解释，大大提高了解释整合能力。

3. 从内容到形式，提升感悟

学生解释和整合信息时应该是多维的。教师可以大刀阔斧地过滤掉不必要的信息，打破教学常规，以灵活自由的教学形式、智慧的理答，引导学生构建新的知识体系，提高学生的阅读效率。

例如，厦门市翔安区海滨小学林育梅老师执教部编版六年级上册《竹节人》一文时，是这样做的：

师：快速读一读课前导语，明确本节课需要解决的是哪些问题。

这样的理答轻分析，重感悟，旨在让学生自主阅读，使学生在熟读中不断加深对课文的理解，感悟文本的表达方式，获得情感的体验，以帮助学生构建新知。当教师把课堂真正还给学生时，就需要学生走进文本去读、去找、去体会。

（二）体悟全篇，整合关键内容

教师针对文本的主要内容提出问题，进行智慧理答，从而引领学生的思考，帮助学生整合文本的中心思想，明确文本的主题和主旨，提高学生的阅读效率。

1. 借助插图，降低难度

插图是对教材内容的补充。整合信息时，教师不仅要引导学生关注文本内容，更要教给学生解释整合的阅读方法。对于一些较难理解的知识，可以借助文本插图辅助学生理解，有效降低学生学习的难度。

例如，厦门市翔安区海滨小学李晓玲老师执教部编版一年级下册《小壁虎借尾巴》一文时，充分利用了文本插图：

师：（出示插图1）今天，小壁虎身上发生了一件令人很难过的事情，它的尾巴被蛇咬掉了。没有尾巴多难看呀！小朋友们，你们说该怎么办呢？

生：向别的动物借尾巴。

师：小壁虎呀，跟你们想的一样。（板书：借尾巴）齐读标题。那么，小壁虎都向谁借尾巴了？（出示插图2）小壁虎首先向谁借的尾巴？

……

师：小壁虎从小鱼那儿借不到尾巴，又爬呀爬，（出示插图3、4）小壁虎又去向谁借尾巴了？

生：（观察插图3、4）向老牛和燕子去借尾巴了。

师：小朋友们真厉害，看出来是向老牛和燕子去借尾巴了。那么，就请厉害的小朋友们按自学要求学习第4自然段和第5自然段吧。

自学要求：

1. 找一找，燕子和老牛为什么不把尾巴借给小壁虎？
2. 跟同学分角色读一读小壁虎和老牛、燕子的对话。

一年级学生受识字量少的限制，理解文本时有一定困难，这时插图便是很好的教学支架。该课例中，上课一开始就让学生通过观察插图明白了小壁虎借尾巴的原因，不但知道下文的学习内容，还把借助插图这一关键的学习方法融入课堂学习中。

接着教师引导学生抓住"小壁虎都向谁借尾巴了"这一问题，观察插图，从插图中找到小鱼、老牛、燕子这三种动物。在教师的进一步追问下，学生借助插图，直观地感受到小鱼、老牛、燕子不能把尾巴借给小壁虎的原因——小鱼用尾巴拨水、老牛用尾巴赶蝇子、燕子用尾巴掌握方向，同时发现小壁虎的尾巴断了以后还可以长出新的来。

部编版教材中，低学段语文课文的插图丰富多彩，针对性强，可以多借助插图帮助学生从整体上把握文本内容,降低学生整合信息的难度,从而促进学生对文本内容的感悟和体会,提高学生阅读的质量。

2. 借助工具,厘清脉络

表格的优势在于层次清楚、脉络分明。学生填写表格时需要对文本信息进行提取、删减、概括。填写完成后,表格中往往涵盖文本情感、结构等多重信息。学生通过对表格信息进行分析,可以了解文本的内容、结构和情感。

如厦门市翔安区海滨小学林育梅老师教学部编版一年级下册《小猴子下山》一文时,先引导学生提取信息,以大问题"小猴子为什么空着手回家?"为框架,让学生走入文本圈画答案,然后再整合圈画出的信息。小猴子下山想要的东西比较多,要一一讲清楚,对于一年级的学生来说有些难度,表格则能很好地解决学生思维混乱、表述不清的问题。

《小猴子下山》导学单

看到什么	做什么	结果怎样
玉米又大又多	掰、扛	空着手回家去
满树的桃子又大又红	扔、摘、捧	
满地的西瓜又大又圆	扔、摘、抱	
小兔子蹦蹦跳跳	扔、追	

基于这一表格,教师先让学生边读边画,重点关注表格中的"看到什么""做什么""结果怎样",学生经过提取、概括后完成表格。接着教师让学生用自己的话说一说"小猴子下山的经过",并引导学生推断出小猴子下山一无所获的根本原因在于它做事目标不明、有头无尾。有了表格的帮助,学生的表述逻辑十分清晰,使学生快速梳理出文本的脉络。

3. 借助追问,扩展深度

教师的课堂教学离不开追问,追问能更好地拓展学生思维。从教学的主问题入手细化追问,引领学生整合文本信息,找到突破点,回答才能有深度。

例如,厦门市翔安区海滨小学朱文怡老师执教部编版二年级上册《曹冲称象》一文,是这样追问的:

师:齐读标题,读完这个标题你想知道什么?

生:大象有多重?

生：曹冲是谁？

生：曹冲为什么要称象？

生：曹冲是用什么办法称的？

生：曹冲称象的方法好不好？

面对低年级的学生，教师借助追问引领学生提出问题：曹冲是谁？曹冲为什么要称象？曹冲是用什么办法称的？曹冲称象的方法好不好？这些从文本主要内容出发提出的"是什么""为什么""怎么样""好不好"的问题，由浅入深，符合学生逻辑思维的发展，更重要的是将知识由课内延伸到课外，拓展了学生的思维深度。

（三）信息加工整合关键推论

教学的终点不应只停留在信息的提取和概括上，应引导学生对信息进行二次加工，从已有知识上生长出新知识，促使学生做出正确的推断，从而获得阅读能力的提升。

1. 基于联系，理解表达

文本的各部分之间是密切联系的，教师备课时应善于抽丝剥茧，厘清句子与句子之间的关系、段落与段落之间的关系，从这些联系着手通过理答引导学生整合信息，从而达到事半功倍的教学效果。

例如，部编版二年级上册《我要的是葫芦》一文，课后有一道题：种葫芦的人想要葫芦，为什么最后却一个也没有得到？这个问题是根据故事的结果产生的疑问，指向人们对事物发展规律的认知，回答这一问题需要建立在全文之上。厦门市翔安区海滨小学陈华祯老师教学本文时，在学生理解了课文内容的前提下，让学生根据提取到的信息做出回答，引导学生对课文内容进行了相应的联系。学生边读边思考：葫芦主人的葫芦出了什么问题？叶子上的蚜虫与葫芦有什么关系？蚜虫需要治吗？怎样才能得到葫芦？学生把结果和经过进行联系，找到了问题的答案。

将文本内容进行联系，不仅能理解文本内容，还能从冗杂的信息中做出判断，大大提高阅读能力。

2. 基于细节，透析空白

文本的动人之处在于细节描写。细节往往体现了人物形象、思想及情感。

第四章 指向素养：基于阅读素养发展的理答策略

教学时，教师可以通过理答引导学生抓住细节，品味细节，从而使学生对文本的内容、情感等有更清晰的认识。

例如，厦门市翔安区海滨小学陈小燕老师执教部编版一年级下册《动物王国开大会》一文，是这样基于细节理答的：

师：动物王国要开大会，狗熊通知了大家几次？每一次通知了什么？

（学生读课文，圈画出狗熊通知的内容。）

师：谁来读一读狗熊第一次通知的内容？

（指名读。）

师：通过这个通知，你能知道什么时间开大会吗？

生：不知道。

师：能知道在哪里开大会吗？

生：不知道。

师：能知道请谁参加吗？

生：你们。

师：你们指谁？

生：指动物。

师：狗熊第一次通知，动物们能来吗？

生：不能来，因为不知道在哪里开，也不知道具体的开会时间。

教师通过理答，引导学生从文中了解到：告知一件事情，需要把时间、地点、参加人、事情等要素表述清楚，使信息完整。理答时，教师可以引导学生进行补白。填充空白之处，首先需要学生对文本内容有清晰的认识，其次能学以致用，学着作者的表述方法进行描写。

师：我们来齐读最后一个自然段。

（学生齐读最后一个自然段。）

师：从这个故事中，你们明白了什么？

生：我明白了要把意思说清楚。

生：我明白了通知别人一件事前自己要先弄清楚必要的信息，要不然很浪费时间。

……

师：（出示课后的"读一读，说一说"）认真读一读，说一说，下通知时应该注意什么问题?

（指名交流。）

师：孩子们，你们能根据刚才对通知的理解，把狗熊的第四次通知说清楚吗?

理答时，为降低学生整合信息的难度，可以鼓励学生对文本的空白处进行填充。要想补白，需要学生关注细节、读懂细节，如此才能对空白处进行细节的补充描写，最后把课文的精髓落实到自己的表述之中。

3. 基于对比，整合优劣

课堂教学不是解析浅薄的信息，而是要把信息进行处理，让学生能知其然更知其所以然。要想达到这样的目的，对比是个简单而有效的方法。当课文的信息较为散乱时，学生把信息提取出来后，教师可以创造性地通过理答使不同信息之间并列起来，让学生从相似的信息中发现不同，并评判孰优孰劣，对比之间，优质的信息会慢慢被学生理解。

例如，厦门市翔安区海滨小学林育梅老师执教部编版二年级上册《一封信》时，是这样引导的：

师：露西实在太想念爸爸了，于是给爸爸写了一封信，请你画出露西第一次写给爸爸的信。

（学生汇报第一次书信内容。）

师：听完同学的汇报，你知道露西要告诉爸爸什么事吗?

生：她想爸爸了。

师：再找一找，露西还因为什么不开心?

（指名答。）

师：哎呀，爸爸不在家的日子可真难熬啊，可真不开心。因为以前每天早上爸爸会一边刮胡子，一边逗露西玩。更糟糕的是家里的台灯坏了，露西和妈妈修不好。

师：可是，露西最后寄给爸爸的是这封信吗?

生：不是。露西和妈妈一起又写了第二封信。

师：咱们看一看露西写的第二封信。这封信的内容不像第一封信那样集中在一起，它分散在各个地方，你能找出它们吗?

露西给爸爸写了两封信，第一封信的内容流露出不开心，第二封信在妈

第四章　指向素养：基于阅读素养发展的理答策略

妈的帮助下表现出快乐的心情。这两封信表达的心情是截然相反的。同时，第二封信又比较特殊，是由露西和妈妈一言一语的对话组成的。这样鲜明的对比，为课堂教学提供了一个绝佳的突破口。执教时，林老师让学生画出这两封信的内容，并用不同的朗读形式读这两封信，感知信的内容。

师：两封信的内容不一样，咱们比较一下，我出示，你们读。在第一封信里，露西说——（出示课件）

《一封信》导学单

比较两封信	
第一封信	第二封信
亲爱的爸爸，你不在，我们很不开心。	亲爱的爸爸，我们过得挺好。
以前每天早上你一边刮胡子，一边逗我玩。	太阳闪闪发光。阳光下，我们的希比希又蹦又跳。
还有，家里的台灯坏了，我们修不好。	请爸爸告诉我们，螺丝刀放在哪儿。这样，我们就能自己修台灯了。
从早到晚，家里总是很冷清。	还有，下个星期天我们去看电影。

师：为什么露西写了第一封信，又在妈妈的帮助下写了第二封信呢？她最后会选择把哪一封信寄给爸爸？作为爸爸，如果看到这两封信的话，他会比较喜欢哪一封信呢？今天，老师这里就有两封信，（拿出两封信）我要请一个"爸爸"上来，读一读，说一说你的感受。

（学生读信，谈感受。）

师：你更喜欢哪一封信？为什么？

（学生畅所欲言。）

阅读时，如果学生只关注一种信息，那么他们可能看不出信息的优点，当优劣两种信息并举时，学生在对比鉴赏中，就能清楚地看出"好在哪儿"，从而发展表达与鉴赏能力。

第五节　导向评价鉴赏素养发展的理答策略

评价鉴赏是基于信息提取和解释整合的高阶思维品质，是促进学生自主阅读和独立阅读的重要途径。学生进行评价鉴赏，就可以自主揣摩、品味、赏析与评价文本的语言、情感、思想，并将其内化成自己的主观体验，形成高阶的思维方式。从阅读素养提升的层面说，评价鉴赏是提升学生阅读品质和阅读深度不可或缺的途径。

一、导向评价鉴赏素养发展的理答策略要义

语文新课标中针对评价和鉴赏提出："具有独立阅读的能力，学会运用多种阅读方法。有较为丰富的积累和良好的语感，注重情感体验，发展感受和理解的能力。能阅读日常的书报杂志，能初步鉴赏文学作品，丰富自己的精神世界。"由此可见，评价鉴赏是建立在阅读理解基础上的，需要调动自身经验对文本进行个性化的解读。

评价是对作品中的事或人进行判断、分析，得出结论；鉴赏是人们通过特定的媒介与艺术形式，逐步获得对作品的具体感受、体验，并进行欣赏和鉴别的精神活动。作为学生阅读素养中高层次的能力，评价鉴赏是对文学作品中的人、事、物进行主观性地判断、分析，发表对作品的感受、喜好等，是对艺术作品和艺术形象进行感受、理解、评判的思维活动过程。

教师通过理答培养学生的评价鉴赏能力时，要注意以下几点。

（一）体现评价鉴赏的经验性

学生阅读的"快餐化"，导致理答时培养评价鉴赏能力的情况尤为紧迫。学生对文本的文字、人物形象、表达方式等进行评价鉴赏时，一般都是凭借已有经验进行，所以教师的理答要体现评价鉴赏的经验性，调动学生的已有经验。评价鉴赏主要包括对词句的理解，对内容的评价，对技巧的欣赏。针对词句的理解可通过"这个词用得好不好，为什么""这个词能不能去掉，为什么""这句话的作用是什么，能否去掉"等问题来引导；对内容的评价可通过"作者为什么选择这一题材进行论述""作者表达了什么观点"等问题来引导；对技巧的欣赏，重点考查对写作方法的评析，可通过"这句话用什么修辞手法，表达了作者什么情感"等问题来引导。这些问题没有固定答案，取决于学生已有的知识、经验和能力，更取决于教师的理答水平。

（二）体现评价鉴赏的深度性

现在社会科技发达，学生的阅读已不止于书本阅读，电子产品的介入，

导致"碎片化""快餐式"阅读横行。在这一背景下培养学生的评价鉴赏能力显得尤为必要。在课堂教学中进行评价鉴赏会受到多方面因素的影响。首先，会受到文字表述、课文内容、艺术形象的影响。如部编版六年级下册《十六年前的回忆》一文，是由李大钊女儿李星华写的，字里行间充满了对父亲的怀念，塑造了李大钊和蔼慈祥的父亲形象和临危不惧的烈士形象，学生在读后鉴赏时会主观带入这两种鲜明的人物形象。其次，评价鉴赏受学生生活经验、人生阅历和已有经验的影响。评价鉴赏的主体是在自己的生活经验、人生阅历的基础上去感受、体验和理解艺术作品和艺术形象的，其生活经验、人生阅历越丰富、越深刻，越有助于对艺术作品和艺术形象的审美欣赏。所以，教师在引导学生评价鉴赏时，一定要注意理答的方式方法，要结合学情引领学生评价鉴赏的深度，提高学生评价鉴赏的能力。

评价鉴赏是一种高阶的阅读素养，是阅读从被动到主动的过程。学生只有能自主地对文本进行独立的评价鉴赏，才能从中得到阅读的乐趣和深刻的体验，才能让学生的发展得以实现。

二、导向评价鉴赏素养发展的理答策略实践

作为学生必备的高阶素养之一，评价鉴赏是被动阅读到主动阅读的过程，是阅读他需到阅读内需的过程。学生调动自己的知识储备，解决具体的阅读问题，教师以丰富的理答促进学生阅读素养的发展。

（一）分层化策略

分层化，指评价鉴赏的步骤应由浅入深，由表及里，在读懂内容的基础上，慢慢提高，整个过程符合学生的思维发展和认知规律。分层化要由鉴赏文字过渡到鉴赏情感，最后到鉴赏表达。

1. 文字导航，评鉴用词

语言文字是文学评价鉴赏中最小的单位，是评价鉴赏的基础。语言文字鉴赏开始之前，教师要精心为学生准备合适的鉴赏内容，如重复出现的词语、表示程度的副词、带有修辞的词语等，并对这些内容进行相应的"预鉴赏"。当教师对评价鉴赏语言文字已有准备时，课堂上才能集中精力通过理答引导学生掌握鉴赏的方法，训练和提高学生评价鉴赏的效率和质量。教学时要通

过理答让学生自己体会，让学生结合自身实际，调动知识经验，最终形成个性化的评价鉴赏。

例如，厦门市翔安区海滨小学陈小燕老师执教部编版六年级上册《丁香结》一文，是这样引导的：

师：是啊，没有想象，哪来这么多优美的句子。现在请同学们自由读课文，画出描写丁香花的句子，批注自己认为"最美的画面"。

这是一篇充满想象、哲理的文章，作者的用词也富有想象。教学时，可以先让学生阅读文本，找出体现作者奇特想象的部分，从中体会作者写丁香结时如何巧妙地融入联想，从另一个角度展现丁香结的形象，丰富丁香结的内涵。

2. 内容剖析，评鉴情感

无论哪种文体，内容都是文本的根基。对文本情感的评价鉴赏建立在读懂内容的基础之上。教师教学时，应引导学生梳理文本脉络，根据时间顺序、事情发展顺序、空间顺序、游览顺序等，将文本划分成几个小部分，厘清每一部分的内容。接着回归整体，想想课文写了一件什么事，在此基础上，进一步引导学生思考：作者通过这件事表达了怎样的思想感情？

例如，厦门市翔安区海滨小学方凤莲老师执教部编版三年级上册《卖火柴的小女孩》一文时这样引导：

师：在寒冷的大年夜里，独自走在街头的小女孩，又饿又冷，她划亮了几次火柴呢？

生：5次。

师：5次火柴的焰火中，小女孩看到不同的美丽景象，请你找一找。

生：第二次看到了烤鹅，还闻到了香喷喷的味道。

师：为什么她会看到烤鹅呢？

生：因为她肚子十分饿。

师：说得真好。"因为……导致小女孩幻想到……"用这样的表述说一说其他4次幻想。

生：因为寒冷幻想到大火炉。

生：因为不快乐幻想到圣诞树。

……

安徒生的童话带有极大的吸引力，学生的阅读兴趣高涨。教师基于此，

第四章 指向素养：基于阅读素养发展的理答策略

引导学生对内容进行概括和梳理，从中了解小女孩一共划亮了5次火柴，看到美好的幻想——大火炉、烤鸡、圣诞树、奶奶。接着教师引导学生思考：文中描写的内容之间有没有联系？学生讨论交流之后发现，小女孩因为冷幻想到大火炉，因为饿幻想到烤鸡，因为不快乐幻想到圣诞树，因为希望被疼爱幻想到奶奶。

师：通过朗读讨论，原来小火柴的亮光中看得见的"大"是如此丰富。（出示刚才学生朗读过的5次"幻想"的内容）

生：大大的火炉、大大的烤鹅、大大的圣诞树，还有高大的奶奶。

师：瞧，通过这些看得见的"大"的阅读，批注出了这么多看不见的"大"——

通过五次现实与幻想，引发学生理解童话要表达的思想感情：对穷苦人民的同情和对黑暗社会的不满。

3. 技巧解析，评鉴表达

表达技巧是文本评价鉴赏的一个难点，要求学生不但要读懂文本，还得熟知各种表达技巧。因此，引导学生评价鉴赏表达技巧时，教师要充分了解学情，引导学生在掌握修辞、表现手法、表达方法等知识的基础上，逐渐体会表达技巧的精妙之处。如教学部编版六年级上册《少年闰土》这篇课文时，可以先让学生自主阅读文本，找出精彩语段。这些语段是学生调动已有知识经验选择的语句，是经过了初步删选的。教师可以抓住这一契机，组织学生小组讨论，让学生有表达的机会，并注意引导学生抓住表达技巧进行交流。

例如，厦门市翔安区海滨小学陈小燕老师执教《少年闰土》一文时是这样做的：

师：同学们，鲁迅回忆中的少年时的闰土有着怎样的形象？

生：英勇地刺猹。

师：既然是回忆闰土刺猹，为什么还要回忆那美丽的月夜呢？

该教学片段基于学生找到的精彩语段："其间有一个十一二岁的少年，项带银圈，手捏一柄钢叉，向一匹猹尽力的刺去。"在这里，学生关注到作者描写时用了一系列的动词，在教师的理答引导下体会到将"刺猹"这一危险动作描写得像慢动作一样，体现了闰土的机智勇敢。这时，教师机智理答，让学生关注到环境描写，从中体会到作者想要表达的思想感情。这样一来，学生交流后便总结出了评价鉴赏表达技巧的基本思路：找出特色句子—分析表达技巧—体会作者的思想感情。

（二）具体化策略

评价鉴赏带有鲜明的经验性，只要教师加以点拨，学生的评价鉴赏能力就会得到提高。

1. 思辨阅读，评鉴差异

检索和理解是阅读文本的初级层面，如果阅读教学止步于此的话，那么对学生评价鉴赏能力的培养，无疑是严重的缺失。当学生读懂文本内容时，教师应组织学生评价鉴赏文本的关键处、核心处，巧妙地训练学生对文本内容的评价鉴赏能力。思辨阅读就是一种评价鉴赏文本的方法。思辨阅读，即把相同内容的文本放在一起，进行比较，从中感受各种文本的价值，促进学生的个性化解读。

例如，厦门市翔安区海滨小学沈燕萍老师执教人教版三年级下册《珍珠泉》一文时是这样引导的：

师：读完文章，说一说哪些句子给你留下了深刻印象。

生：我喜欢"最有趣的，当然是那晶亮的、饱满的、一嘟噜一嘟噜从潭底冒出来的水泡了"这一句。

师：你为什么喜欢它？

生：这句话写出了水的情态，晶莹、透亮、饱满。

生：还写出了水泡的声音——一嘟噜一嘟噜。

师：这里还有哪些词用得好？

生：冒。

生：这个词写出了泉水的动态。

通过理答，学生理解了作者描写珍珠泉的泉水，运用了大量精确的动词，极力刻画泉水的澄澈和活力。针对泉水不同的样貌、不同的流动状态，作者所用的动词也是不同的，并且十分讲究。

师：为什么作者用"冒"字，而不用"涌"字，能不能说一说你的看法？

以问题引领学生展开评价和鉴赏。学生经过对文本的解读，发现珍珠泉形态又细又长且充满活力，一个"冒"字展示出泉水喷涌而出的不竭活力。

2. 聚焦关键，评鉴意蕴

精彩生动、意蕴深远的文本，可谓字字珠玑，每一个词都值得学生感知和理解。引导学生聚焦关键词句，有助于学生理解文本内容，体会作者的情感，有助于调动学生的思维。教师教学时要挖掘文本词语中所蕴含的丰富的言语价值，帮助学生有效地理解文本的意蕴，培养学生的评价鉴赏能力。

例如，厦门市翔安区海滨小学沈燕萍老师执教部编版四年级上册《普罗米修斯》一文，先引导学生找出描写普罗米修斯受苦的句子："普罗米修斯的双手和双脚戴着铁环，被死死地锁在高高的悬崖上。""狠心的宙斯又派了一只凶恶的鹫鹰，每天站在普罗米修斯的双膝上，用它尖利的嘴巴，啄食他的肝脏。白天，他的肝脏被吃光了，可是一到晚上，肝脏又重新长了起来。"之后，又抓住关键词句引导学生学习：

师：普罗米修斯被锁在高加索山上时，哪个画面刺痛了你的心？

生：鹫鹰啄食普罗米修斯肝脏的画面刺痛了我的心。

师：当你读这部分内容时，最大的感受是什么？

生：不轻松、不愉快。

生：愤愤不平。

生：愤怒、悲愤。

生：这种痛苦是日日夜夜的，没有尽头的。

师：残忍的酷刑还在继续，白天普罗米修斯——

生：生不如死。

师：那晚上呢？

生：晚上肝脏又重新长了起来。

师：都说十指连心，说一说你平时受伤疼痛的经历。

（学生说自己的经历。）

师：我们小小的一个伤口，带来的已是深深的痛楚。普罗米修斯每天都要受被啄食肝脏的折磨，这是怎样的一种痛啊？

生：撕心裂肺的痛、生不如死的痛。

师：普罗米修斯忍受这样的痛苦，是为了什么？

生：为了人类。

师：这样的痛苦来源于什么？

生：对人类的爱。

师：那么，锁住普罗米修斯的是一把怎样的锁呢？

生：沉重的铁链。

生：死死地锁住的。

文中生动形象地描写了普罗米修斯被锁在高加索山上的悲惨情景，赞扬了普罗米修斯高尚的情操。在教学中，教师引导学生感受普罗米修斯失去自由的痛苦，接着关注"每天啄食""凶恶的鹫鹰"这些词语，体会普罗米修斯日复一日的痛苦。同时，引导学生根据这些词语展开想象，感受普罗米修斯不断遭受到的折磨和痛苦，体会普罗米修斯为了人类的幸福甘愿受罚的高贵品质。

3. 设计补白，评鉴留白

部编版教材从一年级下册就开始训练学生根据课文信息进行简单的推断的能力。这一能力不是一朝一夕就能养成的，要在平时的教学中有意识地进行渗透和训练。针对叙事性强的故事、神话、寓言、童话等类型的课文，教师可以设计悬念、补白点、续写点，引导学生根据故事的情节进行合理推理、想象、推断故事中没有显现的细节，或推断故事的后续情节。

例如，厦门市翔安区海滨小学林育梅老师执教人教版六年级下册《凡卡》一文时是这样引导的：

师：这封信爷爷能收到吗？为什么？从哪里看出来？

（学生交流。）

师：这封信爷爷是收不到的，这个可怜的孩子还在做着甜蜜的梦，让我们轻一点儿读，别惊醒了他的梦，让我们慢一点儿读，让他的梦做得更长些。

（学生读。）

师：是梦终究会有醒来的一天，醒来的凡卡又会过着怎样的生活呢？把你看到的、想到的，写一写吧。

（学生续写。）

人教版六年级下册《凡卡》一文，先是描述凡卡在莫斯科生活的孤单和苦难，插入回忆乡下生活的美好与惬意，接着着重写凡卡几次呼唤爷爷带他回家。执教时，教师可以追问学生："为什么文中写了两次凡卡回忆乡下生活？"通过引导，使学生回归文本，联系前后文理解了是作者借助乡下生活的快乐反衬城市生活的不快乐，暗示了凡卡悲惨的结局。教师转而问："既然凡卡如此不快乐,为什么结尾却写到凡卡做着甜蜜的梦?"引导学生体会凡卡的愿望只有在梦中才能实现。最后水到渠成,教师再问:"你能为凡卡设计更真实的结尾吗?"有了前面的铺垫,学生能进行合理的推断,展开想象续编故事。当学生对补白产生兴趣时,阅读教学才能真正成为激励学生进行自我解读的途径,也才能激发学生阅读的积极性。

评价鉴赏是非常重要的阅读素养,是较高的思维层级,如果教师能坚持系统地在每一节课的提问与理答中不断训练学生,学生阅读素养的提升将非常显著。

第六节 导向迁移创生素养发展的理答策略

提取信息、直接推论、解释整合、评价鉴赏四种阅读素养都是培养迁移创生素养的基础。这是一个由低阶思维向高阶思维发展的过程,需要师生对文本进行深度分析,着力把握阅读素养的逻辑性和关联性,从而为学生迁移创生的阅读素养发展提供保障。

一、导向迁移创生素养发展的理答策略要义

迁移指学生掌握一定的阅读方法后,能够运用方法自主、高效地阅读相关文本、相近文本,甚至是相反类型的文本。创生指学生在理解文本的基础上,超越文本内容提出新见解,获得新认识,并且形成新的文字表达成果,具有独创性。

迁移创生,是一种独特的,以创新思维解决问题、探索未知的思维活动。这一思维活动,不是游离于其他思维形式单独存在的,而是灵活调动各种思维形式进行的综合性思维活动。教师在理答时,要培养学生的迁移创生素养,鼓励学生从学习中滋养出新的潜能,能够自主迁移,创生实践。

(一)实现课堂阅读教学的新颖性

迁移创生,以学生的心理和思维发展能力为基础,重在发展学生的创新能力和批判能力。教学时,无论是教学主线的设计、教学内容的选择还是教师的理答都应突出新颖性。此外,对学生思维的启发、解决问题的引导都不

应流于形式，要以新颖的教学方式、理答方式，吸引学生求真、求知、求实的积极性，激发学生形成新的见解，进行新的突破。

（二）实现学生阅读拓展的灵活性

迁移创生，没有现成的章法可寻，不可生搬硬套，需要采用灵活多样的理答方式，引导学生放飞思维，鼓励学生通过观察、思考、发现，迁移已有知识，发展创生能力。迁移创生的灵活性，决定了教师在进行课堂教学时，不能采用"填鸭式""满堂灌"的传统教学方式，应给学生创设自由、民主、宽松的学习环境，以孕育学生迁移创生思维的灵活性。

（三）实现课外阅读延续的效能性

我国著名数学家华罗庚说："'人'之可贵，在于能创造性地思维。"迁移创生是抛弃界限，基于现实的无拘无束的思考方式，是由多种思维形式组成的复杂的思维活动。它是发散思维和集中思维的结合，也是直觉思维和分析思维的结合；它既包括形象思维，也离不开抽象思维。在教学中，教师要接受多种思维方式的存在，并选择恰当的理答方式，引导学生发现联系、利用联系，再用独创的、新颖的方式，解决各种问题，体现迁移创生的有效性，大大提高课堂的教学效率，同时为学生的思维发展提供平台。

二、导向迁移创生素养发展的理答策略实践

迁移创生素养的培养是个系统工程，并非一蹴而就的，需要建立在前面四大素养的基础之上。教师要从学生发展这一长远的角度组织课堂教学，进行课堂理答，让学生将已有知识和技能迁移到新的文本阅读中，衍生创造出新的知识。

（一）拓展延伸，提高能力

温儒敏教授指出，语文光是教课文、读课文是远远不够的，因为教材只能提供少量的课文，语文教学中，应力图把"教读""自读"和"课外阅读"三者结合起来"加码"，采取"1+X"的办法增加学生的阅读量，拓展学生的阅读面。

不过，单纯推荐一本书就认为完成了拓展学生阅读面的任务，会导致学生的阅读出现偏差。这样的"伪阅读"会让学生的阅读停滞不前。实行

第四章　指向素养：基于阅读素养发展的理答策略

"1+X"群文阅读，可以有效解决学生拓展阅读的困境。教师先延展自己的阅读空间，然后再把教材之外的知识纳入学生的阅读范围，引导学生迁移创生阅读，从而解决学生读什么、怎么读的问题。

1. 体裁拓展，提升思考力

"阅读思考力是指在阅读中正确运用各种思维形式，进行思维活动的能力。阅读思考力包括会质疑、能求异、会多向思考，懂得入文出文。"①教学时，教师要抓住学生思维的发散点，由一点辐射开去，引导学生进行积极的思维活动。

例如，厦门市翔安区海滨小学林海燕老师执教部编版五年级上册《忆读书》时，引导学生体会作者读书的体验，接着拓展推荐了林海音的《窃读记》——

师：无独有偶，有位作家，也写出了她阅读的滋味——林海音的《窃读记》，认真阅读这两篇文章，对比其异同点。

学生通过纵向的比较，会发现两位作者表达上的差异。林海音是抓住自己记忆中最深的窃读经历，展示了窃读中又害怕又欣喜的心情；冰心是以时间轴为主线，按时间顺序串联自己的读书经历。对比后，教师小结写法：可以效仿林海音抓住感受最深的事情来写，也可以像冰心一样按时间顺序来写。最后，让学生从作家到自我，从课内到课外，学习两位作家，说说自己的读书经历。迁移创生不仅让学生的阅读思维贯穿课堂始终，也促进了学生思维的线性发展。

2. 作家拓展，提升迁移力

"阅读迁移力是指运用阅读所得知识、技能和情意来解决新问题的能力。"②文学作品中，同一作家的作品在写作技巧和表情达意上有极大的相似性。教学时，教师可延伸同一作家的多篇作品，让学生将其放在一起品读、感悟，由"扶"到"放"，培养学生的阅读迁移力。

人教版六年级上册《最后一头战象》是沈石溪写的一篇动物小说。在沈石溪的作品中，《斑羚飞渡》的表现手法与《最后一头战象》类似。

---

①② 李晓腾.延展阅读空间　提升阅读能力[J].福建基础教育研究,2018（12）：87-88.

厦门市翔安区海滨小学林育梅老师在执教《最后一头战象》一文时是这样拓展迁移的：

师：同学们，最后嘎羧和并肩战斗的同伴们躺在了一起。嘎羧逝去了，它留给我们的是什么呢？请大家想一想，也可以和同桌交流一下。

生：它留给我们的是善良和忠诚。

生：它留给我们的是和平，它和它的战友用生命保护了这片土地，换来了和平。

师：它在祈祷和平。

接着，教师让学生找到刻画战象嘎羧所用的细节描写，引导学生体会作者描写动物时所蕴含的情感。再小结写法：从听其言、观其行、相其貌、察其神、知其心这几个方面感悟动物形象。

师：通过人物的动作、神态、声音表达内心的情感，这正是动物小说的一大特点。同学们，知道这篇文章的作者是谁吗？

生：沈石溪。

师：我们可以读一读他的《斑羚飞渡》。

学生拓展阅读《斑羚飞渡》，自由读短文之后，用课文中学到的方法自主感悟斑羚的形象。如此完成了第一次迁移——阅读方法从课内走向课外，并且过渡自然，有法可依。最后，让学生结合两篇短文，说说"文章中让你感悟最深的地方，生活中有没有见过类似的生活场景"，进行拓展练笔，注意动作、神态等方面的描述。这时，完成第二次迁移——写作方法由课内走向课外。这样的拓展迁移，课内和课外衔接自然，降低了学生学习的难度，还能促使学生举一反三。

3. 内容拓展，提升创造力

阅读创造力，可以理解为在阅读中再生产、再发现的创新能力。在文学作品中，名家们针对同一内容的表述各有千秋，内容不尽相同。阅读此类材料，教师要根据自己的阅读积累，尽可能多地进行延伸，让学生在阅读中不断地进行再创造。

如人教版六年级下册《桃花心木》一文，作者通过种树人的一番话，体会到"不只是树，人也是一样，在不确定中生活的人，能比较经得起生活的考验，会锻炼出一颗独立自主的心"的道理。这句话点名了文章的主旨，由事入理，融理于事，顺理成章，意味无穷。接着可拓展阅读袁鹰《白杨》一文中的这两句话："爸爸搂着孩子，望着窗外闪过去的白杨树，又陷入沉思。突然，他的嘴角又浮起一丝微笑，那是因为他看见火车前进方向的右面，在一棵高大的白杨树身边，几棵小树正迎着风沙成长起来。"让学生在阅读中品味袁鹰如何借白杨表白自己的内心。接着引导学生体会借物喻人写法的精妙，然后选择一个事物，让学生运用所学的方法，进行现场创作。通过延伸创造，让学生的思维跳出文本内容，激发创造力。

（二）教学结合，促进迁移

语文课程的学习应该基于一定的学习目的，让学生带着目的去阅读，搭建已有知识和未知知识之间的桥梁。

北京师范大学教授肖川曾指出，语文课堂教学的核心要素是学习内容和教学方法，即"教什么"和"怎么教"的问题。要培养学生的延展能力和创造能力，就要把"教什么"和"怎么教"结合起来，最终将学生的迁移创生能力发展成"写"的能力。对学生"写"的训练要兼顾以下两个方面：一是与语文新课标中不同学段的目标相联系，做到不超前、不低就；二是与课堂教学的训练重点相联系，做好教与"写"的统一。

1. 由设问到启发，奠定基础

语文新课标指出，培养学生的阅读能力时，需要强调并重视语言文字对学生的感染力，同时尊重学生的主观感受和独特体验。在教学中，如何引导学生从文本中得到启发，以积极的态度投入未来的人生中？如何让学生将从文本中习得的观点应用于写作中写出真情实感？教师可有意识地设计问题及理答，指引学生思考。如教学人教版三年级下册《一面五星红旗》时，让学生体会"为什么青年在饥寒交迫中宁可饿晕也不拿五星红旗交换面包"，从而理解青年的内心，感受他的爱国精神。教师还需对这个问题进行拆解，可这样进行设问补白：

他已经三天三夜没吃没喝了，面对这香喷喷的面包，他的心里又会想些什么呢？

① 当我三天三夜没吃没喝时，我（　　　　　）。
② 当看着这个香喷喷的面包时，我（　　　　　）。

③最后，我决定（　　　　　　）。

通过一问一答和填空，学生可以深入地了解青年的爱国精神。通过问答，让学生直接对话人物，直面人物的内心世界。学生在简便快捷地进行角色互换，理解人物内心时，体会到作者塑造人物的方法，激发了表达的欲望。学生有话可说，有情可抒，这也为写作奠定了坚实的基础。

2. 由仿写到建模，逐步提高

创造的起步阶段是模仿，仿写是引导学生将课内外知识相联系的桥梁。在仿写过程中，教师可以引导学生将学到的表达技巧和写作方法迁移运用到自己的写作中，逐步提高学生的写作能力。如教学部编版三年级下册《荷花》时，先引导学生回顾文本，体会作者所用的写作方法，即由整体到局部；再让学生选择自己喜欢的植物，按照文中的写作方法加上自己的想象进行描写；最后，让学生动手将植物的特点描写出来——

仿写片段一：桃花已经开了不少，有的才展开两三片花瓣儿，亭亭玉立。有的还是花骨朵儿，好像马上就要裂开似的。有的花瓣儿全展开了，像一把把娇嫩透亮的小伞。真是千姿百态。

仿写片段二：我忽然觉得自己仿佛就是一朵牵牛花，穿着紫色的衣裳，站在阳光里。一阵微风吹过来，我就点了点头，不光是我一朵，一坛的花儿都在点头。风过了，我停止了点头，静静地站在那儿，小蝴蝶飞过来，对我说她要和我玩。小鸟在头顶飞过，告诉我早起的鸟儿有虫吃……

在模仿文本写法的基础上，还要引导学生大胆地表达对植物的喜爱，通过课内学习和课外的迁移仿写，让学生有话可写、有感可发、有情可抒。学生在充分学习的基础上，展开丰富的想象，写下优美的词句，使得作文灵动而优美。

3. 由补白到创造，激发创意

补白，可以是文字的补白、标点符号的补白、文本高潮的补白、文本中心思想的补白、文本结尾的续写等。当前被选入语文教材的文本，大多文质兼美、教育性强，无论在表达技巧上，还是在内容编排上，都有独到之处，为学生的想象训练留下了一定空间。教学时，教师应准确挖掘课文的留白处，给学生创造表达情感和补白内容的机会，引导学生联系自己的生活经验，围

第四章　指向素养：基于阅读素养发展的理答策略

绕一个知识点或情感点，交流真实感受和情感，写出贴合文本的恰当补白。如厦门市翔安区海滨小学沈燕萍老师教学人教版三年级下册《可贵的沉默》一文时这样补白：

师：现在，让我们一起静下来，跟着文中的孩子沉默一分钟吧。

师：你能说说你刚刚想到了什么吗？

生：我想回去要问爸爸妈妈的生日。

师：你来说说可以吗？

生：妈妈的生日快到了，我想亲手给她做个生日礼物。

师小结：在这一分钟里，你想的是怎样才能知道爸爸妈妈的生日，你想的是怎样给爸爸妈妈过生日。孩子们，你们都认识到了自己的不足，懂得了感恩父母。（板书：感恩父母）

师：文中的小朋友沉默时是怎样的呢？你能不能结合你刚才的沉默说一说？

这一课有不少的空白处值得挖掘，如文中教师问学生："你们中间有谁知道爸爸妈妈的生日，请举手！"原本欢呼雀跃的教室突然变得鸦雀无声，学生沉默了。教师可抓住这一留白处，创设想象空间，追问："学生们低着头在想什么？这时他们的动作是什么？表情是怎么样的？"对这些内容的补白，可以作为对学生进行表达训练的突破点。

（三）有效创生，促进发展

1. 读写结合，有效创生

创生，基于学生的学科认知基础，以读写作为主要形式来驱动学生思维的发展，提升学生的阅读素养。教师可以根据文本的特点，如修辞手法、结构特点等，多角度地为学生的迁移创生创造条件，铺设桥梁，使创生的过程水到渠成，不显生硬。教师认真研读教材后，找到教材和现实生活的结合点、文本内容和学生心灵的连接点、表达技巧和学生独特意识的关注点，然后紧抓这些点，结合课文引发学生的感想，拓宽学生的思路，激励学生表达。

语文特级教师丁有宽曾说："读写结合，相得益彰；读写分离，两败俱伤。"创生式的表达可以有效解决读写问题。人教版六年级上册《山中访友》一文中有一段"我"和山上各位朋友打招呼的排比句："这山中的一切，哪个不是我的朋友？我热切地跟他们打招呼：你好，清凉的山泉！你捧出一面明镜，是要我重新梳妆吗？你好，汩汩的溪流！你吟诵着一首首小诗，是邀我与你唱和吗？你好，飞流的瀑布！你天生的金嗓子，雄浑的男高音多么有气势。"这段的语言表达很有特色，作者运用了拟人和排比的修辞手法，加上第二人称对话式的表达，句式相同，情感相似，语言生动有趣，是创生写作的典范。但如果教师只是教完这一段，就让学生进行写作，那么这样的作业，还是停留在模仿的基础上，不能有效地激励学生产生写作愿望。厦门市翔安区海滨小学陈雅如老师执教《山中访友》是这样引导学生评鉴的：

教师边出示投影边总结：

一种感情：热爱。

《山中访友》诗意的语言为我们描绘了山中的一切，这些景物亲切而自然，如一位挚友。"我见青山多妩媚，料青山见我应如是。"山中一切的美好正是作者带着一颗挚爱山林的心写就的。

一种方法：想象。

给心灵插上想象的翅膀，文字就有了灵动之美。作者看桥，想象桥是一位老者；看落花，想象着一场繁华落尽的礼祭。想象，让无穷的可能在笔尖流淌。

当然，同学们可能还有其他的启发和收获，相信早已心潮澎湃。

爱读书的你，可以选择课文中的精彩语段写一写"书中访友"。

爱旅游的你，可以景物为角色，与游人互诉心声写一写"海中访友"。

……

教师注重"写"的训练，同时也应加强对学生"写"的点拨和提醒，可以引导学生关注生活，告诉学生还可以从哪些方面"访友"。最后再让学生迁移仿写"海中访友""书中访友"，激励学生在课文基础上加上自己的见解。

阅读力的形成，需要鼓励学生将感悟、赏析转化成表达的方法和意识。在仿写的过程中，要激励学生表达个性化的想法，产生自己的表述风格；激励学生多思、多读、多写，培养学生的语言表达能力。

2. 创意改编，有效创生

小学生正处在表演欲望较强烈的阶段，对模仿和表演充满兴趣。教师可有意识地把表演引入课堂，让学生大胆创意改编，演绎文本，从另一个角度说，这也是鉴赏和评析文本的一种方法，也是一种鉴赏语言的方法。由于教材内容极具个性化，因此，教师课前需要选择文本并对其进行鉴别，找到适合学生创编的突破口，通过创编，调动学生的阅读积极性，培养学生的阅读思维，发展学生的迁移创生能力。

例如，厦门市翔安区海滨小学陈小燕老师执教部编版六年级上册《月光曲》一文，是这样引导的：

师：这节课我们一起阅读了一个有关知音的美好故事。简陋的小屋、善解人意的妹妹、朴实的皮鞋匠，还有深受感动的贝多芬，皎洁的月色下，这个故事正在发生……

师：相信这节课的内容会在同学们心中留下美好的印象，请同学们根据你们对这篇课文的理解，把课文改编成课本剧。

教师引导学生熟读课文，理解课文内容后，让学生以小组为单位，根据自身特点和喜好，把课文创编成课本剧，并在班级进行展示。这一活动激发了学生的兴趣，学生把文本内容改写成剧本，实现了文字的"再创造"。学生参与整个创编活动，对文本有了更加深入的理解，同时把对文本的评价和鉴赏以艺术表演的形式呈现了出来。以表演式的激励性评价代替纸笔评价、口头评价，给更多学生以精神激励，为学生构建了宽松、自由的鉴赏环境，并深度挖掘了学生的创意潜质，在这一个过程中，提高了学生的综合能力。

3. 创新形式，促进发展

教师应有创新意识，要根据学情精选训练的内容，创新训练的形式，以突出学生的主体地位。在教学中，教师可以让学生参加阅读训练题的设计，开展多种读写结合的训练活动，使阅读训练的方法更加灵活，更符合学生的心理发展特点。教师设计阅读训练内容时，应对内容进行选择，要满足不同层次学生的不同需求，促进学生迁移创生素养的发展。

如人教版四年级上册《电脑住宅》一文，文中作者对电脑住宅的不同位置——大门、门厅、厨房等展开描写，明确指出电脑住宅的高新性和创新性。教学时，为凸显学生的主体地位，可以让学生交流讨论，可设计课堂训练："仔细观察你熟悉的地方，如学校、图书馆等，模仿文本的写法，设计一处新型的住宅。"同时提出具体要求：写作前，可以查找资料，从不同位置进行描写，写作时必须有创新。学生利用课余时间展开调查，选定描写对象，完成作业。这样的任务具有可操作性，学生会积极参与其中。

在教师精心的理答引导下，在循环往复的训练中，学生的迁移创生能力将会逐渐提升，阅读素养也将随之提升。

第五章　指向弥散：基于全程的拓展性提问策略

阅读是语文教学的主要载体，也是主要形式，但仅仅依赖课堂来培养学生阅读素养是不太现实的，课堂之外才是培养学生阅读素养的广阔天地。要将课堂阅读与课外阅读结合起来形成合力，就要进行全程性、全景性的思考。基于弥散的思维，我们将阅读教学课外延伸的部分实践理解为拓展性阅读实践，其核心行为理解为拓展性问题的设计与实施。

第一节　拓展性提问的内涵

拓展性提问是语文拓展阅读教学中的一个重要支架，在语文教学中起着重要的作用。拓展性提问重视课外延伸部分，其目的是进一步促进学生阅读素养的形成，提升学生的自我能力和个人素质，有利于拓宽、延展和补充学校教育和语文教学。

一、拓展性提问现状

在语文教学中，一些教师以教学参考书作为唯一的文本解读依据，教学内容大多局限于文本，重在认识新字词、解析文本内容及提炼中心，教学形式化突出，缺乏"拓展延伸"环节，较少思考课堂以外的拓展学习，这在一定程度上束缚了学生阅读能力的发展，弱化了学生的参与意识和探究精神，不利于学生阅读素养的提高。下面具体看看拓展性提问存在的主要问题。

（一）重课堂轻预习

基于应试教育的影响，教师精心设计教学内容，重视课堂环节的衔接，注重课堂知识的讲解,对教学做充分准备,但常常忽视预习作业的设计及对学生预习情况的反馈。这不仅导致预习作业存在随意性,缺乏与教学内容的衔接,而且由于教师忽视预习,影响了学生对预习的重视,导致学生预习时重形式轻效果,难以形成自主学习的习惯,也影响对学生高阶思维的培养。

(二)重知识轻思维

基于传统的教学理念,无论课堂教学还是作业设计,均倾向于对知识的积累,忽视对学生思维能力的培养。

1. 预习作业缺乏关联性

预习是一节课的前奏,大部分的预习作业趋向于形式化,偏向于对基础知识的积累,内容简单,不能引起学生的思考。很多教师较少从学生学习的角度出发进行全方位、有深度的设计,导致预习作业与教学内容的关联性较弱,衔接性缺乏,使预习浮于表面,没能发挥其真正的作用。

2. 教学过程缺乏延伸性

课堂教学中,还存在教师注重对文本的教学,重视课文内容及知识的传授,忽视课内外延伸和拓展资源的补充等问题。语文教材无非是个例子,教师要引导学生在学习例子的基础上将知识拓展延伸到课外。

3. 作业布置缺乏全程性

主要体现于部分语文教师会根据自己的习惯、喜好及现有教辅材料来布置课后作业,以书面抄写为主,盲目低效、简单机械,缺乏理性思考。这样的作业不能配合课堂教学,不能引导学生扣准重点,突破难点,不能辅助学生的课堂学习,更没办法提高学生的语文阅读能力。作业的数量、质量与教师对课后作业的看法息息相关,学生的学习态度会受其影响,这种影响具有很长的潜在性。

(三)重点状轻整体

语文课程具有整体性和阶段性,文本的选择注重各学段之间的衔接,具有整体性;知识与知识之间具有一定的结构关系,是全面有序螺旋上升的。但在传统教学理念下,教师会根据课时,统一安排教学内容及教学进度,以课堂教学的形式呈现在学生面前,将具有整体性的知识结构分解成点状,教学活动围绕着一个个"知识点"展开，忽视了知识之间的关联性，促使学生无法进行整体深入的思考。

二、课堂阅读教学提问的新视角

教学主要包括课前预习、课堂教学、课后作业三个方面。因此，提问不仅仅指课堂上的提问，还应包括课前预习提问，使预习能充分满足课堂教学的需求，激起学生的好奇心，激发学生的思考；针对课后作业提问，以让课后作业巩固学生的课堂学习效果。

（一）关注课前预习

古人云："凡事预则立，不预则废。"预习是课堂教学的准备，是学生学习过程中不可或缺的环节，是提高学生自学能力的重要手段，更是提高语文教学效率的有效方法，也是人们普遍看重的学习方法。因此，教师应该引导学生培养良好的预习习惯，掌握正确的预习方法。在此基础上，培养学生主动探究的精神和独立解决问题的能力，提高学生的自学能力和语文素养。拓展性的预习对课堂教学能起到事半功倍的作用。

（二）关注课堂教学

苏霍姆林斯基说："教师高度的语言修养，在极大程度上决定着学生在课堂上脑力劳动的效率。"在课堂教学中，学生的学习与课堂提问的有效性息息相关。这就要求课堂提问不但要具有科学性，还应具备一定的艺术性。科学性与艺术性相结合的提问能体现出教师高度的语文素养，而这样的提问就是"精问"。因此，在教学中，教师应避免提出缺乏思考性的问题，减少过于形式化的师生问答，减少超出学生"最近发展区"的问题，要基于学情，精心设计一些具有探究性、启发性、趣味性、挑战性的问题，从而引导学生思考，打开学生的思路，培养学生的高阶思维。

课堂上的有效提问有利于提高学生的预习效果，启发学生在课后练习中的思考，对于学生的全程学习起着举足轻重的作用。因此，应基于学生的全程学习效果设计问题。

（三）关注课后作业

布置课后作业的目的仅仅是巩固本节课的字、词、句吗？其实不然，一份有价值的课后作业，应在引导学生巩固知识点后，还能进行有针对性的拓展阅读，以课本为基础，引申到对同类题材文章的学习，从而产生更多的领悟。

课本中的文本基本都是单篇或节选，教学时教师要有选择性地去拓展。因此，教师应引导学生进行拓展阅读，使文本由短篇拓展到长篇，由点及面，从而增加学生的文学积累。叶圣陶先生指出阅读要注重举一反三，教师可以课本为例，拓展与文本内容相似，或体裁相近的文章，尽管它们在写法上可能有所区别，但可以引导学生在课后进行比较阅读，这有利于学生对此类文章的深刻理解。当手法不一样时，在比较中则能更好地感悟不同表达手法的优劣，这就是拓展阅读的优势。因此，课后作业应与课堂关联，进行有目的的拓展，促进学生阅读素养的提高。

因此，课堂阅读教学中的提问不应是狭隘的课堂提问，应包揽课前、课中和课后的全过程。

三、拓展性问题设计的三个维度

阅读教学中的拓展性问题设计需要关注三个维度，即关注课前教学的延伸、教学过程中的延伸及课堂教学后的延伸。课前教学的延伸能激发学生的学习兴趣，并为课堂学习做好充分准备；教学过程中的延伸可以增加学生的阅读积累；课堂教学后的延伸可以帮助学生巩固课堂所学。

（一）课前教学的延伸

课前教学的有效延伸，对于呈现一节更精彩完整的课起着重要作用。它能充分调动学生的学习兴趣，吸引学生的注意力，同时能让学生提前熟悉文本内容。教师在布置预习作业时，可以推送与课文有关的图片、音频、视频等资料，让学生寻找这些资料与本课教学内容的关联点，提前进入文本学习情境中，并以饱满的精神状态应对课堂。

如执教部编版五年级下册《猴王出世》一课时，可以通过印发有关美猴王的图片，推送《西游记》中石猴出世的视频材料，推荐《西游记》的相关音乐等来激发学生学习古典名著的兴趣，为学生埋下阅读古典名著的种子，同时为更好地开展教学做好铺垫。

（二）教学过程中的延伸

教学是一门艺术，课堂教学过程中的延伸，有利于增加学生的阅读积累，改进课堂"教"的方式。所谓教学过程中的延伸就是在语文阅读教学中，教师紧扣教学目标与教材内容，延展课内知识，补充与之相应的课外的阅读材料，引导学生对课内外知识进行联系、对比，由此帮助学生全面、深入地理解和掌握课文的重点，实现课堂教学目标，逐步提升学生的语文核心素养。

1. 注重写作背景的延伸

在课堂教学中，如何引导学生悟作者之思，感作者之情，背景的延伸不失为一种好办法，如《孟子》一书中所言"知人论世"。如何真正理解一篇文章？应该先走近作者，了解作者创作时的环境、背景、心情等，这能弥补学生生活经验的不足，帮助学生感悟文章的思想感情。例如，执教部编版五年级下册《闻官军收河南河北》一课时，学生可能无法理解诗人杜甫听说朝廷军队收复蓟北时那欣喜若狂的心情，这时就需要教师补充背景知识，通过介绍诗人写作时的历史背景，引导学生品读古诗，促使学生走近诗人，更真切地感受诗人的心情，从而进一步理解和感悟古诗所表达的思想感情，这样的方法能在一定程度上提高学生的阅读能力和思考能力。

2. 注重教学内容的延伸

为了避免单纯教授教材文本的不足，为课外阅读指明方向，同时也为了让学生通过相似文本的阅读更好地体会人物形象及思想感情，教师需要注重对教学内容的延伸，"不满足于课本教学，把与书本内容相近的文章作为课本教学的补充，通过同类型的多篇课文的学习，使学生在各篇的学习与比较中增长知识"[1]。例如，执教部编版五年级下册《景阳冈》一课时，可以拓展《水浒传》中"李逵打虎"的情节，引导学生进行比较阅读，在对比中感知两篇文章的异同，从而进一步感悟武松赤手空拳打虎的威猛形象。在教学过程中，补充与课文内容类似或体裁相近的课外资源辅助教学，不仅能帮助学生更深入地理解晦涩难懂的知识，对于学生理解重难点也具有立竿见影的效果。

---

[1] 贺丽萍. 语文拓展性阅读教学的研究与实践 [D]. 成都：四川师范大学，2007：15.

3. 注重教学方法的延伸

俗话说："授人以鱼，不如授人以渔。"在阅读教学中，教师应注重引导学生进行阅读方法的拓展运用。在课堂中，教师应帮助学生掌握初步感知文本的方法、分析问题的方法等。例如，结合背景资料理解作者思想感情的方法，通过品析动作、神态、语言等感悟人物性格品质的方法，结合环境描写品味作品意境的方法等。如执教部编版五年级下册第二单元——名著专题时，由于当时的时代距离学生较远，学生理解课文内容难度较大，教师可通过联系上下文猜词法、不求甚解法、借助资料法、借助影视法等多种方法进行教学，从而让学生触类旁通，把这些阅读名著的方法运用到课外阅读中，提高学生的阅读能力。教师在课堂教学中应不断巩固学生对方法的认识和运用，促使学生将课内所学的思维方法延伸运用至考试中或课外阅读中，促进阅读能力的提高。

（三）课堂教学后的延伸

《学记》有言："大学之教也，时教必有正业，退息必有居学。"由此可知，学习不只在课堂上，课后也需要对课堂内容进行巩固与延伸。

陈金环指出："拓展阅读，是以课内文本阅读为依托，以课内文本的'一点''一情''一法'为生发点，延伸到相关作品的阅读。"[①]而语文课后作业，可以课堂为例，拓展延伸相关作品，引导学生进行连续性阅读。语文课后作业也是教学活动的重要环节，它是语文课堂教学活动的必然延伸，是巩固学生所学的重要方法。对于语文课后作业的设计，应以课堂实施的效果及学情为基础，遵循语文教育的规律，注重激发学生积极的情感、态度、价值观，构建学生课外、校外生活的立体时空，使课堂教学后的延伸具有实际作用，能促进学生进步，培养学生的高阶思维，进而提高学生的语文素养。

第二节 指向预习的拓展性问题设计

教师在教学中要注重对学生学习能力的培养，教给学生学习的方法。因此，在预习环节，教师设计的问题应具有目标性、针对性。从学生思维培养

---

① 陈金环.拓展阅读：课内阅读的有效补充[J].教学与管理.2013（7）：38-40.

的不同角度思考，教师可以从解释型、质疑型、整合型、延展型这几个类型入手进行课前预习问题的设计。

一、解释型问题

解释型问题可以理解为在教学中引导学生用自己的话解释文中出现的词语或句子的表层意思，帮助学生把握文章的主要内容。在教学中，面对学生提出的问题，教师如果不积极引导学生自主找到解决的办法或没有引导而直接给学生提供答案，就会使学生产生依赖心理，降低学习兴趣，同时学生的思考能力也会逐渐降低，达不到良好的教学效果。因此，教师应给学生提供释疑的机会，教给学生释疑的方法，将问题化难为易，化整为零，让学生学会自己解决问题。

（一）词语解释

词语解释是理解课文内容的必要环节。学生在理解课文的主要内容时先要对文中的重点词语进行解释，在理解重点词语的基础上理解句子，从而掌握文本的主要内容。教师在布置课前预习作业时，可以适当抽取文中的重点词语让学生借助工具书、参考资料或联系上下文等对词语进行解释。词语解释的方法有很多，可以从工具书、参考材料或课文中直接找答案，也可以通过集体讨论来解决。大家畅所欲言，相互补充，共同探索。这样既能启发学生的思维，又能促进学生间的合作，使学生在和谐、愉快、轻松的氛围中解决问题。

例如，厦门市翔安区海滨小学陈小燕老师执教部编版六年级下册《真理诞生于一百个问号之后》时，设置了以下预习单：

画出词语所在的句子读一读，想一想这些词语在句子中的意思。

司空见惯：＿＿＿＿＿＿＿＿＿＿＿＿＿＿＿＿＿＿＿＿＿＿＿＿＿

追根求源：＿＿＿＿＿＿＿＿＿＿＿＿＿＿＿＿＿＿＿＿＿＿＿＿＿

无独有偶：＿＿＿＿＿＿＿＿＿＿＿＿＿＿＿＿＿＿＿＿＿＿＿＿＿

见微知著：＿＿＿＿＿＿＿＿＿＿＿＿＿＿＿＿＿＿＿＿＿＿＿＿＿

锲而不舍：＿＿＿＿＿＿＿＿＿＿＿＿＿＿＿＿＿＿＿＿＿＿＿＿＿

通过这样的问题引导，学生在预习时既有方向，又可以提高理解、概括、解释的能力。在预习单中设置词语解释的问题，让学生在课前针对难懂的词语，通过查找工具书、联系上下文等方法进行自主学习，能引导学生课前自主理解词语，迁移运用已掌握的方法预习课文，促进学生迁移能力的提升。

（二）句子解释

句子解释一般是教师在布置预习作业时，从文中抽取本文的重点句子，引导学生在词语解释的基础上，用自己的语言解释句子的表层意思。每一篇文章中都有需要学生重点理解的句子，教师在设计课前预习作业时应适当选择文中的句子让学生用自己的话解释其大概意思，这既节省了课堂时间，也提高了学生的学习效率，培养了学生的自主学习能力。

例如，教学部编版四年级下册《乡下人家》一文，为了训练学生解释句子的能力，教师在预习作业中可以引导学生抓住本课最后一段"乡下人家，不论什么时候，不论什么季节，都有一道独特、迷人的风景"，体会文本所表达的思想感情。引导学生通过对"独特""迷人"这两个词的理解，结合课文说说描写了哪些乡下人家独特、迷人的风景，从而体会到作者所要表达的情感。引导学生在课前预习时对课文的重点语句进行解释，可以提高学生的学习效率。

二、质疑型问题

质疑型问题意在让学生去思考所学的内容，激发学生的求知欲望。课前预习时，让学生带着问题对即将学习的内容大胆地提出自己的疑问，并进一步思考，既有利于学生对课文内容的理解，又能培养学生的质疑能力。课前预习时可以引导学生对即将学习的课文从标题、内容、写作形式等方面进行质疑，提出自己的思考。预习后，学生带着问题进入课堂，在课堂上就会自然地关注问题的解决方法，同时思考自己在预习时的思路对不对。

（一）质疑标题

教师可以通过引导学生抓住标题不断进行思考、发问，达到理解文章的目的。大部分文章的标题是内容的集中体现，教师要引导学生关注标题，从标题中拓展相关信息，补充、延伸标题的主要内容，提出自己的疑问和思考，增强学习的乐趣。

如执教人教版四年级上册《电脑住宅》一文，教师可让学生预习时根据标题提出问题。学生提出问题：电脑住宅是什么？电脑住宅里有什么？电脑住宅有什么奇特之处？……有了这样的预习做支撑，教师教学时就可以围绕学生提的这些问题展开，课堂教学的起点就能基于学生预习的基础，同时检验学生已经具备的知识、能力，训练学生的高阶思维。同时，学生通过预习对内容有所了解，也有所疑惑，就会认真听讲，积极参与到课堂互动中，从而提升了课堂学习的效率。这一切都基于学生在课前预习时对标题进行了思考，提出了质疑。

又如，人教版六年级上册《我的舞台》一文篇幅较长，厦门市翔安区海滨小学林育梅老师以问题为导向，长文短教。首先，让学生在预习时针对标题提出疑问，围绕舞台，通过解决——"我"的舞台在哪儿？"我"在舞台上干什么？——这两大指向检索的问题，快速抓住文章主线，厘清文章的表达顺序。其次，关注文章的表达方法，引领学生走进"吴霜学艺"的经历，课堂上以情境教学法、四人小组探究法、读写结合法引领学生品味语言特色，充分落实对描写方法的指导，总结归纳出诙谐幽默语言的三大法宝——巧借成语、活用符号、趣用修辞，让学生学得更加扎实有效，做到一课一得。

（二）质疑形式

教师引导学生在课前预习时抓住文章的写作形式进行质疑，让他们针对课文写作形式、写作特点、写作方法进行思考，从预习发问中学习课文的写作方式，从而提高质疑评鉴能力。在预习时，教师可以有意识地引导学生从课文内容、重点字词、写作方法等方面去质疑。

例如，教学部编版五年级下册《牧场之国》时，厦门市翔安区海滨小学沈燕萍老师在预习环节，设置了以下问题，让学生通过质疑来品读课文。

《牧场之国》预习题：

1. 为什么荷兰又叫"牧场之国"？

2. 作者四次写到"这就是真正的荷兰"，每一次分别指什么？

3. 作者四次写到"这就是真正的荷兰"，好在哪里？

4. 作者在写牛时用了"专注""思考""端庄""威严"等词语，这样写好在哪里？

在该教学片段中，教师通过预习题引导学生从课文内容、写作方法、课文用词等方面去质疑思考，潜移默化中提升了学生的理解能力、质疑能力和评鉴能力。

（三）质疑观点

质疑观点可以让学生在课前预习时，抓住文章所表述的观点或者看法进行质疑，提出自己对文章所表述观点的思考或疑问，可以针对一个句子或一段话所表述的观点质疑，也可以针对整篇文章所表述的观点质疑。引导学生大胆地提出自己的质疑，鼓励学生在预习环节提出个人的想法，并通过借助工具书或者上网查找资料的方式，答疑解惑。这样的质疑能让学生提前深入文本，加深对文本的理解，为迁移创生素养的提升奠定基础。

例如，执教部编版一年级下册《端午粽》一文，学生在课前预习中对课文最后一段的观点提出了质疑。文中说"人们端午节吃粽子，据说是为了纪念爱国诗人屈原"。学生预习的时候提出这样的疑问：为什么说人们端午节吃粽子是为了纪念爱国诗人屈原？到底吃粽子和爱国诗人屈原有什么关系？首先，教师要表扬学生能在预习中认真思考并大胆地提出自己的质疑；接着，教师可以引导学生借助工具书或者上网查阅资料的方式对自己的疑惑进行解答。经过自己的查阅，学生会发现原来屈原是我国伟大的爱国诗人，他投江自杀后，楚国人们为了不让江中的鱼虾吃他的尸体，就往江中投包好的粽子，就这样，每逢端午节这一天，人们就用吃粽子的形式来纪念爱国诗人屈原。学生在质疑中不仅拓展了知识，也加深了对中国传统文化的领悟。

总之，预习中产生质疑是语文学习的重中之重。学习一篇新的课文时，学生肯定会产生很多疑问，教师要善于设疑，无论从哪方面提出问题，都要有助于学生深入理解课文，有助于学生提升思维水平。

三、整合型问题

整合型问题一般指能引导学生通过摘句、扩充、归纳、提问等形式厘清文章内容，提取文章重要信息，从而有效地概括段篇、辨识段篇的表达技巧等的问题。学生在课前预习中如果能借助对课文语句和段篇的提取、扩充、归纳，针对文章内容、表达方式等提出自己的思考，在课堂上就能根据自己的预习情况，结合教师的讲解，有效地学习课文。

（一）摘句整合

摘句整合主要是引导学生以"摘句法"来概括段意。在教学中我们发现，有些学生对教师提出的概括段落大意的问题感到无所适从。这时，我们可以引导学生从文中摘取相关句子整合概括段落大意。通过让学生预习课文，找出表达课文意思的相关句子，再把相关句子串联起来即对文章内容的概括。

执教部编版一年级下册《要下雨了》一文，课前预习时，教师可以先让学生找找小白兔遇到了哪些动物，它们下雨前都在干什么，引导学生在文中寻找小动物们的回答，为概括全文内容做铺垫。学生通过预习，很快就能找到文中小动物们回答小白兔的话，串联这几句话，学生们就能理解燕子低飞、小鱼游到水面和蚂蚁搬东西就预示着要下雨了，这就概括了课文的主要内容。

（二）扩充整合

扩充整合，可以抓住一个词、一个句子进行扩充，融入自己对词语或句子的理解，从而达到借助预习整合信息的目的。如果直接在教学时让学生概括文章的主要内容，或者提取文章的主要信息，很多学生都会感到有难度，因为他们不知道从哪些方面进行概括，找不到概括的方法。这就需要教师在课前预习环节设计几个有关本文的重点问题，引导学生抓住一个词语、一个句子、一个段落等进行扩充，融入自己的理解就能概括出课文的主要内容。这犹如教师在教学前给学生提供了一个台阶，能让学生更近一步习得课文的主要内容。

例如，执教部编版四年级上册《纪昌学射》一文，可以抓住该单元的学习要求，让学生简要复述课文，复述时要注意顺序和详略。预习环节中，可以抓住标题提问："纪昌向谁学习射箭？他是怎样学习的？最后他学得怎样？"学生通过对这几个问题的探究，不仅将课文内容整合出来了，对文章的整体思路也更加清晰了。还可以引导学生在读完课文后，找出课文的第一自然段和最后一个自然段，提问："从这两段话中，你了解到了什么？能不能根据这两段话，再结合标题，说说这则寓言讲了一个什么故事？"引导学生抓住结尾段落的意思，扩充整合整篇文章的主要内容。

（三）归并整合

归并整合是学生在平时的学习中用来理解课文主要内容的一种方法。把这个方法运用到预习中，即预习的时候厘清段落的几层意思，并把这几层意思整合起来，归纳出段落大意，从而达到理解段落大意的目的。

例如，教学部编版六年级上册《我的伯父鲁迅先生》，这篇课文篇幅较长，而该课的教学目标之一就是引导学生懂得用小标题来概括段意。因此，教师可设置这样的预习：朗读课文，思考文章可以分成几部分？每部分写了什么内容？分别用小标题来概括。学生在预习中，通过对每一部分内容进行概括，整合出课文的主要内容。

（四）提问整合

提问整合，即引导学生针对文章内容提出相关问题，然后再让学生根据自己思考的答案整合相关内容，厘清文章脉络。问题要多样化，因为单一的问答题容易降低学生预习的积极性，教师可以引导学生提出一些选择题、判断题或者关于思维导图的问题，让学生在多样化的提问中整合文章内容，这是一种很有趣的预习方式。

例如，厦门市翔安区海滨小学李采霞老师教学部编版四年级下册《飞向蓝天的恐龙》一文时，抓住"把握文章中的科学知识，了解恐龙飞向蓝天，演化成鸟类的过程"这一教学重点，在"厘清文章思路"环节，进行了以下设计：

恐龙的演化过程分为四个阶段，正确顺序是（　　　）。
①第一种　　②其中的一些　　③它的后代　　④它们中的一些
A.①③②④　　　B.①②③④　　C.③①②④　　D.①③④②
预习课文，完成下图。

恐龙是如何飞向蓝天的，请根据其演化过程填图。

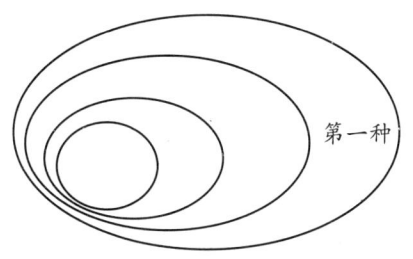

恐龙飞向蓝天的演化图

教师通过在预习环节设计让学生了解恐龙飞向蓝天的演化过程的题目，引导学生厘清课文的重点。这样学生在课堂上学习时思路就清晰多了，同时也提升了学生的信息整合能力。总之，教师有意识地强化学生的整合信息能力，是培养学生深度思维的关键，对提升教学质量也有很大的帮助。

四、延展型问题

课前预习可以适当引导学生在理解文章表面意思的基础上，尝试对文章中隐含的信息进行拓展延伸，深入理解文章的内容。延展型问题可以从文章的深层意义、由文章推理出的内容、作者思想、写作意图等方面提出。这样的课前预习旨在引导学生通过自我探索，提前了解文章的相关内容，有利于在课堂上把握学习的要点，提高课堂学习效率。

（一）写作背景延展

写作背景延展就是针对文章的写作背景或作者的生平进行延展。在平时的教学过程中，有些教师为了完成规定的教学内容，会忽略对写作背景及作者生平的介绍。其实，提前向学生介绍写作背景及作者，可以减少学生的阅读障碍，让学生更好地体会文章的情感，品味文章语言表达的精妙，提高学生的阅读水平。因此，教师可以在课前预习中引导学生对文章的写作背景及作者进行延伸学习。

例如，部编版六年级上册的《七律·长征》这首诗就表达了作者不畏险阻、勇往直前的豪迈情怀。但由于该文章所写的年代离学生较远，大多数学生对那个时代、对毛泽东了解比较少。为了让学生更好地理解诗歌所表述的内容，厦门市翔安区海滨小学林海燕老师在课前预习单里做了如下设计：

《七律·长征》预习单

预习步骤	预习题目	学习方法提示	完成情况记载
初读课文	读准"逶迤、磅礴、泥丸、云崖、岷山"等词语；正确流利地朗读课文。	借助注释或查字典理解词语的意思。	
理解感悟	说一说毛泽东在诗句里是怎样描写长征途中的艰难险阻的？你从中体会到什么？画出相关词句。	建议收集"巧渡金沙江""飞夺泸定桥"等有关资料。	

第五章 指向弥散：基于全程的拓展性提问策略

（续表）

预习步骤	预习题目	学习方法提示	完成情况记载
课后拓展	收集毛泽东的其他诗词及有关长征的诗歌、故事。	阅读有关诗句。	
我的问题		建议查阅资料或同学交流解决。	

这样的预习单目标明确、内容丰富，既有对学生解释字词能力的检验，也有对学生检索信息、整合背景资料的训练；并且牢牢地以文本为依托，引导学生关注文本内容，了解本文作者，同时延伸到他的其他作品，实现点和面的概括及表达。

（二）相关知识延展

课前预习时，收集、了解与课文相关的知识，就是相关知识延展。教学中经常会需要与课文内容相关的知识，只是这些知识往往藏身于课外。教师可以利用课前预习环节，让学生通过上网查询、翻阅课外书或者其他的学习手段，查阅补充与本课相关的课外知识，这有助于学生理解课堂所学内容。

如部编版三年级上册《大青树下的小学》一课。课后习题中设计了让学生感受"这所学校有哪些特别的地方？"的题目。很明显，课文中提供的答案有限。为了让学生理解不同民族生活在一起的和谐，课前预习时就要引导学生通过翻阅相关书籍或者上网查阅资料的方式，收集有关少数民族的知识，包括少数民族的服饰、语言、生活特点等。课前查阅资料，不仅有助于学生理解课文内容，为课堂上的学习做准备，还能延展学生有关少数民族的相关知识，调动学生学习的兴趣。

总之，教师要注重预习环节的拓展延伸，充分利用预习，借助与课文内容相似的知识进行延展，发散学生的思维，让学生走进文本，深化对课文表情达意的感悟。

（三）主题升华延展

小学语文教材大多围绕主题来编排单元内容，教学过程中教师要引导学生抓住单元主题，体会课文所表达的观点。课前预习中教师要引导学生紧扣单元主题，通过查阅资料、自主探究等形式，延伸拓展与主题相关的内容。

借助课文，学习与本单元主题相关的课外知识，有助于学生更好地理解课内知识。

如部编版一年级下册第四单元围绕"家人"这个主题编排了《静夜思》《夜色》《彩虹》《端午粽》4篇课文。一年级的学生对古诗、儿童诗、散文的了解不多，家人却是他们最熟悉的。教学这一单元时，教师可以让学生说说自己和家人之间发生的印象深刻的事，让学生体会"家人"的内涵。教学《端午粽》一文，让学生在课前预习时了解端午节的由来，观察包粽子的过程或尝试和家人一起包粽子。有了这样的课前预习，学生在学习《端午粽》这篇课文时就能理解文中所描述的粽子的样子、味道和形状，甚至还可以与文章作者产生共鸣，说出自己和家人是如何过传统节日的，升华该单元"家人"的主题。

第三节 指向作业的拓展性问题设计

作业是教学过程的基本环节之一，拓展作业能促进学生认知、能力和情感的全面协调发展，是检测教学效果的一种重要手段。作业的拓展要有梯度，要能根据学情设置不同类型的问题。符合新课程理念的拓展性作业，以学生发展为基础，着力于培养学生的创新精神和实践能力，旨在引导学生关注生活，发挥学生的主动性、自主性和创造性，培养学生的综合实践能力。因此，教师在平时教学中应结合语文教材和学生特点，从实际生活出发，重视作业设计。

一、拓展型问题

拓展型问题，指课后为引导学生拓展与课内所学内容相关的知识而提出的问题。在教学中，教师不仅要教给学生课内知识，还要引导学生拓展课外知识。教师可以在课后作业中设计一些阅读作业，以此拓宽学生的阅读面，帮助学生积累丰富的语言知识，培养良好的语感。

（一）阅读延伸

阅读延伸，一般是让学生结合课内所学的内容，通过课后的阅读延伸拓展，积累相关知识，可以激发学生学习语文的兴趣，更好地培养学生的语文素养。在教学过程中我们不难发现，有些学生的学习以课堂上教师教的知识为主，以为掌握了课堂上的知识就算是学好了语文。其实，这是不全面的。教材是学习的工具，只是借助教材掌握学习的方法，最终还是要在课后阅读中进行运用。所以，教师要注重引导学生做好课后的阅读延伸，提高学生的语文素养。

如在执教部编版四年级下册《白鹅》后，引导学生阅读丰子恺的其他作品，使学生进一步感受丰子恺的语言特色；在执教部编版四年级上册《为中华之崛起而读书》后，引导学生阅读《周恩来传》，让学生在拓展阅读中进一步了解周恩来；在执教部编版三年级上册《大自然的声音》后，引导学生阅读关于自然科学的书籍，如《奇妙的仿生学》，扩大学生的知识面；在执教部编版二年级上册《大禹治水》后引导学生阅读古代神话，感受神话的魅力。

（二）诵读展示

诵读是学生学习语文的一种方法。在课内学习的优美语句，教师可以通过布置课外诵读展示这一作业让学生进行巩固，从而帮助学生积累语文知识，提高语文学习能力。语文的学习重在积累，教师除了要帮助学生理解文中的优秀语句，还要引导学生利用课后时间反复诵读已学的优秀语句，并运用到学习中。教师可以尝试设计以下类型的诵读内容：

一是反复诵读课文中优美的语句。二是课文中出现的古诗文，特别是经典的名句，除了让学生理解其基本含义外，还可以引导学生将其运用到平时的学习中，做到学以致用。为了更好地达到诵读的效果，教师可以开展班级经典古诗文朗诵会，鼓励和督促学生诵读积累。三是角色扮演。课后拓展的形式多种多样，其中角色扮演是学生们非常乐意接受的一项作业。课后让学生和家人或同学根据课文内容进行角色扮演，是进一步温习所学知识的方式，也是提升学生语言表达能力的一种途径。

二、开放型问题

开放型问题，主要是教师在教授完课内知识之后，给学生设计的。单一、枯燥的作业形式容易导致学生厌倦课后作业，甚至敷衍对待。开放型问题要从形式、内容等方面多样化地进行设计，不仅能让学生巩固课内所学知识，也能增强学生学习语文的兴趣。

（一）开放形式

每个学生都是独立的人，在智力、知识基础、学习能力等方面都存在差异。因此，教师要结合学生的实际水平布置拓展性作业，让学生根据实际能力和需要自主选择，体现因材施教的教学原则。教师为学生设计不同形式的课后作业，让学生自主选择适合自己的作业来完成，不仅能提高学生学习的积极性，也能帮助学生巩固课内知识。

例如，厦门市翔安区海滨小学王巧云老师在执教部编版二年级上册《纸船和风筝》一课后，设置了以下作业"超市"。

1. 把这个有趣的故事讲给父母听。

2. 选做：你有和小熊、松鼠一样的经历吗？课后把你想对朋友说的话写下来，制成卡片送给他。

又如，厦门市翔安区海滨小学林育梅老师在执教人教版六年级上册《我的舞台》这一课后，布置了以下作业"超市"。

1. 了解评剧。欣赏评剧中的名家名段，陶冶艺术情操。

2. 走近新凤霞。

3. 走近吴霜。有兴趣的同学可以阅读吴霜的作品，或者欣赏吴霜的演出。

以上两位教师意识到了要关注班级学生的差异性，在教授完新课之后，设计了开放型的作业"超市"，即教师布置的作业就像超市里的物品，学生可以根据自己的能力选择适合自己的作业完成。这样的课后作业学生非常乐意接受，也能积极完成。这样不仅能调动学生学习的兴趣，还能帮助学生巩固并运用课内知识。

除了设计可选择的作业，还可以结合现代教育技术，引导学生利用身边的学习资源，如上网查阅、观看相关影像资料等加深对课文内容的理解。

如执教部编版四年级上册《为中华之崛起而读书》后，可以引导学生上网查找关于圆明园被毁灭的视频，体会当时国家被侵略的耻辱；在学了部编版四年级下册《小英雄雨来》后，让学生观看电影《小兵张嘎》等。借助影像资料对感官的冲击，让学生写下自己的观后感，课上再和同学讨论，多方面培养学生的语文素养。

（二）开放内容

语文新课标中提出要尊重学生的主体性，珍视学生独特的感受、体验和理解。这就告诉我们，设计课后作业时，问题的答案不能是唯一的，应该多给学生思考的空间。教师要肯定学生的创新表现，鼓励学生大胆表达自己的想法，进行多角度思考。这样的课后作业既能促进教学目标的达成，也能锻炼学生的思维能力。

例如，部编版一年级下册《四个太阳》一文，作者画了四种颜色的太阳，分别送给四个季节，表达自己的心愿。在教学完课文之后，可以结合课后习题，让学生说说准备为每个季节画什么颜色的太阳，并让学生试着画一画。答案是多元的，学生会说想画个多彩的太阳送给夏天，让自己在夏天里吃到多彩的冰激凌；想画个红红的太阳送给秋天，因为秋天的苹果是红红的；想画个白色的太阳送给冬天，因为冬天到处一片雪白；想画个粉红色的太阳送给春天，因为春天里漫山的桃花都是粉红色的。这样的课后作业，不局限于书本上的内容，能引导学生进行多角度的思考，在充分尊重学生主体性的同时，更体现了学生的自主性和独特性。无论学生给出的是哪一种答案都有其依据，教师都要给予尊重。

总之，在理解文本的基础上，设计生动有趣的开放性作业，不仅能帮助学生巩固课内知识，也能有效激发学生学习语文的兴趣，多方面提高学生的学习能力，培养学生的创造性。

三、深究型问题

教材本身就具有发展学生创新思维的潜在内涵，值得教师与学生去深究。但是单纯地使用教材、理解教材是没办法真正发挥语文教材的作用的。教师在使用教材教学后，可以借助课后作业引导学生进一步深究课文内容，填充课文留白。

（一）内容深究

语文教材中选取了许多学生感兴趣的、能激发学生好奇心的作品。教师在教学过程中可以创造性地引导学生对所学内容进行探究，激发学生的学习兴趣，同时帮助学生更好地理解课文内容。

例如，教学部编版一年级上册《乌鸦喝水》一课时，厦门市翔安区海滨小学王巧云老师在课堂上和学生一起完成了以下活动：首先，王老师为学生带来了一个矿泉水瓶和一袋小石子，然后请学生上台按照课文内容做乌鸦喝水的实验。实验中，学生们发现水渐渐升高了。之后，王老师引导学生："乌鸦喝水的办法好在哪里？你从它身上学到了什么？课后再想想有没有更好的方法？并试着做实验。"因为低年级学生的理解能力比较弱，教师通过这样的实践活动，大大地调动了学生的积极性，学生在边读课文边做实验边探讨中学习了《乌鸦喝水》，真是收获满满，生动有趣。

在该教学片段中，教师关注到低年级学生理解能力较弱的特点，变换方式让学生亲身实践课后的问题，深究课文的内容，不仅充分调动了学生的学习兴趣，还激活了学生的创新思维。

（二）留白深究

留白是很多作者常常采用的写作手法。有些课文因为篇幅的限制或文本本身的需要，留有一些空白：有的是运用了省略号，有的是进行了略写，有的不直接讲明，而是给读者留下想象的空间。抓住文章的留白处进行教学能带领学生深究文章内容。在教学过程中，教师可以引导学生抓住课文留白处进行深究。

如部编版一年级下册《动物儿歌》一文，文中用固定的句式"谁在哪里做什么"描述了各种动物的活动轨迹。课本中虽然只写了蜻蜓、蝴蝶、蚯蚓、蚂蚁、蝌蚪、蜘蛛六种小动物，但是课文的插图给我们描绘了很多自然界的小动物生活在一起的画面。借助课文插图，教师可以引导学生进一步深究："其他动物在哪里，在做什么呢？"彩色的插图对一年级学生来说是很有吸引力的，他们非常乐于借助插图和自己的想象来表达。

留白不等于空白。教师抓住课文中的插图让学生进行联想深究，不仅训练了学生的语言表达能力，还培养了学生的思维能力。

四、跨学科问题

语文是基础学科，与其他学科相比，具有自己的特点，但又与其他学科有着密不可分的联系。跨学科教学，在一定程度上可以提高学生的学习兴趣，提升教学效果，发展学生的语文核心素养。

（一）跨学科积累——厚积薄发

语文是一个大学科，学生获取语文知识的方法和途径可以有很多种，除了现有的书本和教师的课堂教学外，学生还可以通过多种渠道，全方位地拓展自己的语文知识，提升语文学习能力。特别是在作文教学上，教师要引导学生留心观察生活，从生活中找到写作的源泉。

例如，学校开展垃圾分类进班级活动，通过视频、宣传册等向学生宣传垃圾分类的知识，倡导学生在学校、在生活中做好垃圾分类。高年级的语文教师抓住契机，在班会上让学生谈谈近期参与垃圾分类的体会。因为学生真正参与其中了，所以都能滔滔不绝地分享自己的感受。紧接着，教师趁热打铁，让学生把自己的体会写成一篇作文，后来学生呈现的作文都写得具体生动。因为教师紧抓学生身边的事进行引导，学生才能在写作中表达出自己的真情实感。

（二）跨学科激趣——别具一格

语文和其他学科是相通、相连的，了解其他学科的知识可以帮助学生更好地理解语文学科的知识。教师可以创新课后作业的形式和内容，有意识地引导学生跨学科学习，激发学生学习兴趣，延伸课内知识，巩固课堂所学。

例如，厦门市翔安区海滨小学李庆颖老师教学部编版一年级下册《棉花姑娘》一课，在指导学生学完新课后，进行跨学科激趣学习，拓展了学生的课外实践活动。李老师先设计了一个交流台，让学生通过查阅资料，寻找人类的好朋友——益鸟和益虫，并用图片或文字的形式做好记录。紧接着，让学生借助收集的资料，模仿课文中的句式创编对话。学生通过查阅资料、咨询家长等方式，了解了喜鹊、蜻蜓、螳螂等益鸟益虫，然后模仿课文中的对话形式，编出了几组对话。

这样的课后作业设计基于课内所学知识，借助了其他学科知识，激发了学生的学习兴趣。它有别于我们传统的练习、抄写等课后作业，更能激发学生的学习兴趣，巩固所学内容。

（三）跨学科拓展——意犹未尽

实际的语文教学，往往重视学生的文本阅读能力，而忽略其实践能力。

其实，实践能力和阅读同等重要，不可或缺。在语文教学中适当引入实践活动，并将内容延伸至课外，既可激发学生学习的主动性，又可培养他们的实践能力。

厦门市翔安区海滨小学黄丝雨老师教学部编版一年级上册的《比尾巴》一课时，很会调动低年级学生的学习兴趣，把课文读得就像一首朗朗上口的诗，结束课堂教学时又引导学生课后去观察其他小动物的尾巴，并写一首小诗。对于一年级学生来说，观察小动物的尾巴是一件很开心的事，他们会积极地观察身边的小动物，有的甚至上网了解了更多小动物的尾巴并试着写出自己的"比尾巴"，俨然就是个小诗人。

如此课内外跨学科拓展的作业设计，才能充分体现语文学习的探索性和开放性，带领学生走进生活，深入生活，将身边发生的事情转变成语文资源，引导学生去探索和发现。这样的跨学科设计不仅训练了学生的思维，丰富了语文课堂的教学形式，还为学生的写作和表达积累了丰富的素材。作为一名语文教师，要善于发现语文与美术、音乐、科学等学科的交叉点，将语文与更多的学科整合，让学生在多学科的环境下快乐地学习语文。

五、写作型问题

语文新课标中指出："写作是运用语言文字进行表达和交流的重要方式，是认识世界、认识自我、创造性表述的过程。写作能力是语文素养的综合体现。"教学中，教师要把握教学的重难点，结合学情，设计有关教学重难点的小练笔，如仿写课文的重要句子、续写文章内容，甚至可以鼓励学生跳出文本大胆创编。这样的课后作业激发了学生的想象力，让学生在理解课文的基础上，通过丰富的联想进行写作，提高了写作能力和迁移创生的阅读素养。

（一）仿写

课文是学生学习的最好范本。在教学中，教师要注重引导学生体会写作方法，善于发现文中的训练点，灵活运用教材帮助学生突破重难点；在课后作业中，要能抓住作者的写作手法设计仿写小练笔，提高学生的写作能力。

例如，厦门市翔安区海滨小学沈燕萍老师教学部编版五年级上册《搭石》一课后，做了以下作业设计：同学们，像刘章爷爷这样仔细观察，抓住生活中的小事来体现人物美好品质的写作手法叫"以小见大"。请同学们运用这一写作手法完成以下小练笔：

同学们都有一双发现美的眼睛，在生活中你捕捉到身边哪些美的画面呢？比如，轻轻地扶起摔倒的小同学，捡起地上香蕉皮的阿姨……想一想，你一定有过这样的经历或者看到过这样的例子。

（我会说）美在身边，美是校园中弯腰捡垃圾的身影；

（你会说）美在身边，美是＿＿＿＿＿＿＿＿＿＿；

　　　　　美在身边，美是＿＿＿＿＿＿＿＿＿＿。

在该教学片段中，教师在引导学生品读完课文内容后，对文中的写作方法进行小结，之后以小练笔的形式引导学生观察生活中的美，写生活中的美。这样的小练笔不仅深化了学生对课文内容的理解，提升了学生的写作能力，同时也让学生懂得学习要联系生活实际，在生活中学习语文、运用语文。

（二）续写

好的语文教师不仅能发现教材中适合学生仿写的训练点，还能引导学生在充分理解课文内容后，对课文内容的发展进行合理推测、续写。教材只是我们教学的工具，有些课文呈现的只是原文的一部分，教师在教学中可以引导学生抓住主要内容，跟上作者的脚步，续写课文内容。这样的课后作业不仅能加深学生对课文的感悟，同时也能提高学生的思维能力，还可以让学生的情感得以升华。

如厦门市翔安区海滨小学王巧云老师教学部编版二年级上册《寒号鸟》时，在学生充分把握课文主要内容、明白课文讲的道理后，引导学生巧妙构思，展开想象续写故事一：第二天，当喜鹊发现邻居寒号鸟已经在严寒的夜晚冻死后，会说什么？又会怎么做？（喜鹊的话里可以用上"如果""假如"等词）紧接着王老师出示图片，引导学生看图展开想象续写故事二：如果寒号鸟接受了喜鹊的劝告，在那个晴天做了窝，结局会是怎样的？

在学生充分把握文章内容后，教师通过创设情境，让学生从两个方面去续写寒号鸟的故事，使学生在明白课文的道理之后，还能超越文本，发挥想象，续写故事，真正做到了读写结合，培养了学生的思维能力与表达能力。

（三）创编

语文教材选取了很多能促进学生思维发散、创新发展的课文。在执教时，教师要巧妙运用这些素材进行跨学科拓展，在设计课后作业时，要有意识地引导学生像文中的作者那样进行大胆创编，激活学生的创造力。

如人教版五年级上册《新型玻璃》[①]一课，作者大胆、新奇的想象让读者大为吃惊。学生在课堂学习中一定也会跟着作者的思路，有了自己创新的想法。在学完《新型玻璃》之后，教师可以设计以下作业："学完这课，同学们头脑里是不是已经有各种新奇的想法了？课下请同学们思考：未来，我们的生活中还需要什么样的玻璃？它又有何功能？请你学着作者也来说说你想象中的新型玻璃，并把它写下来，下节课我们一起来分享。"

教师抓住教材中有利于发散学生思维的知识点，通过课后拓展作业的形式引导学生大胆创编，激活学生的创造力。这样学语文不仅训练了学生的写作能力，也拓展了学生的思维能力。总之，写作型问题的拓展是语文学习必不可少的一个环节，在仿写、续写、创编的训练中，学生的语文素养也在不断提升。

在语文阅读教学中，拓展性问题不仅可以引导学生对课本内容进行拓展延伸，还可以使学生将课内所学知识与课外知识相连接，提升自身的阅读素养。

[①] 作者写这篇文章时，现实中还没有这些类型的玻璃。此文全凭作者想象写成。现在，文中的这些新型玻璃已经出现在我们的生活中。这里引用此文，只是为了说明如何引导学生创编。

第六章　指向生长：基于整体的阅读教学提问策略

当前对阅读教学的研究往往聚焦在某个点上，力求以点带面，并取得了不错的效果。但是一节课的教学由好几个环节组成，每一环节都有具体的教学目标，应根据教学目标设计相应的提问策略。本章将从阅读素养整体发展的视域出发，注重教学统整性，对教学内容和教学过程进行统筹考虑，以期让学生的语文阅读能力得到螺旋式上升，促进学生思维品质的系统化发展，最终促进学生阅读素养的提升。

第一节　重点突破策略

部编版小学语文教材是以人文主题与语文要素双线并行的方式编排单元的。教学时，教师对同一单元每篇课文的提问方式几乎雷同，这很难促进学生阅读素养的提升。一般精读课文以教授阅读方法和渗透写法为主，略读课文以巩固学法和运用写法为主。提问中的重点突破策略要求教师在文本解读中发现学生需要掌握的重点，有层次地设计问题，由扶到放，由浅入深，想办法突出重点，突破难点。这里的重点、难点指教学中某个比较抽象、不易理解的知识点，或是内容相近、相似，容易使学生混淆的地方；或是由于学生年龄、生活阅历、思维水平、知识水平等因素的局限，以及因客观事物的发展尚不充分而导致学生难以理解的地方。

一、重点突破策略的环节

学生在不同年级、不同年龄段，阅读素养发展的水平不同。因此，教师需根据每个年龄段的学生应具备的阅读素养水平，着眼于挖掘文本中与阅读素养水平相适应的知识，有重点地提问，逐一突破难点，以培养学生的阅读素养。

重点突破策略的实施环节大致如下：

第一步：通读整册教材、整册教学目标及整册教材解析，明确该册新知识和应巩固知识，明确该册应培养学生达到什么水平的语文阅读能力。

第二步：通读单元导读，明确单元主题和单元主要训练点，确定重点单元。

第三步：细读单元中的每篇课文，确定单元中的重点课文、重要知识点和语文要素。

第四步：围绕单元重点，对重点课文进行教读性设计。

第五步：教授完重点课文，进行及时反思，通过练习等了解学生的掌握情况，对迁移性教学进行针对性调整，以达到巩固重点的教学目标。

二、重点突破策略的实践

每篇课文的写法或语文要素各有侧重，教师要在尊重单元主题、语文要素及思维培养等的基础上，对每篇课文的重点进行突破，让学生一课一得，最终达成单元目标。

（一）设疑法：突破评价鉴赏素养的培养

评价鉴赏素养的培养需要教师善于引导学生思考，鼓励学生大胆评价鉴赏教材，甚至质疑名家名篇，促进评价鉴赏素养的提升。

设疑法，除了从课文标题入手设疑外，还可以从插图、中心句、中心词等入手。如教学人教版六年级下册《跨越百年的美丽》一文，教师可引导学生设疑，如"美丽指什么""为什么说'美丽'跨越百年"，由此带领学生走进文本，突破重点。引导学生在突破重点时随机学习生字词，如"烟熏火燎"；在品味句子时领悟主人公居里夫人执着探索科学真理又淡泊名利的美，领悟文中对比描写的特效。这样突破，学生的质疑素养将逐渐养成并巩固。

教师要想引导学生于无疑处生疑，于平常处见不平常，就必须善于让学

生通过深读课文去发现问题,从而领会课文的意蕴。请看一位教师执教部编版六年级上册《草原》一课的片段:

师:大家发现了吗,课文前面说"汽车走了一百五十里",后面又说"车跟着马飞过小丘",为什么都是说车,却一会儿用"走"一会儿用"飞"?

(学生读课文,不一会儿小手如林,个个面露喜色,急于说出自己的"发现"。)

生:刚进入草原,草原十分辽阔,一碧千里,走了一百五十里后还看不到边际,草原太广阔了,所以用"走"。后面见到迎接的队伍,行驶方向更明确了,心里更是热乎乎的,期待尽快见到蒙古族人民。因此,感觉车子飞了起来。

生:这里表达的其实不是车子在飞,而是作者的心在飞。"飞"表现了作者激动的心情。

"走"和"飞"在文中是极平常的两个字,但教师从中看出了一对矛盾,为学生的研究探索创造了条件,从而使学生发现这两个字隐含的不同信息。巧抓矛盾设疑,引导学生进行鉴赏性的质疑,即对课文的写作特点、方法、情节等进行评价,使学生在质疑解疑中提升了评价鉴赏的阅读素养。

(二)分解法:突破高阶思维的提升

在一节课中,小学生接受知识、方法的能力是有限的。如果教师教学时面面俱到,学生会吸收不了,更谈不上将其转化为能力。小学教材的编排也关照了学生的这一特点。因此,教师不要奢求学生"一口吃成胖子",而要一口一口吃,抓住重点逐层去突破。

如部编版三年级上册第四单元是阅读策略单元,是小学语文教材首次以阅读策略作为语文要素组织的单元,旨在帮助学生掌握基本的阅读策略,树立运用阅读策略的意识,成为一个会阅读的人。该单元虽然都是围绕"预测"来编排的,但层次感、梯度感十分鲜明。《总也倒不了的老屋》配有旁批,旨在让学生学习如何根据题目、插图、内容等线索进行预测;课后题中的表格提示了预测的依据,意在激发学生预测的意识,教给学生寻找预测依据的方法。《胡萝卜先生的长胡子》《小狗学叫》是两篇不完整的故事,留给学生更多预测的空间,课文前面的学习提示旨在引导学生边阅读边预测故事的发展、结局,课后题出示了预测故事的发展与结局之间存在的关系,旨在鼓励学生多角度预测。

从以上教材解析可以看出，该单元重点要引领学生认识预测，理解预测，最终达到会运用预测的方法学习课文。其中单元首篇课文《总也倒不了的老屋》以旁批的方式分散提示预测的几种方法，而后面的几篇课文主要引导学生运用、巩固预测方法。教学这样的单元适合用重点突破策略。

下面来看看厦门市翔安区海滨小学许碧娥老师是如何运用重点突破策略教学《总也倒不了的老屋》一课的：

一、图片导入，从题目预测

1. 播放一些老屋的图片，设问：你看到了怎样的老屋？

2. 引导学生尝试猜测：这样的老屋结局会怎样？（有人修、倒下）

3. 板书标题，注意多音字"倒"。

4. 设问：看到标题，你觉得老屋总也倒不了的原因是什么？

【设计意图】导入以猜测开始，为预测教学做铺垫，有一种"未成曲调先有情"的意蕴。

二、学习第一处预测

1. 预测：明明准备倒下的老屋却"总也倒不了"，这是为什么？

学生说，教师板书。

教师明确"预测的依据"：一是故事里的内容，二是生活经验和生活常识。

2. 与课文的预测相比——揭示预测。

3. 引导学生发现课文的预测有7处。

4. 通过播放微课使学生了解预测。

5. 设问：此处我们是根据什么预测的？（贴词卡：根据题目预测）

【设计意图】基于先教后学的思想和三年级学生形象思维占主导地位的学习特点，带领学生进行具体预测，预测后回想预测的依据，从而抽象出第一处预测——根据题目预测。

三、了解老屋的"老"

1. 预测：这是一个怎样的老屋？

2. 自读第1自然段，圈出能看出老屋老的词，随机识记生字"洞"。

3. 交流词语，随机理解，读好"窟窿"一词。

第六章 指向生长：基于整体的阅读教学提问策略

四、学习第二处预测

1. 自读课文。

"好了，我到了倒下的时候了！"它自言自语着。

设问：听到老屋这样说，你预测老屋会怎样？

2. 学生预测：倒下、没倒下。

3. 设问：依据是什么？引导学生学习第3自然段。

4. 说出小猫的求助。（学生说，教师板书：小猫——住宿）

5. 随文学习生字：准、备、暴。重点带着学生写"暴"字，并让学生给"暴"字组词。

6. 分角色读好第2、3自然段。（一男一女读、分组读等方法）

7. 设问：读到"等等，老屋！"通过插图，预测一下老屋会怎么做？你的依据是什么？

8. 总结第二处预测——根据插图预测。

9. 找出预测的依据：第4、5自然段。

10. 指导学生读好生字，说几个拟声词：喵喵。

11. 设问：读了第4、5自然段，你喜欢老屋吗？为什么？说说你的依据。学生自主回答。

12. 分角色读好第4、5自然段。

【设计意图】如果说第一次预测是预热，那么第二次预测则是下水。引导学生逐步深入预测，并让学生在预测后说出预测依据。

五、学习第三处预测

1. 设问：第二天，老屋会对小猫说什么？谁来预测一下老屋会怎么说？（出示："再见！好了，我到了倒下的时候了！"）老屋应该倒下了吧！——没有，母鸡求孵蛋（板书）。

2. 设问：想想小猫是怎么求助的，假如你是母鸡，你会怎么求助？学生自由发挥。

3. 找到依据：出示第7自然段。

4. 随文学习生字"孵"。

5. 读好第7自然段。

6. 设问：老母鸡来求助，你预测一下老屋会怎样做？

213

7. 出示第三处预测，贴词卡：根据生活经验、生活常识预测。

8. 设问：那么老屋会怎么说？老母鸡又会怎么感谢老屋呢？根据之前的内容说一说。

9. 齐读第8、9自然段，识记生字"墙""壁"。

六、学习第四处预测

1. 设问：老屋帮助了小猫，也帮助了老母鸡，你来预测一下，此时此刻老屋会怎么样？（累了、倒下了、又继续做好事）

2. 出示：老屋真的想休息了。读——老屋说："再见！好了，我到了倒下的时候了！"

3. 设问：读到这里，你预测到什么？（又有小动物需要老屋的帮助）

4. 出示第四处预测，贴词卡——根据故事内容。

5. 设问：那么，你预测的小动物会怎么说呢？请你模仿前两次说一说。

6. 激发阅读期待：那么，故事接下去是不是如你预测的那样呢？我们下节课揭晓。

【设计意图】第一、二处预测由教师领着学生进行，第三、四处预测由学生运用学到的方法自己进行，实现由扶到放的过程。

七、布置作业

1. 分角色朗读。

2. 写好生字词。

第二课时重点是操练预测方法，由预测本课的下一个情节，拓展到预测一个故事，检验学生对预测方法的掌握情况。

《总也倒不了的老屋》一课的教学是典型的基于单元"预测"策略进行的教学，体现了以单元第一篇课文的教学方法为主学习后面的课文的思路，达到了"预测"策略学习目标，培养了学生猜想、解释、推测、整合、评价的阅读思维。

（三）导图法：突破思维模型的构建

思维导图，是英国心理学家、教育学家托尼·巴赞发明的一种先进的思维工具。思维导图能化抽象为形象，化空洞为具体，化难为易，化繁为简。教学时，教师可以将重点问题设置成思维导图，驱动学生聚焦重点进行思考，提高学生的概括、理解、整合能力及逻辑表达能力。

例如，厦门市翔安区海滨小学许碧娥老师教学部编版三年级上册《大自然的声音》一文时，这样设计的思维导图：

> 大自然有许多美妙的声音
>
> 风是大自然的音乐家　　水也是大自然的音乐家　　动物是大自然的歌手

《大自然的声音》思维导图

借助这样的导图设问，帮助学生梳理课文内容，体会文章结构，同时这也是本课教学的主问题，能有效地帮助学生掌握教学重点。久而久之，学生大脑中就会构建起概括、理解、表达的模型。

第二节　优势突破策略

重点突破策略是在单元主题的观照下，以单元的重点课文为突破口进行教学的策略。但在实际的阅读教学课堂上，经常会有把重点突破策略中的提问形式生搬硬套到同一单元的每一篇课文教学中的情况，殊不知，每篇课文的训练点是不同的，每篇课文的构思、语言特色也是不同的，不同的构思和不同的语言特色，使得每篇课文都有自己的优势和特点。优势突破策略就是在同一目标的观照下，针对课文在谋篇布局或语言表达等方面的优势特点提问，让学生在一个一个优势突破中，完成单元学习目标。

一、优势突破策略的环节

优势突破策略要求教师基于单元整体目标，解读每一篇课文所特有的构思、语言特色、表达特色、修辞特色，巧抓特色进行提问，做到既观照整体又体现个性，以促进学生掌握语文知识，培养阅读素养。对于每篇课文的优势，可采取分层法与比较法进行突破。

优势突破策略的实施一般有如下几个环节：

第一步：通读整个单元的课文，明确本单元的教学目标和重难点。

第二步：读每篇课文的导读，明确每一课的学习重点。

第三步：细读每一篇课文，了解每一篇课文的构思、语言特色，明确每一篇课文的教学优势。

第四步：深入解读课文，围绕单元目标，结合单篇课文的优势精心设计教学，让单篇课文的优势有突破，同一单元中每篇课文的优势有互补。

第五步：移步学习单元中的不同课文，比较、推论，让学生学会求同存异，在习作中能充分运用学到的优势。

二、优势突破策略的运用

在主题的观照下，小学语文教材每个单元的每个文本都有某一方面的优势。根据阅读素养模型，应该选择相应的策略给予突破，促进学生得以专注地训练某一方面的素养。反之，如果面面俱到，学生阅读素养的提升只能是蜻蜓点水。

（一）分层法：促进知识点的突破

分层，指对各优势项目进行评估，结合学情，由浅入深，层层突破。分层法，一般要先梳理出文本的优势，再综合考虑先从哪项优势突破。

下面以部编版三年级上册第三单元为例，将每篇课文的教学目标与单元教学目标相对照，找出各自的优势项目是什么，然后进行教学设计。

部编版三年级上册第三单元教学目标

学习任务	具体学习目标
识字与写字	认识46个生字；会写26个生字；培养识字习惯，会借助字典、词典等工具主动识字，书写规范、整洁。
习作	初步学习改正、增补、删除三种修改符号，并尝试运用修改符号修改习作，初步形成修改习作的意识。能给习作加题目，能借助教材提示的内容，发挥想象，创编童话故事。
快乐读书吧	进行课外拓展阅读，在阅读中激发想象力，在想象中真正感受童话的魅力。
阅读能力	有感情朗读，把握主要内容，感受童话的魅力。 理解含义深刻的句子，初步培养从童话故事中感悟出道理的能力。在曲折的故事情节中，感受童话故事的趣味性。

第六章　指向生长：基于整体的阅读教学提问策略

部编版三年级上册第三单元每篇课文的教学目标

单元	课文	教学目标	教学要点
第三单元	卖火柴的小女孩	1.把握课文内容，关注文中人物命运，深入体会作者的思想感情，体会作者虚实结合的表达方法。 2.走近安徒生，激发读安徒生童话的欲望。	1.有感情朗读，体会作者的思想感情。 2.反复朗读，运用多种方法理解字词。 3.续编，想象力训练。
	那一定会很好	默读课文，了解主人公从一粒种子到阳台上的木地板的生命历程。	1.通过分析关键词、重点句，体会大树的情怀。 2.体会童话中的反复结构。
	在牛肚子里旅行	1.抓住描写青头的语句，感受青头遇事的冷静、机智、勇敢和见多识广。 2.体会青头和红头之间的真挚友情。 3.感受童话故事的特征——曲折。	1.通过分析重点词句来理解课文。 2.分角色朗读，体会人物的心情，读出人物的语气。 3.体会科学童话的趣味。
	一块奶酪	1.默读课文，想象课文围绕一块奶酪讲了一件什么事。 2.说一说，你喜欢文中的蚂蚁队长吗？理由是什么？	默读课文，讲一讲、演一演这个故事。

从以上两个表中可以看出，虽然该单元的主题都是围绕学习童话创作这一特点展开，但每一篇课文又有所侧重。《卖火柴的小女孩》侧重从美妙幻想与冷酷现实的对比中揭露资本主义社会的黑暗。《那一定会很好》侧重让学生从一粒种子到阳台上的木地板的特殊经历中体会童话的反复结构，领悟"为人服务是快乐的"的主题。《在牛肚子里旅行》一文将科学小知识——牛有四个胃、反刍现象，以红头在牛肚子里旅行，青头相救的童话形式教给学生，让学生学习童话生动具体的语言、动作、心理描写方式。《一块奶酪》一文对蚂蚁队长的刻画也非常生动形象，适合学生学习围绕一个角色创作故事的写法。

基于以上分析，应围绕课文的具体优势，有针对性地进行教学设计，从想象、反复、打比方、创编等进行分层突破，而不是把童话和课文上成一种模式。下面具体来看厦门市翔安区海滨小学许碧娥老师是如何运用优势突破策略的。

片段一：《在牛肚子里旅行》

师：在上节课，我们了解了红头在牛肚子里旅行时，红头和青头不同的心情。现在，一起回顾一下。

1. 看看课文最后一幅插图：你看到什么？（说说怎么拥抱，语言生动）

2. 红头为什么能得救？（青头的鼓励和帮助）

3. 从哪里看出青头和红头是"非常要好的朋友"？至少画出三处。

4. 学生画好后，同桌讨论。（句式：我从……知道青头和红头是好朋友）

5. 学生说一处，教师指导朗读一处，读出当时的心情。

6. 回归整体，体会写法。

教师把体现青头和红头是好朋友的句子通过大屏幕进行展示，"做的"用红色标注，"说的"用蓝色标注。

7. 体会动作：红色的部分有什么共同点？一系列动作说明了什么？

8. 体会语言：蓝色的部分有什么共同点？这些语言体现了什么？

小结：张之路爷爷通过生动描写青头和红头的动作、语言体现了它俩是好朋友。

9. 同桌分角色朗读。指名展示读。

10. 你想怎么夸青头？为什么要这样夸？

11. 想象：红头得救后，青头和红头之间会有怎样的对话？

小结：张之路爷爷通过对青头和红头的语言、动作、神态描写来体现朋友情。

《在牛肚子里旅行》是一篇以对话推进情节的童话。以上教学片段，学生随着教师的引导，细读了文中描写青头、红头语言、动作、神态的句子，通过找、读、品、比较、想象等形式，让学生经历了检索、提取、解释、推论、整合、评价的思维训练，重点突破了该课生动具体的动作、对话描写这一优势。

片段二：《一块奶酪》

一、激趣导入

1. 板书标题，问：小朋友，我们还学过哪篇课文也是关于奶酪的？

第六章 指向生长：基于整体的阅读教学提问策略

回顾《狐狸分奶酪》。

2. 请同学们找出描写奶酪味道的句子读一读。

出示句子：

① 奶酪多诱人啊！掂着它，不要说吃，单是闻闻，都要淌口水。

② 他低下头，嗅嗅那点儿奶酪渣，味道真香！

3. 设疑导入：小蚂蚁看到这么美味的奶酪，会怎么想、怎么做呢？

……

二、梳理故事

1. 说说大意：课文围绕一块奶酪讲了一件什么事？

提示：故事的起因是什么？经过是什么？结果呢？

根据学生的回答，教师梳理：蚂蚁队长带领小蚂蚁们把一块奶酪搬进洞里。

教师板书：起因、经过、结果。

2. 练说故事：谁能按照事情的起因、经过、结果，用自己的话把每部分的内容串起来，说说课文讲了一件什么事？

三、试编童话

1. 师生合作演故事。

教师扮演蚂蚁队长，一名学生扮演那只嘀咕的小蚂蚁，另一名学生扮演吃奶酪渣的最小的蚂蚁，其余学生扮演其他蚂蚁。

2. 说说演好故事的秘密。

引导学生从语气、动作、表情等方面来表现不同角色的蚂蚁。

3. 小组合作表演：加上语气、动作、表情演一演。

4. 小组展示表演。

5. 师生评议。

四、走近人物

1. 说一说，你喜欢文中的蚂蚁队长吗？为什么？（用自己的话说一说）

2. 引导学生从文中提取信息佐证自己的评价。

五、创编童话

想一想：蚂蚁把奶酪搬进洞里后，是怎样分奶酪的？

《一块奶酪》是本单元的最后一篇童话，教师教学时需要引导学生说好故事，演好故事，并试着实现本单元的教学目标——创编童话。以上教学设计正是基于这样的目标，从问题到形式，都在努力突破文本特有的优势。经过这样的学习，学生说、演、编的能力会有较大提升。

（二）比较法：促进分析整合能力的突破

比较分析是小学生较高阶的思维，不仅能培养学生观察比较的能力，还能培养学生分析整合的能力。当教师引导学生突破各个优势之后，还要对同一单元，或同一主题，或相关联议题的文本进行再次比较，在比较中明晰优势是什么，文本是怎么体现自身优势的，体现优势的方法有哪些……经过一系列的思维训练，提升学生的语文素养。

如部编版教材三年级下册第七单元的文章都是按一定顺序介绍一种事物或一处景物，《我们奇妙的世界》的优势是按时间顺序进行介绍，《海底世界》的优势是按不同区域进行介绍，《火烧云》的优势是按不同类别进行介绍。经过分析后，教师执教每课时可先突破某个优势。整个单元教学完，教师再引导学生比较：这几篇课文都是写事物，描写的顺序和内容有什么不同？比较整合后，学生领悟到描写事物的方法有很多种，描写的角度更是可以多样化。

这样进行比较，能帮助学生掌握描写事物的方法，并将其较快地迁移到单元习作中，实现语言和语用的良好转换。

第三节　关联突破策略

小学语文教材中的每一篇课文都是编者精心选编的，蕴藏着组句、构段、谋篇的方法，这些方法有的显而易见，有的含而不露。有的教师不懂得把这些方法间的关联串成一条线进行提问，而是像散落的珍珠，一颗一颗捡拾提问。为了促进学生对文本的理解或对某种表达形式的领悟，运用关联理论在特定的言语环境中寻找出关联信息，通过提问引导学生经历一定的阅读体验，最终达成预定的学习目标，这就是关联突破策略。关联突破策略有利于将文本化零为整，化点为面，体现教学的整体性。

一、关联突破策略的环节

从文本组成看，有的以人物的关系构建故事情节，有的以时间为线索串联语言，有的以空间为序搭建框架，有的借助背景突出主题。因此，从切入点突破的角度分，可分为人物关联策略、时间关联策略、空间关联策略、背景关联策略。

关联突破策略的实施一般有以下几个环节：

第一步：通读单元教材和目标，明确单元重难点。

第二步：细读单篇课文，明确单篇课文中串联事件的信息关联点。

第三步：寻找关联点，厘清关联点的关系。

第四步：围绕关联点设问，以期达到学法和写法的通透。

二、关联突破策略的实施

根据文本组成的不同，教师提问时应从文本的整体出发，梳理出主要的关联点，并为这些关联点建立意义关系，生成完整的意义链，使教学活动中各种变量交互作用后生成一条主要线索。因此，在整体解读文本的视域下，教师选择适切的关联策略，能更有序、有度地引导学生自主学习、有效合作、适度探究，调动学生的阅读热情，激发学生的阅读潜能，丰富学生的阅读情感，激活学生的阅读思维，有力地推进学生深度阅读。

（一）人物关联策略

人物关联指文本中与人物关联性强的构筑文本的某种语境线索，教师教学时可抓住文本中的人物关联提问，以推进教学。

例如，厦门市翔安区海滨小学许碧娥老师执教部编版五年级上册《牛郎织女（一）》时，围绕文本中的"牛郎""牛""织女"突破教学，提问设置如下：

1. 借助关键词句，自由朗读课文，说一说牛郎和织女名字的来历。（用原文回答）

2. 整体感知，默读思考：牛郎给你留下了什么印象？

3. 快速阅读第9～21自然段，思考以下问题：

(1) 说一说：牛郎是如何与织女结成夫妻的？

(2) 织女为什么愿意和牛郎结为夫妻？

(3) 这里老牛的戏份能不能删去，为什么？

以上教学片段紧扣文中的两个主要人物，立足言语形式，抓住人物语言获取"最佳关联"。通过问题引领学生由对话推断人物之间的关系，联系起相关事件，然后层层剖析，使学生体会到人物的内心，领悟文本以人物为主线、选取有冲突的典型事件展现人物品质的写法。

（二）时间关联策略

时间关联指文本以时间为基准构建语境，时间的转移能产生文本内容的变化。教学时可抓住文本中的时间关联进行提问，搭建相关的事件关联。

例如，部编版四年级上册《观潮》一文以时间为序，描写了钱塘江大潮"潮来前""潮来时""潮退后"的景象，教师可围绕时间关联进行教学设计，现以厦门市翔安区海滨小学许碧娥老师的教学设计为例介绍：

一、揭示标题

（略。）

二、整体感知

1. 找出让你印象深刻的描写钱塘江大潮的句子。

2. 课文第1自然段："钱塘江大潮，自古以来被称为天下奇观。"如何理解"奇观"一词？

三、梳理文脉

课文围绕"天下奇观"，按什么顺序描写了钱塘江大潮的景象？

梳理出时间顺序。

……

接着带领学生走进文本，逐段理解作者写的潮来前、潮来时及潮退后的景象，再比较潮来前、潮来时及潮退后的景象有什么不同，作者描写的方法有什么不一样。

最后学习本文静态或动态描写景象的方法，写写自己看过的一种景象。

该教学设计紧扣文本的几个重要时间点，以时间为序梳理主要内容，以"教—扶—放"的教学策略，让学生经历"学习—比较—辨析—评价"的过程，探究各个时间节点的写法，并及时迁移，让学生进行小练笔，较好地培养了学生的深度思维。

（三）空间关联策略

空间关联指文本以空间为基准搭建事件或交际语境。教学时可抓住空间关联进行提问，让学生获取基于空间信息的关联点，整合纲举目张的语境关联，构建语言学习的情境。

例如，部编版三年级上册《海滨小城》一文，就是让学生学习按空间转换的方法写一处景点，文本的空间信息对于三年级学生来说还是比较难理解的，教学时更需要构建空间关联，突破教学难点。请看厦门市翔安区海滨小学许碧娥老师的教学设计：

一、谈话导入，以趣激情

同学们，你们知道我们学校为什么叫海滨小学吗？

1.（板书标题）"滨"是什么意思？（水边）那么，海滨就是海边。

2.据意扩词：湖滨、河滨。

3.了解：借助地图了解海滨小城。

【设计意图】以地图导入，建立空间感。

二、自读课文，整体感知

1.用自己喜欢的方式自读课文，可以默读、轻声读、大声读，读完后，想想：海滨小城给你留下了什么印象？

2.检查生字词。正音：胳臂的"臂"是多音字。说说带"月"的生字。

3.形近字：载着——栽树，理睬——踩着，渔民——捕鱼。

4.海滨小城给你留下了什么印象？（板书：美丽、整洁）画出句子，联系第18课，了解这个是中心句。

5.文中通过写哪几处景物来写海滨小城的美丽、整洁？圈出来。（板书：大海、沙滩、庭院、公园、街道）

6.在这五处景物中，哪些内容是写海滨的，哪些内容是写小城的？

7.作者是按什么顺序写作的？

【设计意图】整体梳理海滨小城的几个重要景点。

三、导学"海滨"

1.自由读第1～3自然段，说一说：作者具体描写了海滨小城的哪些景物？作者在描写景物时，突出了景物的什么特点？

2. 参照句式汇报：第1自然段写了（　　　）景物，这个景物（　　　　）。

3. 欣赏第1自然段具有新鲜感的句子。

（1）天空飞翔着白色的、灰色的海鸥，还飘着跟海鸥一样颜色的云朵。（后半句描写给人以遐想，似乎云朵飞起来了）读出美妙的感觉。

（2）圈出第1自然段中表示颜色的词，说说仿佛看到了一幅什么画？（蓝的、棕色的、银白色的、白色的、灰色的）

（3）圈出第2～3自然段表示颜色的词。

（4）想象一下，所有颜色汇聚在一起是一幅怎样的画？

4. 欣赏美丽的海边远景图和海上日出图。

5. 有感情地朗读课文，体会海滨的美。（配乐）

6. 看着画面试着背诵。

7. 指名读第3自然段：这个自然段描绘了几幅图？（贝壳遍地和渔船归来）

8. 指名分别读，各用一个词形容这样的画面（寂寞——喧闹）

9. 分别圈出体现"寂寞""喧闹"的词语。

随文识字：躺、靠。

想象：船队靠岸，渔民会说些什么？做些什么？

10. 分组朗读，体会对比写法。

【设计意图】以问题驱动学生品味每个景点的特点，领悟表达方法。

四、观察体会

作者是在哪里观察海滨小城的？

小结：作者站在小城的中心地带，由远及近细致地观察。写作时紧紧抓住了景物的色彩进行描写，这样的海滨小城自然能给我们留下鲜明而深刻的印象。（屏幕出示学法指导：观察、描写一处景物要注意"三要"：要确定好观察点；要按一定顺序写；要抓住景物特点写）

【设计意图】从语言文字中体会观察、描写景物的方法。

以上教学设计借助文本中"大海、沙滩、庭院、公园、街道"等空间词语，帮助学生理解文本由远到近的空间转换顺序，体会海滨小城景色的特点，学习作者按地点转换顺序、抓住景物特点记叙的方法，帮助学生建立空间感，促进读写的有效转换。

第六章 指向生长：基于整体的阅读教学提问策略

（四）背景关联策略

背景关联指从文本内外找到与文本关联的社会背景信息，激活语境关联，推断出相关的社会联系，唤起学生对文本的共识和对作者的感同身受，实现对文本的深入领悟。借助背景关联进行教学，能帮助学生拉近时空距离，还原时代背景，使学生身临其境感知文本意境，走进文本内核，品读文本要义，提升语感。

例如，部编版五年级上册《古人谈读书》，这篇课文是五年级上册最后一个单元的第一篇精读课文，有着举足轻重的地位。本文中三位名家都介绍了自己的读书方法，都重视读书的积累，但是侧重点又各有不同。文体都是文言文，作者都是古代的名人，内容与作者背景离学生的生活都很久远，教学时有一定的难度。为了更好地帮助学生走进文本，拉近学生与作者及文本的距离，厦门市翔安区海滨小学的陈小寒老师在课前布置学生做相关知识背景的预习：一是查找并背诵读书名言；二是查阅三位作者的名言和故事，为课堂上的交流和思考做好充分准备。教学设计中多处回扣时代背景和文本中读书名言提出的背景，使得学生的理解、感悟与运用变得水到渠成。教学设计（第1课时）如下：

一、导入

我们今天要学习一篇新的文章——古人谈读书（板书标题），之前我们学习了《少年中国说》，谁来说说，我们学习古文有哪些好的方法？

预设：借助注释，借助工具书，组字成词，反复诵读。

二、检查预习

检查学生的预习情况。（略）

过渡：大家预习得很好。今天，我们首先到2500年前的春秋时期去认识一位老师，他就是——孔子。（板书：孔子，课件出示孔子介绍）

谁来读《论语》三则，试着把音读准，谁来挑战？（指名读，请另一名学生点评）

相机出示生字"诲"，请学生读"谓""诵"。

提醒：朗读时，有三个字的读音需要我们注意——"好""知""识"。

请其他学生再读。

过渡：学习古文，读很重要，古文中很多语言的规律，如音韵的铿锵、语调的抑扬、语言的含蓄、句式的整散，往往只可意会，不可言传，所以学习古文最重要的是吟诵。

教师配乐朗读，课件出示已划分节奏的《论语》三则。

能不能像老师一样读出语气和节奏呢？学生自己练习读。

指名读，评价：你读出了古文的魅力。

全班配乐齐读。

过渡：有节奏地读，就能让人听清楚你表达的内容，也能读出你自己的理解。这几段关于读书的话你们都理解了吗？

【设计意图】多种形式的读，旨在读出节奏，读出停顿，读出韵律，让读书有滋有味，激发学生读书的兴趣，培养学生读古文的兴趣。

三、精读名言

出示自学要求：结合注释，讲讲每句话的意思。

出示谈论要求：认真倾听，听听同学所讲的是否和注释相同，提出意见。

1.课件出示："敏而好学，不耻下问。"一名学生读，一名学生翻译。回答的句式如下："我通过……知道这句话的意思是……"

（1）解释"耻"和"下问"的意思。

（2）还有许多不耻下问的名人：李时珍向渔夫、药农请教；蒲松龄向路人收集故事。

（3）李时珍、蒲松龄请教的对象都是谁？都是地位比自己低或者学问不如自己的人，这就叫下问。

（4）此时你们就是李时珍，你们就是蒲松龄，你们学识渊博，老师要来问问你们：大文学家蒲松龄，你为什么向路人请教呢？大医学家李时珍，你怎么会向渔夫、药农这些比自己地位低的人请教呢？

总结：是啊，做学问，要取得成就就要做到不耻下问。

（5）出示句子背后的小故事，指导朗读：

A.指名分角色读。你此时就是不服气的子贡，老师是孔子，你来问我，孔子会怎么回答？（心平气和地回答）

B.全班读，老师此时是子贡，你们是孔子，要心平气和地回答我。

（6）全部带着谦虚的语气再读一遍"敏而好学，不耻下问"。

【设计意图】穿插小故事,意在让学生在真实的情境中理解、体悟与运用。

2. 课件出示:"知之为知之,不知为不知,是知也。"一名学生读,一名学生翻译。

(1)强调"知"的不同意思,"不知"体现了学习要——诚实(板书:不知,诚实)。

(2)子路口直心快,性格直率,你们此时就是孔子,该怎么劝他,读——

(3)你就是子路,听了老师的教诲,你会怎么想,怎么做?

(4)是啊,大智慧就在小事中,你们在生活中有没有有智慧的例子?几千年后的今天,你们也会用孔子的观点,真是太厉害了!全班再读。

3. 课件出示:"默而识之,学而不厌,诲人不倦"。一名学生读,一名学生翻译。

(1)强调"识"的意思是记住,"不厌"是不感到满足,不厌体现了学习要——勤奋。

(2)强调"诲人不倦"是教育者、老师所说的话。

(3)你们在生活中见过这样总是"默而识之,学而不厌"的人吗?他是怎样的?

4. 孔子告诉我们学习要谦虚、诚实、勤奋,这些都是学习的——态度(板书:态度)。

5. 我们刚刚理解了《论语》三则的意思,现在能不能试着把它背下来,谁愿意挑战?请2~3个学生背诵,教师指导背诵。

(1)求学应该做到不耻下问,读"敏而好学,不耻下问"。

(2)做到实事求是才是大智慧,读"知之为知之,不知为不知,是知也"。

(3)做任何事都要勤奋,读"默而识之,学而不厌,诲人不倦"。

【设计意图】在理解性朗读及创设情境引读中,引导学生进一步理解名言的含义并能积累运用。

四、总结

熟能生巧,巧能生精。我们刚刚通过读准字音,读懂文本,延伸课外知识的方法学习了《论语》三则。

五、启发感悟,加深理解

1. 谁来说说这三段话对你有什么启发？指名回答。
2. 带着你的感悟背诵这三段话。

六、书签书写，传承文化

把作为你座右铭的句子工工整整地写在书签上吧！

该教学设计基于教学目标和文本特征，通过创设情境让学生走进古人说话的情境，从而使学生品悟人物的内心。

第四节 渐进突破策略

怎样提问才能促进学生思维的深度发展呢？毋庸置疑，能基于语文学科本质，尊重学生思维发展规律，让学生在掌握知识的基础上，发展思维能力的提问才是好的提问。现实的课堂提问常出现问题层次不明晰，或者提问目标不明确的问题，使得对学生的阅读素养培养受到阻碍。渐进突破策略就能解决这一问题。

一、渐进突破策略的环节

渐进突破策略是通过进行渐进式提问，有计划地逐层推进思维的发展。学生的思维发展是循序渐进的，也是螺旋上升的，一般是在掌握一个一个知识点，在一个一个人文主题或语文要素的学习中，渐渐掌握一定的学习方法，逐渐形成能力的。图示如下：

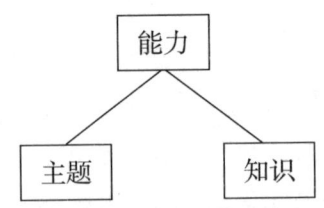

知识、主题和能力三者关系图

知识是储备，主题的层次是螺旋提升的，能力是最终的培养目标。知识、主题和能力发展一般都是由浅入深、由易到难、由简单到复杂的过程。偏重三者中的哪一个都不行，如果偏重某一知识，忽视语文学科主题层次螺旋上升的特点，将造成知识碎片化。学生的知识水平是随着语文学科主题层次的螺旋上升而不断提升的,在主题渐进发展中,学生的能力不断提升。教师设置问题时应该基于学生提取信息、直接推论、解释整合、评价鉴赏和迁移创生素养的螺旋上升,进而又推动学生思维的有效发展与提升。基于以上分析,我们将渐进突破策略归纳为知识型渐进突破策略、主题型渐进突破策略和能力型渐进突破策略。

渐进突破策略的实施一般有以下几个环节:

第一步:通读单元教材和目标,明确单元重难点。

第二步:细读单篇课文,明确单篇课文的主题、知识、能力目标。

第三步:根据学段目标和文本特点,选择要重点突破的点。

第四步:围绕要突破的点循序渐进设问,促进学生阅读素养的整体提升。

二、渐进突破策略的实施

渐进突破策略是根据学生的学习水平和相应的教学目标,循序渐进地教学,旨在唤起学生学习的欲望,给足学生思考探究新知的时间和空间,提高学生对知识的理解和转化能力,以期达到学习目标。

(一)知识型渐进突破策略

知识型渐进突破策略,即从学生应掌握的知识出发进行提问——应掌握的知识在统编教材的单元导读、课后题及交流平台都有明显的提示,当然也有的藏在文本的字里行间——这些问题可以成为撬起整个文本教学的"支点",要有梯度地,循序渐进地将学生引向深入,促进学生对知识的理解和认识。

例如,部编版一年级上册《比尾巴》一文中有很多问句,目的是让学生认识并理解问号的用法。为了让一年级的小朋友认识并理解问号的用法,教师要基于一年级学生具体形象思维占主导地位这一特征,由形象到抽象,由个别到一般进行归纳式教学,科学设计阶梯式问题。下面看看厦门市翔安区海滨小学王巧云老师的执教片段:

学习第一节,识记生字,学习"?"。

师:第一场比赛开始了,全班齐读课文第一小节。

师:在第一小节里,动物们进行了第一场比赛,比赛项目是什么?(指名回答,板书)

师:小朋友注意到"?"这个新朋友了吗?每个句子后面都有一个像耳

朵一样的符号,这个符号叫问号。问号也表示一句话说完了。

【设计意图】从形状入手认识问号。

请学生数句子:大家数一数,第一小节一共有几句话?(3句)

【设计意图】操练,真正理解问号。

师:有这种问号的句子叫问句。问句就是在提问题。问句应该怎么读呢?读到句末时要把声音往上扬。

【设计意图】在朗读中理解问号是提问的意思,理解问号的作用。

从以上课例可以看出,知识型渐进突破策略应该做好以下几点:一是梳理知识点,二是确认核心知识点,三是厘清知识点之间的关系,四是紧扣核心知识点设问,五是围绕核心知识点追问。只有这样,才能将某种知识或某类语文要素循序渐进地引向深入,使学生在问题的引导下互动、思考,加深对知识的认识和理解,思维活动随之被引向深处,从而增强学生的探索欲望,培养学生的主动探究意识,提升学生的语文素养。

(二)主题型渐进突破策略

如果说知识是散落的点,那么主题就是串起一个个点的线,这条线不是直线,而是蜿蜒盘旋的曲线。部编版语文教材是围绕人文主题和语文要素双线组织阅读单元的。下面就来看部编版语文教材是如何循序渐进,根据"人物"主题构建语文要素的。

部编版小学语文教材关于写人的习作安排

次序	册序与单元	习作内容	表达训练要素
1	三上第一单元	猜猜他是谁	体会写作的乐趣,用几句话或一段话介绍自己的同学,激发习作兴趣
2	三下第六单元	身边那些有特点的人	写身边的一个人,尝试写出他的特点
3	四下第七单元	我的"自画像"	学习用多种方法写出人物的特点
4	五上第二单元	"漫画"老师	结合具体事例写出人物的特点
5	五下第四单元	他____了	尝试通过动作、语言、神态描写来表现人物的内心
6	五下第五单元	形形色色的人	初步运用描写人物的基本方法,尝试把一个人的特点写具体
7	六上第八单元	有你,真好	通过事情写一个人,表达出自己的情感

第六章　指向生长：基于整体的阅读教学提问策略

基于以上写人主题和表达训练要素，教师在教学时，提问时必须指向相关的表达训练要素，不能遇到写人的文章，都用同样的问题引导。

如教学部编版三年级下册第六单元课文时，肯定有一个主问题：文中他（她）有什么特点？教学部编版五年级上册第二单元时，主问题可以为：文中选择了几个具体事例写出其特点？教学部编版五年级下册第四单元时，主问题可以为：他（她）是一个怎样的人？你是从哪些动作、语言、神态看出来的？教学部编版六年级上册第八单元时，主问题则可以为：文中通过什么事情写出了他（她）的特点？表达了作者对他（她）的什么感情？

显而易见，虽然主题都是写人，但随着语文要素水平的螺旋上升，提问也要有所侧重，并随着语文要素水平同步螺旋上升。经此训练，学生的思维由把握人物特点，走向了体会人物的内心情感，思维也随之走向深入。

部编版语文教材的每一课又在单元主题关照下有一定的主题。如部编版五年级上册的第六单元《慈母情深》《父爱之舟》《"精彩极了"和"糟糕透了"》主题都是体现父母之爱，《慈母情深》《"精彩极了"和"糟糕透了"》是以对话串联场景，《父爱之舟》是以事物串联场景。围绕单元主题，这三篇课文可以设置共性的问题：文中写了几个关于母爱（父爱）的场景？这几个场景是怎么串联起来的？像这样以主题构建的单元，很适合采用主题型渐进突破策略，通过问题引导学生由文字表面逐渐走进文字的背后，从而逼近主题。

教学单篇时，教师不能为了揭示主题，一开篇就把主题抛给学生，而应通过主问题和子问题，引导学生带着问题走进文本，品读字、词、句、段，逐渐领悟主题，从而驱动学生阅读理解能力的提升。下面以厦门市翔安区海滨小学沈燕萍老师教学部编版五年级上册《搭石》第4自然段为例，看看如何实施主题型渐进突破策略。

经常到山里的人，大概都见过这样的情景：如果有两个人面对面同时走到溪边，总会在第一块搭石前止步，招手示意，让对方先走；等对方过了河，两人再说上几句家常话，才相背而行。假如遇上老人来走搭石，年轻人总要俯下身子背老人过去，人们把这看成理所当然的事。

教师提问：你还从哪里感受到"搭石，构成了家乡的一道风景"？学生回答后，教师出示：如果有两个人面对面同时走到溪边，总会在第一块搭石前止步，招手示意，让对方先走；等对方过了河，两人再说上几句家常话，才相背而行。让学生思考，依次突破：这句话体现了什么美？（家乡人的谦让美）；接着体会：从哪些词语体会到家乡人的谦让美？再联系实际谈谈"生活中看到的谦让美"。最后回扣中心句"搭石，构成了家乡的一道风景"。（齐读）

在主问题的牵引下进行的渐进式突破阅读教学，大大缩减了一般性提问的量，使得学生的读、说、思、写的时间充足，学习体验充分，经历了由阅读材料到深化主题的过程，课堂阅读活动高效，促进了学生思维能力和阅读素养的提升。

可见，对主题型渐进突破策略的实施，可站在整个小学学段的高度思考，也可以单元构建，还可就单篇突破。要用好主题型渐进突破策略，应做好以下三点：一是把握主题，二是辨析主题如何螺旋上升，三是围绕主题设计主问题与子问题。只有这样，才能避免问题的零碎化、重复化、浅表化，真正促进主题的深化和学生的深度思考。

（三）能力型渐进突破策略

基于知识型突破策略和主题型突破策略，学生的思维运行会逐渐形成一个循环系统。教师需要基于学生的整体素养来培养他们的某种学习方法和学习习惯，在某节课中围绕某种学习方法进行设问，促使学生在循序渐进的操练中形成固化的语文能力。

如部编版教材对学生复述能力的训练非常重视，虽然同是复述，每个学段又有细化的教学任务。它依据儿童语言能力的发展特点，循序渐进地安排复述能力的训练，二年级的任务是借助图片等讲故事，三年级的任务是详细复述，四年级的任务是简要复述，五年级的任务是创造性复述。可见，低学段的学习是在为高学段的学习做铺垫，高学段的学习又是低学段学习能力的延展和提升。二年级学习借助图片、表格等讲故事，为三年级的详细复述做铺垫；三年级学习详细复述，练习说具体；四年级学习简要复述，练习抓要点学概括；五年级要求学生能创造性复述故事，是对前面复述能力培养的综合检验和创造性思维的培养。综上所述，针对复述能力的培养，不同年级的提问要有所区别。

例如，教学二年级复述单元时可以问："孩子们，文中有几幅插图？你能说说每幅插图主要讲了什么吗？谁能把几幅图连贯地说一说？"而到了四年级，教师就可以问："文中讲了几部分内容？你能用简练的话说一说每部分的内容吗？谁来连贯地说说全文的内容？"这样，围绕能力训练点精准提问，能让学生随着思考和表达不断提升自己的能力。

又如，教学部编版一年级下册《荷叶圆圆》时，第一步，让学生用横线画出小水珠说的话，用波浪线画出小水珠是怎么做的。第二步，让学生圈出文中两个表示小水珠动作的词。第三步，找出文中写小蜻蜓的是第几自然段，用手势告诉老师。之后，让学生整合比较，发现都是先写谁怎么说，再写它怎么做。学生通过画、圈、找、比，在阶梯式的动手动脑活动中，逐步培养了检索、提取信息的能力。以上片段中，教师根据学段目标，让学生在真实的学习体验中经历"授人以鱼"到"授人以渔"的质变。可见，根据学生认知规律和思维发展特点，各个年级的教学应侧重不同思维素养的培养。在小学低年级应该重点培养学生检索、提取信息的能力，如此，到中、高年级学生才能熟练地检索、提取信息。高年级重点培养学生的整合、评鉴、创造等高阶思维。如果每个学段都能扎扎实实地落实语文能力训练，学生的思维就能形成体系，阅读素养的提升自然就功到自然成。

实施这种能力型渐进突破策略，教学时应做好如下几点：一是厘清单元能力训练点，二是弄清要渗透的思维训练点，三是精准提问，问在能力训练点。能力型渐进突破策略并不是孤立存在的，更不是某节课或某课型的专项训练，应在每节课和每个环节的教学中时时渗透，前提是教师时刻将学生装在心中，将能力培养牢记于心。

这样的能力型渐进突破策略能不断强化教师课堂教学的目标意识，使教师重视对学生语言文字的训练和阅读能力的培养，但切忌贪多求全，力求一课一得，从而杜绝语文阅读教学高耗低效的问题，促进学生思维以渐进的方式纵深发展。在教学实践中，三者不能孤立于某节课或某个环节，而要环环相扣，相辅相成。教师应以培养学生整体思维为目标，把握主题线索，精心梳理知识点，并以知识点切入，以主题串联，以能力驱动，让学生真正成为课堂的主人和学习的主体。

第五节　断裂突破策略

小学语文教材中的文本有的看起来很散，有的其中一个词或一句话会在同一文本不同位置多次出现，如果教师不善于抓住这些多次出现的词、句进行提问，而是按照段落先后顺序逐段教学，文本将支离破碎，对学生阅读素养的培养也将不成体系。断裂突破策略基于文本非连续性发展特点，教师可以像电影跨越时空艺术一样，随时中断、分切镜头并重新组合镜头，设计分切时的"断裂"式提问，再进行分切后重新组合的提问，构成相关提问的"连续"，这样的教学看似支离破碎，实则有着非连续的连续，具有非客观现实的连贯性。因此，断裂突破策略隐中连续，分割中又隐藏组合，似断若连地连接着整节课的教学。

一、断裂突破策略的环节

有些文本中，会有个别字词重复出现多次的现象，教学这样的文本可以运用"求同存异"思维，将出现相同字词的句子集中起来进行比较学习，从而让学生体会同一个字词在不同语句中的含义或作用。有些文本中，表达同一情感却使用了相互矛盾或相反的说法，这时可以运用"求异存同"的方法进行辨析，缘此，可以按求同存异断裂、求异存同断裂、藕断丝连断裂几种方法进行突破，促进学生分析判断能力的提高。

断裂突破策略的实施一般有以下几个环节：

第一步：通读单元教材和目标，明确单元重难点。

第二步：细读单篇课文，慧眼识别文本的秘妙。

第三步：剥丝抽茧，找出文本异中存同的语言点。

第四步：围绕异中存同点进行断裂式提问，促进学生阅读素养的提升。

二、断裂突破策略的实施

教师应善于捕捉文本中重复出现的词语或矛盾式词语，多问问"为什么"，然后引领学生深度辨析。

（一）求同存异突破策略

教学时，引导学生辨析重复的词句，以领悟作者用词用句的精妙，提高学生对语言的感受力。

例如，人教版四年级上册《跨越海峡的生命桥》是一篇以"爱"为主题的课文。课文描述了两个画面，一个是杭州的小钱患了严重的白血病，正焦

第六章 指向生长：基于整体的阅读教学提问策略

急又平静地等待骨髓移植；另一个是台湾青年在余震中为他捐献骨髓的画面。教学时，教师的提问设计要基于"爱"这一主题，以促进学生语文思维能力提升为出发点，设计断中有连的问题。那么，细读文本发现第2自然段开头有一句"小钱静静地躺在病床上"，第5自然段有一句"但是，李博士仍沉着地站在病床旁，那位青年也静静地躺在病床上"。对比这两句话，发现都有词语"静静"和一个青年。教师教学时可以由此突破，提问："前后两个青年一样吗？如果不一样，分别指谁呢？"显然前面指的是杭州的小钱，后一个指台湾捐赠骨髓的青年。教师接着围绕"静静"展开断裂式突破教学。首先，聚焦第一个"静静"，围绕"小钱静静地躺在病床上"进行设问："此时此刻文本是如何描写小钱是个病人的？"学生提取信息后，再问："这样描写病人与'静静'一词有联系吗？"启发学生质疑推论，接着探究内心："静静躺在病床上的小钱正在想什么？"然后辅以诗歌朗读，让学生感受小钱生命的岌岌可危和可贵。教学完这一自然段，跳跃到第5自然段，提问："与此同时，台湾一个青年也静静躺在病床上，这里的'静静躺在病床上'与第2自然段中的意思一样吗？正在抽取骨髓的青年，当时处境如何？"引领学生回扣余震描写，感受处境的危险，再问："此时，静静躺着的台湾青年内心想着什么？"引导学生在想象推断中感受台湾青年和李博士跨越海峡的大爱。最后进行提问："两个青年静静躺在病床上的心情虽然不一样，但他们有什么相同之处？"以此引出——那就是对自己对他人生命的敬畏。

就这样抓住重复出现的"静静"一词，将看似断裂的画面整合在一起，扩大了阅读的整体视域，有助于提升学生的解释整合素养。

不但单篇文本的教学可以采用求同存异突破策略，整册教材或整组教材的教学也可以寻求这样的突破策略，从而促进学生推论能力的提升。例如，执教部编版五年级下册第五单元《人物描写一组》和《刷子李》，《人物描写一组》又包含三个小说节选片段。整个单元包括长短文章共四篇，虽然都是写人，但每篇描写人物的方法不一样，《摔跤》侧重动作描写，《他像一棵挺脱的树》侧重外貌、神态描写，《两茎灯草》侧重动作、神态描写，《刷子李》侧重外貌、动作及心理描写。教学时，教师既要引导学生领会描写人物的基本方法，又要着重领会每一篇中描写人物的方法，更要着重理解同样的写人为什么每篇侧重运用的方法不同，使其领悟：要善于观察，抓住人物的主要特点，因时因地因事选取恰当的方法刻画人物。像这样建立在单元之上的整体性教学，有利于帮助学生构建文体模型，促进学生迁移创生素养的提升。

（二）求异存同突破策略

文本中也有一些看似矛盾的描写、布局，这些都是作者独具匠心的表达。教师可抓住这些看似矛盾的地方，培养学生的辨析思维。例如，部编版五年级上册《父爱之舟》，文本的主旨是体现一个父亲在家庭十分拮据的情况下，竭尽所能地爱孩子，文字中透漏出浓浓的酸楚。但其中一段话却写了"庙会"中玩具、小吃十分丰富，显得热闹非凡，显然和全文基调有点不符，甚至是相反的。此时教师就要"求异存同"，引导学生思考：这部分文字能否删掉？为什么？学生在讨论中，纷纷表达自己的真实想法：不能删，因为真实地写出了小孩子喜欢热闹的特点；不能删，因为父亲带孩子逛热闹的庙会也是一种爱；不能删，少了环境描写，不能有效烘托父爱；不能删，父爱就是在这样特殊的环境中体现出来的。

求异存同突破策略在主题单元教学中非常适用。如部编版四年级下册第一单元包含《古诗词三首》《乡下人家》《天窗》《三月桃花水》四篇课文，有古诗词，有写景记叙文，有小故事等。单篇执教后，教师要引导学生对整组课文进行比较：这几篇课文看似文体不同，学习之后你发现有什么相同之处吗？学生交流之后，教师总结：这几篇课文都突出了一个"乐"字。学生有了这样求异存同的学习经历后，会更加期待深入学习。教师应该及时追问：请说说文中是怎么把"乐"写得生动具体的？这里不是让学生单纯地提取，还需要学生经历比较、推论、整合才能做出解释，学生的阅读素养在真实的学习中得以逐渐提升。

（三）藕断丝连突破策略

藕断丝连比喻表面上断了关系，实际上还有牵连。部编版语文教材是按人文主题和语文要素双线组织单元的，在不同年级的文本中，同一主题之间有语文要素的关联，而在同一年级的不同文体之间也有语文要素的关联。例如，为了小升初衔接，教材在小学六年级安排了几篇议论文。小学教师往往把议论文当作一个完全独立的文体进行教学，师生认为教与学议论文都非常难，这就是所谓的"藕断"吧！其实，议论文与其他文体也有相似、关联之处，教师要善于将其与其他文体相关联，引导学生运用已有知识与方法进行学习。如执教部编版六年级下册《为人民服务》，为了让学生领悟"议论文如何围绕观点阐述"，教师可提问：文中哪一句话直接点明了题目的意思？学生阅读文本后会找到第1自然段第2句话："我们这个队伍完全是为着解放人民的，是彻底地为人民的利益工作的。"这时，教师可关联记叙文进行教学，让学生想想哪些课文也运用了开篇点题的方法，然后总结"开篇点题的写法是写人叙事文章常用的点题法，更是议论文点明观点的重要方法"。接着教师可引导：接下来看看文本第2~5自然段是如何围绕"为人民服务"这一中心展开论述的。这样的藕断丝连突破策略，既迁移了学生已有的"点明中心"和"构篇"的写作方法，也帮助学生构建了议论文布局谋篇的方法，既能帮助学生提升学习能力，又能促使学生提升评鉴、迁移等阅读素养。

在相似或矛盾中寻求关联，在各种文体、各个年级中寻求关联，是断裂突破策略的重要方法，它能培养学生敢于质疑、大胆推断、整合评价的思维品质。

第六节　裂变突破策略

在小学语文教材中，有些文本我们一眼看不出编者的意图，也很难看出文本写作的秘妙，教学这样的文本时，就可以借助裂变突破策略进行提问，整合学习资源，构建新型学习范式，以提升学生的阅读核心素养，提高学生的整合评价能力与迁移运用能力。

一、裂变突破策略的环节

裂变突破策略一般是先通过提问成功突破一个（或几个）点后，整合总结，再由一个成功的点迁移运用到另一个点，两个点再裂变为四个点……以此类推，先慢后快，逐步推进，从而提高学生的学习效果。缘此，可以有横向裂变突破策略、纵向裂变突破策略和混合裂变突破策略。

实施裂变突破策略一般有以下几个环节：
第一步：研读课文，慧眼识别文本的秘妙。
第二步：选好教学的切入点，找出与切入点相关的小点，建立联系。

第三步：重点教学其中一个点。

第四步：总结学习某个点的方法、收获。

第五步：迁移学习或运用以上方法、收获。

二、裂变突破策略的实施

小学语文强调围绕单元备课。第一，阅读"单元导读"，了解整组教材要重点教授什么知识，该用什么方法教学；第二，教好单元首篇课文，构建相关的知识点；第三，在教学中，重视对学生的探究引导；第四，巧迁移，让学生运用学到的知识、方法；第五，在单元的其他文本中，继续迁移运用学到的知识、方法，构建知识，形成能力。

（一）横向裂变突破策略

在教学中，不可能所有的预设都能在课堂上顺利实现，特别是当教师对学情的预判不精准或解读文本有偏颇时，教学时应该采取横向裂变突破策略。横向裂变突破策略可以从阅读素养模型、教学目标、教学内容等进行裂变，以使提问更贴近学情，更有利于发展学生的阅读素养。

例如，厦门市翔安区海滨小学陈小燕老师执教部编版四年级下册《千年梦圆在今朝》，第一次磨课主要的落脚点为培养学生的迁移学习能力和自主学习能力。带领学生梳理梦圆的过程后，让学生观察发现详略得当的布局方法。学习关于"神舟五号"的内容时，让学生迁移学习，使学生发现这部分内容的描写详略有致，从而使学生体会作者贯穿全文的这一写法。然而，这一单元的语文要素是"阅读时能提出不懂的问题""展开奇思妙想"。因此，对该课重新进行磨课，在教学目标上进行了裂变。教师引导学生自主学习，让他们提出不懂的问题。教师梳理问题后，学生围绕主问题"我国的航天事业是怎么实现的"读一读、找一找，在这一过程中，自主把"梦圆"的经过梳理清楚了，并能将其迁移到对"神舟五号"发射的学习中。引导学生在对具体事例的学习中，体会作者运用具体事例来体现科学家创造奇迹的方法，最后让学生尝试结合自己的生活，用具体事例说说自己曾经的奇思妙想或正在产生的奇思妙想。从后面的迁移写作效果来看，裂变的效果非常好。

以上教学案例，教师在基于学情的基础上，从教学目标上进行横向裂变，使得教学目标更符合学情，更能促进学生的成长。

（二）纵向裂变突破策略

在教学中，常常会出现教师提出问题，学生异口同声秒答或全班沉默不答的情况，这时教师可以采取纵向裂变突破策略，或改变预设问题的顺序，或改变问法，或将预设问题分裂成几个小问题，降低思考的难度，这样的裂变可以让问题更适合学生。

例如，厦门市翔安区海滨小学许碧娥老师为部编版（2016年版）三年级上册《去年的树》磨课时，第一次教学设计，安排了"小组学习"的教学环节，让学生以小组讨论的方式，按照"读、想、读"的步骤自学。由于组内学生分工不明确，问题指向不具体，导致学生在讨论时不知从何下手，教学效果不理想。再次试教时，对这一环节进行了改动，改为同桌两人合作，问题指向也更为明确，要求学生边讨论边思考：当（　　　　　）的时候，小鸟想（　　　　　）。从问题入手裂变，讨论的问题有价值，操作性强，提高了学习效率；有组织、时间充分，讨论过程中教师适当点拨，讨论结束后展示结果，师生给予评价。这样的合作探究才真正落到了实处，起到了实效。同时这个问题也把鸟儿四次寻找树朋友的经过进行了概括整合，提升了学生的推断整合能力。

纵向裂变突破是阅读教学中经常使用的策略，它能更好地关照学生的阅读素养，更有的放矢地促进学生阅读素养的提升。

（三）混合裂变突破策略

教学时，处理教材要灵活有度，要关照学情、学段目标、单元目标、课时目标等。为了更好地关照上述目标，做到让学生一课一得，单纯一种突破方式可能无法满足实际教学的需要，这时有必要采取混合裂变突破策略，即恰当运用提问，更好地促进学生思维的深度发展。

例如，部编版五年级上册第二单元，本单元为"阅读策略"单元，每篇课文都有一个很小的阅读策略，第一课《搭石》重点学习"用较快的速度默读课文""读的时候集中注意力，遇到不懂的词语不要停下来，不要回读"，第二篇《将相和》重点学习"尽量连词成句地读，不要一个字一个字地读"，第三篇《什么比猎豹的速度更快》重点学习"借助关键词句"读，第四篇《冀中的地道战》重点学习"带着问题"读。教学时，首先运用重点突破策略、优势突破策略进行提问，使学生初步掌握阅读策略。当教学第二、第三篇课文时，要继续巩固深化前一篇的阅读策略，如果发现学生没有掌握前面的阅读策略，教师可以运用纵向裂变突破策略，如"请你先集中注意力，连词成句地默读，遇到不懂的词语不要停下来，看看自己阅读的速度是否提高了"。每一篇课文都不能单独教学阅读策略，必须挖掘文本特色，将相关语用点联结起来。如《搭石》一文，教师应关注到文本优美的表达以及深厚的人文主题，教学时，可以横向裂变突破，提问："文中哪些地方体现了'搭石，构成了家乡的一道风景'？联系生活，说说你还发现了哪些类似的美丽风景。"由此，学生在运用阅读策略的同时，深入学习了文本，阅读素养自然得到提升。

裂变突破策略是综合性的突破策略，要求教师有较强的学科专业知识和课堂教学机智，如果教师善于运用裂变突破策略，将大大增强对教材的把握能力，如此一来，学生的阅读理解能力自然提升较快。

基于整体性阅读教学提问的六个策略——重点突破策略、优势突破策略、关联突破策略、渐进突破策略、断裂突破策略和裂变突破策略，既可以独立运用，也可以交叉使用。教师应科学解读文本，尊重学生的个性和特点，依据学生的认知特点和认知规律，从学生知识的盲点、认知的难点、能力发展的阻力点出发，合理采用多元化的突破策略，科学运用相关的提问策略，让学生在主体阅读的体验中，拓展阅读视野，丰富阅读体验，促进整体阅读素养的提升。

参考文献

[1]（美）沃尔什,（美）萨特斯.优质提问教学法：让每个学生都参与其中[M].刘彦,译.北京：中国轻工业出版社,2009.

[2]（美）贝森赫兹.教师怎样提问才有效：课堂提问的艺术[M].宋玲,译.北京：中国轻工业出版社,2015.

[3]叶明治,魏登尖.为发展学生阅读素养而教[M].福州：福建教育出版社,2018.

[4]姜继为.思维教育导论[M].北京：中央编译出版社,2012.

[5]中央教育科学研究所编.叶圣陶语文教育论集[M].北京：教育科学出版社,1980.

[6]朱自强.儿童文学概论[M].北京：高等教育出版社,2009.

[7]王泉根.儿童文学教程[M].北京：北京师范大学出版社,2009.

[8]王林,等.小学数学课程标准研究与实践[M].南京：江苏教育出版社,2011.

[9]张光陆.解释学视域下的对话教学[M].北京：中国社会科学出版社,2012.

[10]许卫兵.成为高度自觉的教育者：写给后课标时代的数学教师[M].南京：江苏教育出版社,2013.

[11]黄爱华,张文质,等."大问题"教学的形与神[M].南京：江苏教育出版社,2013.

[12]张祖庆,戴一苗.非连续性文本教学与测评[M].杭州：浙江少年儿童出版社,2017.

[13]闫学.小学语文文本解读[M].上海：华东师范大学出版社,2012.

[14]林崇德,杨治良,黄希庭.心理学大辞典（下卷）[M].上海：上海

教育出版社，2003.

[15]（美）安德森，等.布卢姆教育目标分类学：分类学视野下的学与教及其测评（完整版）[M].蒋小平，等译.北京：外语教学与研究出版社，2009.

[16]高时良.学记研究[M].北京：人民教育出版社，2006.

[17]孔繁成.布鲁纳的教学原则[M].太原：山西人民出版社.2019.

[18]（瑞士）让·皮亚杰.教育科学与儿童心理学[M].杜一雄，钱心婷，译.北京：教育科学出版社，2018.

[19]杨伯峻，译注.论语译注[M].北京：中华书局，2017.

[20]叶圣陶.叶圣陶教育文集（第一卷）[M].刘国正，主编.北京：人民教育出版社，1994.

[21]（德）雅斯贝尔斯.什么是教育[M].邹进，译.北京：生活·读书·新知三联书店，1991.

[22]（苏）赞科夫.教学与发展[M].杜殿坤，等译.北京：人民教育出版社，2008.

[23]陶行知.陶行知文集[M].南京：江苏教育出版社，2008.

[24]（美）杜威.民主主义与教育[M].王承绪，译.北京：人民教育出版社，2010.

[25]（苏）苏霍姆林斯基.给教师的建议（全一册）[M].杜殿坤，编译.北京：教育科学出版社，1984.

[26]王家政，欧小松.中学语文学科教育学[M].武汉：华中师范大学出版社.2002.

[27]叶圣陶.阅读与讲解[M].北京：生活·读书·新知三联书店，2012.

[28]陈成国.礼记校注[M].长沙：岳麓书社，2004.

[29]孙世梅.小学语文阅读教学课堂提问存在的问题、成因及解决策略[J].教育理论与实践，2018（20）.

[30]胡中华.语文课堂有效提问的研究综述[J].现代语文（教学研究版），2013（8）.

[31]黄伟.实现沟通与交流：课堂提问教学价值新解[J].教育科学研究，2010（1）.

[32] 徐艳伟. 教师课堂提问有效性的影响因素及策略优化 [J]. 教育理论与实践, 2017 (23).

[33] 陈启山, 雷雅缨, 温忠麟, 李舒彤, 李洁莹, 孔雨柔. 教师指导、学习策略与阅读素养的关系：基于 PISA 测评的跨层中介模型 [J]. 全球教育展望, 2018 (12).

[34] 宋乃庆, 罗士琰. 学生阅读素养测评指标体系构建研究——以小学生为例 [J]. 东北师大学报（哲学社会科学版）, 2018 (4).

[35] 许碧娥. 找准小学语文深度阅读"点位" [J]. 福建教育学院学报, 2017 (5).

[36] 孙丽圈. 以"测"为据, 改进阅读教学策略——以《蝙蝠和雷达》为例 [J]. 福建教育, 2017 (23).

[37] 许碧娥. 教·学·测融合的阅读教学策略 [J]. 中小学教学研究, 2019 (1).

[38] 陈小平. 阅读检测：应从语文知识走向阅读能力 [J]. 小学语文, 2017 (11).

[39] 张永林. 基于学生视角的文本解读策略研究 [J]. 江苏教育研究, 2017 (12A).

[40] 李丹. 理性看待新课改下小语教学的收获与反思 [J]. 教育实践与研究, 2009 (6).

[41] 张建伟, 陈琦. 从认知主义到建构主义 [J]. 北京师范大学学报（社会科学版）, 1996 (4).

[42] 刘建中. 主题式网络教学的模式 [J]. 中小学教师培训, 2002 (6).

[43] 钱晓强. 关于高中语文鉴赏阅读教学的思考 [J]. 语文知识, 2014 (8).

[44] 郭凝. 怎样提高初中语文课堂教学的有效性 [J]. 河南教育·基础版, 2008 (7).

[45] 何春光. 追寻智慧的课堂理答 [J]. 小学教学参考, 2009 (1).

[46] 吴英. 对当前语文教学理答行为的思考 [J]. 小学教学参考, 2015 (28).

[47] 薛颖. 小学语文阅读教学模式探讨 [J]. 时代教育·教育教学版, 2010 (5).

[48] 金桂芬. 小学语文阅读教学中新模式的尝试 [J]. 中国校外教育·基

教版，2010（5）．

[49] 胡海舟．让批判性思维在小学语文教学中落地生根［J］．语文建设，2019（16）．

[50] 赵青叶．推论：有思维品质的阅读策略［J］．小学教学参考，2017（8）．

[51] 林敏．运用推论策略，培养语文思维［J］．教育艺术，2015（4）．

[52] 吴芬芬．简论曹丕《典论·论文》中的文体说及其意义［J］．长春教育学院学报，2014（11）．

[53] 赵彬．从文体角度看中学阅读教学——以《五柳先生传》教学为例［J］．西部学刊，2019（6）．

[54] 林岩．文体意识下小学阅读教学的策略和实践研究［J］．读与写（教育教学刊），2018（12）．

[55] 张瑾．小学记叙文课堂教学提问策略研究［J］．语文教学通讯（D刊学术刊）．2015（1）．

[56] 邵珺．论小学语文有效课堂提问策略［J］．小学教学研究，2018（14）．

[57] 王荣生．依据文本体式确定教学内容［J］．语文学习，2009（10）．

[58] 刘武德．小学语文不同文体的教学研究（九）——记叙文及记叙文教学［J］．江西教育，2000（2）．

[59] 胡明道．记叙文教学"三式"［J］．语文教学通讯，1995（2）．

[60] 余映潮．从新的视角来研究记叙文阅读教学［J］．语文教学通讯（初中版），2005（1）．

[61] 李友军．依"体"而教，彰显说明文魅力——小学语文第三学段说明性文本教学策略探寻［J］．江苏教育研究，2019（14）．

[62] 丁伍红．小学语文说明文教学策略［J］．江西教育，2019（2）．

[63] 康剑嵘．基于语文味的说明文阅读教学路径探寻［J］．语文教学通讯（D刊学术刊），2019（1）．

[64] 唐艳华．让说明文教学"出彩"［J］．贵州教育，2019（2）．

[65] 郑玲．如何教好说明文——《神奇的克隆》教学谈［J］．小学教学参考，2018（34）．

[66] 叶晓佩．说明文教学三部曲［J］．小学教学参考，2018（33）．

[67] 姜涛．一个经典课例对当下说明文教学的启示［J］．语文教学通讯，

2018（26）.

[68] 王振华.基于语用视角,准确研制说明文教学内容[J].小学教学参考,2018（16）.

[69] 魏本亚.说明文教学现状及相关思考[J].语文建设,2017（1）.

[70] 张宝华.如何学会阅读说明文[J].语文教学通讯,1999（5）.

[71] 孟存芳.小意外,大收获——浅谈语文课堂教学意外的意义及对策[J].文教资料,2019（30）.

[72] 刘群国.构建初中语文开放性课堂探析[J].学周刊,2012（2）.

[73] 王淑卿.落实学段目标 做好起步作文教学[J].小学语文教学,2011（11）.

[74] 王红艳.依托课题研究 打造童话教育特色文化[J].华夏教师,2019（4）.

[75] 陆静艳,华建东.提问"容美"三步走,风姿绰绰我犹怜——例谈语文课堂教学提问设计[J].小学教学研究,2018（4）.

[76] 廖书艳.浅谈古诗的拓展教学[J].小学教学参考,2017（1）.

[77] 陈家庆.古诗赏析教学漫谈[J].语数外学习（初中版）,2014（4）.

[78] 张年东,荣维东.从PISA测试看课标中的非连续性文本阅读[J].语文建设,2013（5）.

[79] 许锦.非连续性文本的阅读与解析[J].语文天地,2013（24）.

[80] 王礼平.2012年中考"非连续性文本"阅读试题例析[J].语文建设,2012（10）.

[81] 龚建新.贴近生活:非连续性文本的选材取向——PISA测试题给中考命题的启示[J].语文教学通讯,2014（35）.

[82] 刘灿林.抓住"非连续性文本"考点提高图文互换实效[J].福建基础教育研究,2012（10）.

[83] 周丽华,等.为生存做准备:潘文彬、杨树亚、史春妍、金立义、刘荃语文工作室非连续性文本教学专题研讨全记录[J].语文教学通讯,2013（15）.

[84] 施年荣,曾慧,刘丹.思维导图让语文课堂活起来——《话说长江》（节选）微课程教学设计[J].中国信息技术教育,2020（C1）.

[85] 顾丽芳.教会学生提问:基于核心提问法的教学实践——以《桃花

心木》教学为例[J].江苏教育研究,2018(2).

[86]李慧岩.从"醍醐灌顶"管窥中德宗教背景成语之关联[J].德语学习,2011(3).

[87]南汉成."问"出精彩课堂[J].陕西教育·教学,2015(8).

[88]张兴文.新课改背景下语文传统预习:问题、成因及对策[J].教育与教学研究,2014(7).

[89]卢晓军.浅析小学语文提问的艺术[J].都市家教(下半月),2014(6).

[90]林辉.关联理论视域下高中语文阅读教学文本分析现状与策略研究[D].南昌:江西师范大学,2017.

[91]巫颖.小学童话课堂中情感体验教学的问题与对策研究[D].扬州:扬州大学,2019.

[92]高雅利.小学高年级语文课堂教学中教师提问有效性研究[D].上海:上海师范大学,2018.

[93]薛良勇.孙绍振语文文本解读思想研究[D].聊城:聊城大学,2018.

[94]申世荣.基于问题驱动的小学高年级语文阅读教学策略研究[D].上海:上海师范大学,2016.

[95]王雪梅.课堂提问的有效性及其策略研究[D].兰州:西北师范大学,2006.

[96]高鸿鹄.小学记叙文批注式阅读教学研究[D].西安:陕西师范大学,2016.

[97]唐雪娇.小学语文阅读教学问题设计的现状与对策研究[D].重庆:西南大学,2014.

[98]张丽娇.小学语文阅读教学主问题设计的策略研究——以长春市S小学为个案[D].长春:东北师范大学,2017.

[99]王春晓.小学记叙文课堂教学设问的研究——以于永正、薛法根为例[D].济南:山东师范大学,2013.

[100]柴祎."体裁教学法"在小学语文阅读教学中的应用研究——以苏教版教材为例[D].昆明:云南师范大学,2016.

[101]王福贵.欧洲童话研究:从民间童话到文人童话[D].保定:河北大学,2010.

后　记

经历数十遍的修改，2020年5月终于将书稿交付出版社，没有预想的如释重负，却多了一份忐忑，五年来课题研究的心血结晶，能否经得起检验？

本书是基于课题研究的再提升、再梳理，研究始于平时的观察。无数次的阅读教学和听课评课，议题总是指向低效或高效，可是低效或高效的标准总是很含糊，影响效果的原因很多。仔细分析发现，阅读教学课堂的提问直接影响着教学效果。2015年以来，多次学习了福建省普教室教研员黄国才老师关于"阅读素养模型"的相关讲座，也多次参加叶明治老师的名师发展工作室活动。这些学习成了研究迷途中的一盏盏明灯，带给我们"柳暗花明又一村"的豁然开朗。团队明确了"为促进学生阅读素养提升而提问"的研究方向。提问，虽然是课堂最常用的教学方法，每个教师都会，但不一定每个教师提的每个问题都指向"促进学生阅读素养提升"。因此，构建阅读素养模型，让提问有方向，是非常必需和必要的。对于阅读素养模型，国内外研究众多，经过比对、实践和调研，团队确定了以《为发展学生阅读素养而教》一书中的阅读素养模型作为提问研究的核心指向。确定好阅读素养模型，便开始了"课堂观察表""磨课记录表""磨课小反思""教学设计评估指标"等的设计和研究。那些日子，虽然研究团队经常加班加点，但每个人始终保持着春风拂面、静待花开的愉悦心情。这就是研究的魅力吧！

2018年春，研究一度遇到瓶颈。在一次教研活动中，其中一节课让我们悟出促进学生阅读素养提升的一般提问模式。那天，团队每个成员眼里都焕发出光彩，有一种获得重生的喜悦。一个月后，核心成员各呈现了一节示范课。当时恰逢厦门市翔安区特级教师兼督学陈丽婷校长到校督学，她听完课赞不绝口，说："再完善一下，可以参加市级语文创新课比赛了！"那一刻，团队成员仿佛得到了期盼已久的礼物，欣喜满怀。

全书由许碧娥、魏登尖策划并统筹撰写，其中绪论和第一章由许碧娥撰写；第二章第一节由陈华祯主笔，第二节由李晓玲主笔，第三节由朱文怡主笔，第四节由黄丝雨主笔；第五节由李素芬主笔，第六节由陈雅如主笔，第七节由洪黎明主笔；第三章第一节、第二节、第三节由林育梅主笔，第四节由林育梅和许碧娥主笔；第四章第一节、第二节、第三节、第四节、第六节由陈小燕主笔，第五节由陈小燕和许碧娥主笔；第五章第一节由陈华祯主笔，第二节、第三节由沈燕萍、王巧云主笔；第六章由许碧娥撰写。全书最后由许碧娥、魏登尖统稿、修改并校对完成。

本书是团队成员真真切切观察、实践和思考的结果，是团队对已有研究的一次整体梳理和总结。本书从提问的准备、不同文体的提问设计、提问的策略、理答的策略、拓展性问题的设计及整体性阅读提问的六个策略进行总结，但愿能为一线教师探究如何提升学生的阅读素养方面提供一些参考。

本书能成稿与出版应该感谢的单位和人很多很多。感谢"厦门市教育科研专著资助出版项目"的资助，感谢厦门市翔安区教育局领导、翔安区教师进修学校领导的大力支持，感谢厦门市教科院肖俊宇老师、牛卫红老师、段艳霞老师的指导，感谢厦门市翔安区教师进修学校教科室洪进步老师一路的跟进指导和支持，感谢厦门市翔安区教师进修学校小学语文教研室陈陆一老师、海沧区教研员张春生老师、翔安区舫山小学陈丽婷老师、厦门五缘实验学校蔡丽斌老师、翔安区海滨小学朱水战校长给予的指导和鼓励，感恩助力我们成长的良师益友，感谢厦门市魏登尖老师为本书倾注心血，参与全过程的策划、指导、统稿和校对；感谢厦门市莲龙小学叶明治老师的写作指导和支持，感谢厦门市翔安区马巷中心小学戴燕燕老师、第二实验小学郑恭老师、海滨小学李婉娟、杨惠玲老师对本专著写阅读感言。同时，在写作过程中，我们参考了一些资料，在此对这些资料的作者一并表示感谢。

由于团队成员均为一线教师，有的入职年份不长，思考尚浅，写作表达有所欠缺，因此书中难免出现诸多不足，敬请各位读者指正。如果有机会再版，我们会虚心接受大家的意见，修正完善！谢谢！

许碧娥
2020 年 3 月